全新彩色版

金敬梅 主编

中华文史大观

中华典故故事

世界图书出版公司

目 录

中　华　典　故　故　事　·　目　录

東山報捷圖
乙酉三月絅厂補

中华典故故事·目录

　　"国学"，产生于西学东渐、文化转型的历史时期，兴起于二十世纪初，鼎盛于二十年代，八十年代又有"寻根"热，九十年代"国学"热再次掀起至今，无不是对传统文化在今日中国乃至世界多元文化中的一次次定位固基。

　　一般来说，国学指以释道儒三家学问为主干，文学艺术、戏剧音乐、武术菜肴、民俗礼仪等等为枝叶的传统中国文化体系。

　　国学以学科分，应分为哲学、史学、宗教学、文学、礼俗学、考据学、伦理学、版本学等，其中以儒家哲学为主流；以思想分，应分为先秦诸子、儒道释三家等，儒家贯穿并主导中国思想史，其他列从属地位；以《四库全书》分，应分为经、史、子、集四部，但以经、子部为重，尤倾向于经部。

　　近代学者邓实定义国学说："国学者何？一国所自有之学也。有地而人生其上，因以成国焉。有其国者有其学。学也者，学其一国之学以为国用，而自治其一国者也。……国学者，与有国以俱来，本乎地理、根之民性而不可须臾离也。君子生是国则通是学，知爱其国无不知爱其学。"邓先生的国学概念很广泛，同时也强调了国学的经世致用性。

　　总的来说，国学是有别于西方学术，独具特点且自成体系的文化形态，是中国固有的文化传统、人文理念和认识方法。其博大精深之内涵，雄厚内敛之魂魄，足以令世人千百年传诵。可以说国学经典是中华文化的根基，其中蕴含着前人洞察世事的精妙哲理。学习国学可以在潜移默化中学会为人处事的方法，增强个人的文化修养，使思想在"润物细无声"中得到浸润和升华。

　　为让广大读者能够真正与国学亲密接触，我们出版社去芜存菁，在卷帙浩繁的中华传统文化典籍中精心挑选出一系列国学经典。在尊重原著的基础上，通过释疑、修饰、考证、援引等，汇编成为本套丛书，以飨读者。

　　您现在所看到的《中华典故故事》便是丛书之一。

　　中华传统文化典籍中记载了无数前贤先哲的嘉言懿行、高风亮节和可歌可泣的事迹。其中蕴藏着丰富的从政经验、历史教训，阐释了深刻的哲理，展现出聪颖的智慧，足以让后人借鉴。它们被历代作家运用到自己的诗文创作中，经过千锤百炼，最终凝聚成生动具体的典故。可以说，典故是在我国灿烂的文化中逐渐陶冶、沉淀而成的一种文化结晶。虽然其中有些随着时代的变迁，已经显得陈旧、僵化，但绝大部分至今仍然充满魅力，闪耀着熠熠的光辉。

　　这部文学精释本《中华典故故事》，编者在忠于原文的基础上，加以组织、整理，并运用准确、流畅的白话文进行翻译，以轻快活泼的语言，讲述了一个个精彩的古代典故故事。更为巧妙的是，编者在每一篇典故故事之后又加上了文学名家引用该典故的实例，使本书的知识含量最大化，希望能加深读者对于典故的理解和掌握，真正达到活学活用的目的。同时，大量切合正文内容的彩色文物、艺术图片，使本书呈现出丰富的文化内涵。

　　衷心地希望本系列丛书能成为广大读者的良师益友，使您在品味国学博大精深的同时，能从中汲取源源不断的智慧甘泉。

爱妾换马

曹彰是曹操与卞氏所生的次子，从小便喜欢学习武艺。长大后，他性格豪爽，武艺高强，擅长骑马射箭，多次出征，立下赫赫战功。

曹彰酷爱打仗，所以十分喜爱载着他冲锋陷阵的战马。他平时的坐骑是一匹从西域大宛国买来的汗血马，奔驰起来疾如追风。一天，曹彰带着手下出城打猎。他们来到猎场，正想开始打猎，只见一个年轻的猎手骑着一匹浑身雪白、没有一根杂毛的照夜狮子白马飞驰在猎场。那猎手"飕"的一箭，便射中了一只野兔。猎手正下马去捡兔子的时候，曹彰策马来到他身旁，对他说："这位公子，你的箭法真不错！你骑的这匹马更是神骏非凡，不知能不能让我试着骑一骑？"

能在这个皇家猎场打猎的都是贵胄子弟，但这个猎手似乎并不认识曹彰，不过他看到曹彰通身的气派，便知道他不是平常之人，连忙问道："请教公子高姓大名？"

"在下姓曹名彰。"曹彰说。

那个猎手久闻曹彰的大名，便很客气地递过缰绳说："原来是二公子。久仰，久仰！公子请便吧！"

曹彰接过缰绳，纵身跨上马背，两腿轻轻一夹，那照夜狮子白马顿时撒开四蹄狂奔起来。曹彰绕猎场奔驰一周，回到原地后，赞不绝口地说："好马！真是一匹举世无双的好马！"接着，他用商量的口气对猎手说："不知阁下能不能割爱，把这匹照夜狮子白马卖给我？"

"这马是我亲自远赴关西用重金买来的，已经跟随我整整两年了……"猎手面有难色地说。

○ 品画鉴宝

昭陵六骏图卷（局部）（金）赵霖／绘　所谓"昭陵六骏"是指唐太宗李世民的六匹战马。它们先后为主人乘骑出战，陷阵摧敌，立下功劳。图中这匹马名叫卷毛䯄。

曹彰一听，便决定不再打猎，而是盛情地邀请猎手到自己府中，设宴相待。酒过三巡，曹彰召来一群年轻漂亮的歌伎，让她们唱歌跳舞助兴。曹彰豪爽地说："你我虽然只是初交，但我们一见如故，十分投缘。实不相瞒，我实在太爱你这匹马了！我愿意用我宠爱的美妾来换你的骏马，请你自己挑选一位，不知你意下如何？"

猎手看到那些歌伎都美若天仙，不禁怦然心动，于是就答应了曹彰的要求。他挑选了一位自己最中意的歌伎，就把自己的骏马给了曹彰。

从此，曹彰给这匹照夜狮子白马取名为"白鹊"，并用它取代了自己原来骑乘的汗血马。曹彰曾骑着它北征乌桓，胜利凯旋。当他骑着"白鹊"归来时，曹操大喜，拍着他的肩膀说："黄须儿，好样的，没想到你会建立这样的奇功！"

后来，"爱妾换马"这一典故，用来借指马的名贵，或形容人的风流倜傥，或泛指互相交换宝物。

◎ 经典范例

自此各人猛省道："果是，倘若儿孙不争气，妻子白白养汉的也有，还不如他小阿妈兑换的好哩"，内中又有人道："小阿妈换了，也无此事。"内中又有人一说："此乃世间常事，岂不闻爱妾换马，筵前赠妾的故事。"

——明·西湖渔隐主人 《欢喜冤家》

安乐窝

宋代的理学家邵雍年少时，自认为才华无人能比，立志要博取功名，干一番大事业，因此刻苦学习，读书不辍。

邵雍读书时，经常刻意磨炼自己的意志，锻炼自己的坚韧性格。夏天，他即使汗流浃背也从不摇扇子避暑；冬天，即使滴水成冰他也从不生炉子取暖。甚至经常为了读书，整夜都不躺下来睡觉，只有实在困得吃不消的时候，才趴在桌子上面打个盹解乏。

邵雍专心致志地沉浸在读书学习中，一晃几年过去了。后来，他觉得从书本上得来的知识有很大的局限性，有些问题还需要自己亲自去体验、去感受、去阅历。于是，他举家从偏僻的范阳迁居到当时的大都会洛阳，以期能增长自己的学识。

邵雍（公元1011—1077年）北宋哲学家。字尧夫，谥康节，先为范阳人，后随父迁共城（今河南辉县）隐居苏门山百源之上，后人称他为百源先生。

不久，他又感慨道："古人尚且能寻幽访古，以古为友，以弥补学识的不足，而我却什么地方也没有去过。"于是，他打点行装，开始跋山涉水，四处去探访古迹。很快，他的足迹遍布大江南北，齐、鲁、宋、郑各地。终于有一天，他心中豁然开朗，突然明白了自己应该做什么。

他赶紧回到家中，将自己在外面游历所取得的一些心得体会记录下来。由于有自己的见闻与书上的叙述相印证，一些原本百思不得其解的问题现在终于有了答案。他非常高兴，觉得自己的学识前进了一大步。

当时，有一个北海人李之才任芝城县令，听说了邵雍刻苦好学的事迹，认为他是一个可造之才。于是，李之才便来到邵雍家中造访，对邵雍说："你听说过天地造化的学说吗？"邵雍说："还没有，但我愿意接受您的指教。"

于是，邵雍就跟随李之才学习河图、洛书、伏羲八卦、六十四卦象等儒家的象数之学。由于邵雍

的刻苦钻研,他不久便探究了其中的奥妙,成为一个学识渊博的大家。

邵雍最初到洛阳的时候,不为人所知。他搭建了一个茅草房,虽然简陋,但总算能遮风挡雨,也算是一个家。他亲自砍柴烧饭,侍奉父母,生活虽然清苦,但一家人过得非常和气,他也就怡然自乐。

后来邵雍因为学识渊博,得到许多人的尊敬,远近闻名,连当朝的公卿大臣富弼、司马光、吕公著等人也十分尊敬他,常跟随他一同出游,并给他购买了房屋和田地。但邵雍没有忘记在茅草屋中度日的艰辛,他仍然亲自耕田种地,自给自足,并将他的住处命名为"安乐窝",自称"安乐先生"。而往来洛阳的名士才子,都必定要去邵雍的"安乐窝"拜访,以见识这位一代大儒的风貌。

后来,"安乐窝"这一典故,成为舒适的家的代称。

◎ 经典范例

莫被闲愁挠太和,愁来只用暗消磨。随流上下宁能免,惊世功名不用多。闲看蜂衙足官府,梦随蚁斗有干戈。疏帘竹簟山茶碗,此是幽人安乐窝。

——宋·辛弃疾 《题鹤鸣亭》

○ 品画鉴宝 匡庐图(宋) 此图山势幽远、林色清雅,俨然一派隐士遁居的洞天福地。

拔山扛鼎

项羽出身名门贵族，他家世代皆为楚国的大将，其祖父是楚国著名的将领项燕。

项羽的父亲早亡，他从小跟随叔父项梁生活。项羽小时候曾经读过书，但他不用功，没什么进展，叔父只好让他放弃了学业。后来，他又去学剑，没学几天，他又不愿意学了。

叔父项梁十分生气，责问他到底要学什么。项羽说："读书识字，只要会写自己的名字就行了；学习剑术，即便你剑法再高明，也只能用来对付一个人。我要么不学，要学就学能够对付千万人的本领。"项梁见状，只好教他学习兵法。项羽这才很高兴，十分用功地学起来。

后来项梁跟人发生争端，一怒之下杀了人。为了躲避仇家的追杀和报复，项梁只好带着项羽逃到吴中去避难。

有一年，秦始皇南巡，到达会稽郡。百姓们纷纷前去观看，项梁带着项羽也夹在人群中。项羽看到秦始皇出游的豪华气派，心里很是愤愤不平，指着秦始皇对叔父说："这个人，我将来一定可以取而代之。"项梁吓得急忙捂住他的嘴说："小子，不要胡说，这是要诛灭九族的。"但心中暗暗称奇，觉得项羽不是一个平常人。

这时，项羽已经长得很高大，大约有八尺多高。虽然我们弄不清古人的一尺究竟是多少。但一般都说堂堂七尺男儿，而项羽显然是超过一般人的身高了。他不仅长得高大，而且力气大得能举起青铜鼎。论武艺和气力，他在当地的年轻人中已没有对手，人人都对他十分敬畏。

后来，陈胜、吴广首先举起反秦起义的大旗，随后各地义军蜂拥而起，项羽也参加了叔父项梁率领的武装起义。他凭着自己的勇气和掌握的兵法在战争中逐步扩大势力，很快成为起义军中的重要首领。他和刘邦等人率领的起义军共同推翻了秦朝的统治，随后又同刘邦展开了争夺天下的楚汉战争。

项羽由于指挥不当，在战争中失利，被刘邦的大军重重包围在垓

霸王项籍

项羽（公元前232－前202年）
《垓下歌》："力拔山兮气盖世，时不利骓不逝。骓不逝兮可奈何，虞
兮奈若何？"

下。由于项羽的部下大部分是楚国人，于是刘邦命人在四周唱起楚国歌谣，项羽以为自己的老家已被刘邦占领，心中惊慌，而军士们也都无心恋战。

项羽预感到自己大势已去。就作了一首《垓下歌》，歌词意为："我力能拔山啊，英雄盖世，但天时不利啊，连骏马也不肯走了。骏马不走啊我还有什么办法？虞姬啊、美姬啊我可拿你怎么办呢？"不久，项羽便在乌江战败自刎而死。

后来，"拔山扛鼎"这一典故用来形容人力大无穷、勇武过人，或用来借称项羽。

◎ 经典范例

拔山扛鼎之义士，再显神通；深谋诡计之奸徒，急偿凤债。

——清·吴敬梓 《儒林外史》

白虹贯日

战国末年，秦国即将完全吞并六国，燕国危在旦夕。燕国的太子丹与秦王嬴政有旧仇，担心秦国灭了燕国后，自己没有好下场，于是千方百计想阻挡秦国的进攻。当时秦国的军事实力远非燕国所能比，于是太子丹想出了一个派勇士刺杀秦王，以期打乱秦国阵脚的主意。

太子丹的太傅鞠武，认为太子丹的主意并不可行，但是又没有办法阻止，于是便向他推荐了一位智谋深远的燕国处士田光，建议太子同田光具体商讨之后再决定是否应该采取行动。

谁知田光听完太子丹的叙述之后，不但表示赞成，还向他推荐了一位当时著名的勇士荆轲。

太子丹便向荆轲坦陈了自己的设想："我准备派您出使秦国，给秦王献上丰厚的礼物。秦王是个见利忘义的小人，一见有利可图，就一定会接见您。这时，您就可以上殿接近秦王，然后可以伺机挟持秦王，迫使他答应把侵占各国的土地悉数归还，并撤退军队。如果能这样，那是再好不过的结果。如果秦王不答应，就马上杀了他。希望壮士您能为我出力。"

荆轲答应去完成这一艰巨的任务。他带着装有秦王要追捕的逃亡秦将樊於期的首级匣和裹有锋利的徐夫人匕首的燕国督亢地图匣上路了。

荆轲踏上出使行刺秦王之路后，太子丹命人观察天象。这时天上有一道白色长虹，但没有贯穿太阳。（古时认为虹象征臣，日象征君，白虹若能贯日，则预示臣行刺君能够成功，没有贯穿，则预示不能成功。）太子丹顿时忧心如焚，垂头丧气地说："看来，我们的计划要失败了。"

在秦国的朝堂之上，荆轲献上地图，趁秦王展开地图之际，一把夺过已经露出来的匕首，准备挟持秦王。荆轲抓住秦王的袖子，右手拿着匕首去刺秦王。结果没能刺中秦王，反被乱剑斩死。

后来，"白虹贯日"这一典故用来形容义士抗击暴君的壮举，或形容最高统治者面临危险。

◎ **经典范例**

重义轻生一剑知，白虹贯日报仇归。

——唐·沈彬 《结客少年场行》

荆轲

白首同归

西晋的孙秀，原来是潘岳府上的一个小吏，其人十分鄙吝。潘岳恨他狡黠无行，于是对他动辄加以鞭笞。等到孙秀离开潘府，转投入赵王司马伦府中之后，与赵王狼狈为奸，相得益彰，颇受宠信。后来西晋王朝发生八王之乱，赵王司马伦执政，孙秀也水涨船高，官居中书令。他倚仗司马伦的势力，为所欲为，作恶多端。

见到孙秀当上了中书令，潘岳心中自然惴惴不安，忍不住试探性地问孙秀道："孙令公还记得前时在敝宅内的事吗？"如果孙秀坦然答道："旧事早已忘情，多蒙君家栽培，秀乃得有今日之些微成就！"如此这般，潘岳心中的一块大石头，就可以豁然放下了。然而孙秀却咬文嚼字地说："中心藏之，何日忘之！"潘岳知道孙秀怀恨在心，于是终日忧惧不已。

果不其然，孙秀不久便以乱党的名义逮捕了潘岳。与潘岳同时被捕的，还有当时著名的大富豪石崇。

原来，石崇的金谷园中有一个爱妾名叫绿珠，能歌善舞，美慧无双，是当时出名的大美人。孙秀早就对绿珠垂涎三尺，但早先他官低职小，无法一亲芳泽。大权在握之后，他便派人去向石崇讨取绿珠。石崇此时虽已失势，但他不买孙秀的账，严词拒绝。结果绿珠因此坠楼自尽。

○ 品画鉴宝

青瓷骑俑（西晋）人物面部、冠戴以及马头饰雕刻细致传神，为早期青瓷模俑类的优秀作品。

绿珠

孙秀原想夺得佳人归，想不到绿珠生性贞烈，他看到的只是鲜花委地、香消玉殒而已，不免大为失望。于是他把所有的闷气和怨恨一古脑儿都发泄到石崇身上，迅速搜捕石崇，不加审问就将其直接押到东市行刑。

在刑场，石崇和潘岳两人相见后。石崇问潘岳说："安仁（潘岳字安仁），你怎么也落到这个地步？"潘岳苦笑着说："你还记得吗？过去我们在金谷园中开怀畅饮的时候，我曾赋诗一首赠给你，其中有'投分寄石友，白首同所归'之句。没想到一语成谶，今天我俩可真是'白首同归'了。"

"白首同归"这一典故，原指友谊坚贞，白首不渝。后也用来形容两人年俱老而同时命终。

◎ 经典范例

祸福茫茫不可期，大都早退似先知。当君白首同归日，是我青山独往时。顾索素琴应不暇，忆牵黄犬定难追。麒麟作脯龙为醢，何似泥中曳尾龟？

——唐·白居易 《九年十一月二十一日感事而作》

11

班超投笔

班超，字仲升，东汉时扶风郡安陵人，是著名儒学大师班彪的小儿子。班超胸怀大志，为人不拘小节，孝顺父母，在家里干活，从不嫌脏嫌累。父亲去世后，班超家里的光景渐渐不如往日。明帝永平五年（公元62年），班超的哥哥班固被朝廷任命为校书郎，班超和老母亲也随同哥哥来到洛阳。

由于家里十分贫穷，班超就经常帮官府抄写书籍，以换取一些报酬，来奉养老母，维持生活。抄书的工作十分辛苦，时间长了，腰痛手酸，头昏眼花，因此，班超心中十分气闷。有一天，他实在抄不下去了，把笔一扔，长叹一声道："大丈夫活在这个世界上，应该像傅介子、张骞那样，在异域立功创业，博得拜将封侯，怎能长期埋头在笔砚之间，没完没了地给别人抄书呢？"

与班超一起抄书的人听了，都笑他口出狂言，异想天开。班超却认真地说："你们这些小子，怎么会理解壮士的志向呢！"

不久，班超果然弃文从戎，追随窦固，参加军队，被任命为假司马（相当于副参谋长），北击匈奴。他英勇奋战，立下了很大的战功。

永平十六年（公元73年），班超奉命率领三十六个人的使团出使西域。在西域，他攻杀了匈奴驻鄯善国的使节；联合与汉朝友好的几十个小国家共同对付匈奴的反扑；平定了莎车、龟兹、焉耆等地少数民族贵族的叛乱；保护了西域五十多个小国的安宁与"丝绸之路"的畅通，促进了西域同内地经济、文化的交流。

班超镇守西域长达三十一年，所派遣的使者，曾远至条支的西海（今波斯湾）。由于班超立下的卓著功勋，永元三年（公元91年），汉和帝任命他为西域都护，封为定西侯。

后来，"班超投笔"这一典故，用来表示弃文从戎，建功疆场。

◎ 经典范例

他像同世交子弟闲话一样，问了问贺人龙的家庭情形，"投笔从戎"的经过。

——姚雪垠 《李自成》

班超（公元32－102年）

字仲升，扶风平陵（今陕西咸阳东北）人，东汉著名的军事家和外交家。班超是著名史学家班彪的幼子，其长兄班固、妹妹班昭也是著名的史学家。

班超为人有大志，不修细节。但内心孝敬恭谨，居家常亲事勤苦之役，不耻劳辱。

他口齿辩给，博览群书，能够权衡轻重，审察事理。

宝珠穿蚁

孔子与弟子们在离开卫国到陈国去的路上，途经一片桑林。这片桑林位于卫、陈两国的边界，过了桑林，孔子他们就到达陈国了。

孔子和学生们走得累了，便在桑林边坐下休息。桑林中有两个采桑女正在采桑，她俩身材苗条，长得十分漂亮。孔子见桑树上长满了红黑色的桑葚，而他们又饿又渴，便让颜回和子贡去问两个采桑女，能否让他们摘一些桑葚吃。两个采桑女听说是大名鼎鼎的孔夫子和他的学生，笑着说："我们的蚕宝宝只吃桑叶，你要吃桑葚，尽管摘吃好了。"

于是，孔子让学生们摘了很多桑葚，美美地吃了起来。吃饱之后，他们养足了精神，便又起身赶路。孔子临走时，看到那两个采桑女，随口吟道："桑林一片桑女俩，南枝窃宽北枝长。"

当时，陈国正逢战乱，老百姓流离失所，连饭也吃不上，有的甚至逃到卫国来。一个采桑女估计孔子等人到了陈国也会吃不上饭，便接口吟道："夫子一个车一辆，到了陈国必绝粮！"

另一个采桑女知道陈国有一颗九曲宝珠，珠上有曲曲弯弯的洞眼，要把丝线从洞眼中穿过去是一件极困难的事。不掌握正确的方法，根本无法办到。陈国官员常用这个九曲珠去刁难人。这次孔子一行到陈国去，肯定也会受到刁难，采桑女便又接上去吟道："九曲宝珠难穿过，回来问我采桑娘！"

孔子以为两个采桑女只是随口接吟，卖弄一下口才，就没把她们吟的诗放在心上。

不多久，孔子一行到了陈国。陈国大夫发兵把他们围困起来，不给他们饭吃，果然使他们"绝了粮"。

接着，陈国大夫又取来一颗九曲珠和一根丝线，对孔子说："你们用丝线穿过九曲珠，我便放你们走！"

孔子和学生们拿丝线穿了好久，可谁也无法把丝线穿过九曲珠。孔子见了，叹了口气，想起了那两个采桑女吟的诗。

孔子（公元前551—前479年）

名丘，字仲尼。春秋后期鲁国人，享年七十二岁，葬于曲阜城北泗水之上，即今日孔林所在地。曾修《诗》《书》，定《礼》《乐》，序《周易》，作《春秋》。其思想及学说对后世产生了极其深远的影响。

于是，孔子就派颜回和子贡回去向两个采桑女讨教。颜回和子贡来到采桑女家中。采桑女的父母接待了他俩。两人彬彬有礼地问两个采桑女是否在家中。采桑女的母亲捧出一个甜瓜，说："你们赶路口渴了，先吃个瓜吧！吃完了瓜，就知道她俩在哪里了。"

子贡知道采桑女的母亲打的是个哑谜，吃完瓜，便说，"我猜出来了。瓜的子在瓜中，她们也一定都在家中。"

两个采桑女见子贡猜出了哑谜，便笑嘻嘻地从里屋走了出来。颜回和子贡十分恭敬地对她俩说："老师特地派我俩来向两位姑娘请教穿九曲珠的方法，望不吝赐教。"

两个采桑女说："说穿了也很简单。先把蜜滴进九曲珠的洞眼里，再把丝线系在一个蚂蚁身上，让蚂蚁吃蜜，爬着穿过洞眼。如果它不肯爬过去，用烟一熏，它就穿过去了。"

颜回和子贡很高兴，连连向

她俩道谢。两人回到孔子身边，把方法告诉了孔子，并很快用此方法把丝线穿过了九曲珠。那陈国大夫见没难倒孔子他们，便放他们走了。

后来，"宝珠穿蚁"这一典故，用来形容一个人智慧超群；也用来形容遇到危险苦难时得到解救。

◎ 经典范例

　　纱笼擎烛迎门入，银叶烧香见客邀。金鼎转丹光吐夜，宝珠穿蚁闹连朝。波翻焰里元相激，鱼舞汤中不畏焦。明日酒醒空想象，清吟半逐梦魂销。

——宋·苏轼　《祥符寺九曲观灯》

○ 品画鉴宝　耕织图·采桑（南宋）　图写乡民野老同去采桑的场面，田园之乐跃然纸上。

採桑
吴见欸採桑下
青春深渹里讲歡
好过畔无欺侵深
篮各自携唐採高
倍尋黄鹂辟殷楮
垭咤鳴绿隂

唐朝的陆龟蒙，是一个高逸的隐士。他年轻时饱读诗书，通晓《六经》大义。他也曾参加过科举考试，但未能考取，以后就淡泊了功名，来到松江的甫里隐居起来。

当时，陆龟蒙的家中有田地几百亩，房屋二三十间，生活本来可以过得去。可是，这些田地大多地势低洼，一下大雨就成了一片泽国，与外面的江河相通，因此，肥力不足，收成不好，一家人经常饿肚子。所以陆龟蒙不得不起早贪黑，带着锄头铁锹下地干活，开渠挖沟，松土锄草，忙个不停。有人笑他，一个读书人还要这样辛苦。他却笑着回答说："尧、舜干农活被晒得又黑又瘦；大禹奔波治水，脚底、手掌都起了老茧，他们可都是圣人啊，我一个平民老百姓，哪敢不勤快呢？"

其实，陆龟蒙下地干活只是为了解决温饱问题，可以说是不得已而为之。他平生最爱做的两件事：第一是读书撰文，第二是烹水饮茶。

田里农活不忙的时候，陆龟蒙常常闭门著书，乐此不疲，因此论著颇丰。即使家里剩下的钱不够十天使用，他也不急着想办法，而是一如既往地笔耕不辍。奇怪的是，他著书并不是为了自己出名，往往写完了就扔进一个竹箱里，好几年也不再看它，甚至被人偷走了也不知道。

要是有一本好书到手，他总是读得很熟，然后抄录下来，并用朱、黄二色的毛笔评点一番。借来的书籍中，碰到篇目缺失或内容有误的，他就主动查阅补缺，订正谬误。

此外，陆龟蒙特别喜欢喝茶。他在自己家里辟有茶园。每年收取新茶之后，他就亲自品茶，评定茶叶的等级。

原先他爱喝点酒，但在一次酩酊大醉之后，深感酒会伤身，于是改为喝茶，从此终生不再饮酒。平时他不愿与一般俗人来往，即使这些人登门拜访，他也不见，只与几个知己朋友一起喝茶谈天，其乐融融。

陆龟蒙出门从不骑马，他的交通工具是一只装有篷席的小船。每次出行游走江湖之间，他总要带上几本书，一只笔床（搁笔的架子），还

有煮茶的炉灶、钓鱼竿等物，荡着小船，十分逍遥。当地人都叫他江湖散人或甫里先生。

陆龟蒙名高一时，朝廷闻知，要召他做官。但他拒不应召，一直隐居甫里，过着清贫自在的生活，最后老死在湖山之间。

后来，"笔床茶灶"这一典故，用来形容隐士逍遥自在的生活。

◎ 经典范例

人间定无可意，怎换得、玉鲙丝莼。且钓竿渔艇，笔床茶灶，闲听荷雨，一洗衣尘。洛水秦关千古后，尚棘暗铜驼空怆神。何须更，慕封侯定远，图像麒麟。

——宋·陆游 《洞庭春色》

○品画鉴宝

煮茶图（明）丁云鹏／绘　纸本，画出了中国茶文化的精致和讲究。

在东汉，有一个读书人叫赵壹。他不仅学富五车，才高八斗，而且品格高尚，疾恶如仇，平时跟他来往的人，也都是一些高洁之士。

当时的郡守袁逢享有大名，可是他十分伪善，表面上装得很清高，喜欢和一些名士结交，但暗中却和朝中的奸臣相勾结，做下了许多不法之事。

起先，赵壹被袁逢伪善的清高所迷惑，认为袁逢是一个值得结交的人。因此，在袁逢征聘人才时也跑去应聘。袁逢知道赵壹是个名士，为了给自己装点门面，便把赵壹聘为自己的属下。袁逢为了表示礼贤下士，还常常屈尊到赵壹家中去拜访。为了表示对袁逢的尊敬，每次袁逢前来，赵壹都事先让人把庭院中的通道打扫得干干净净，然后敞开大门，亲自迎接。

但是，一次偶然的机会，赵壹发现了袁逢和奸臣勾结的事。赵壹没想到自己所尊敬的人竟是一个表面清高、实则无耻的小人，心中既恼怒又懊悔。他给袁逢留下一封辞职信，信中没有说明理由，便告辞走了。

袁逢看了赵壹的辞职信，不知道赵壹已经认清了自己的伪善面目，赶去赵壹家拜访，想挽留赵壹。可他来到赵壹家门口，只见大门紧闭，门前的通道上一片狼藉，一点也没打扫过。

袁逢对守门人说："请通报，说袁逢前来拜访。"守门人进去禀告后，出来对袁逢说："主人说他已向老爷辞职，并不再和你这种表里不一的小人交往了。请你走吧。"

袁逢听了，只好悻悻地走了。

后来，"闭关却扫"这一典故用来形容闭门谢客。

◎ **经典范例**

时来运转,好汉也有惨遭挫败的时候,他就应该闭关却扫,往日的荣华不必再提。

——梁实秋 《好汉》

蔡邕（公元133－192年）
字伯喈，陈留圉人。东汉文学家、书法家。汉献帝时曾拜左中郎将，故后人
也称他"蔡中郎"。六世祖勋，好黄、老，平帝时为郿令。

蔡邕，字伯喈，他是东汉著名的文学家、书法家，才女蔡文姬的父亲。

蔡邕在文学和书法上取得很大的成就，但仕途上并不顺利。汉灵帝时，他做过议郎，因为上书议论朝政得失获罪，被流放到朔方。遇赦后，因怕宦官陷害，他亡命江湖十余年，直到董卓劫持汉献帝和百官西迁长安，才被专权的董卓召回，任命为侍御史、左中郎将。

蔡邕得到董卓重用以后，一时间家门口车马填巷，家中高朋满座。一天，蔡邕正和一批宾客在高谈阔论，守门人进来禀报，说有一个叫王粲的人前来拜访。

蔡邕一听说是王粲，就请满座的宾客稍候，急忙起身亲自前去迎接。当时，人们都是席地而坐，出屋时再穿鞋子。蔡邕在匆忙之中，竟然把鞋的左右脚都穿错了。宾客们见了，认为蔡邕去迎接的肯定是一个十分高贵的人物，大家纷纷都凝神而待。

不一会儿，他们见蔡邕带着一个十三四岁的少年进来，不由大吃一惊。蔡邕看出宾客们的心思，说："他叫王粲！我原来就认识他，你们别看他年纪轻轻，可是才能非凡，连我也不如他呢！说实在的，我家里所有的书籍，都该送给他才对！"

宾客们见蔡邕如此推崇王粲，又看他这么年轻，都很不以为然。蔡邕见状又介绍说："你们大概不相信吧！这位王公子不但才识过人，而且记忆力也是世间少有，简直可以称得上是过目不忘。有一次，我和别人下围棋，不小心把棋子弄乱了。正巧他在旁边，他竟能把棋子按照原局摆好，而且一个棋子也不错。"

◎ 品画鉴宝

歌舞宴饮图（汉）描绘了汉朝酒宴上的热闹景象。

　　宾客们听了，都不太相信。有个宾客便提议让王粲当场表演一下他过目不忘的能力。蔡邕征得王粲同意后，拿出自己新写的《述行赋》递给王粲。王粲当众朗读了一遍，又默读了一遍，然后把赋还给蔡邕，说："那我就献丑了。"

　　所有的宾客都围在蔡邕的《述行赋》前，想看看王粲是否会背错。结果，王粲果然一字不错地背了出来。宾客们这才心服口服，也佩服蔡邕慧眼识人。

　　后来，"伯喈倒屣"这一典故用来表示对贤才或贵宾的热烈欢迎。

◎ 经典范例

　　春秋佳日，花月良宵，有倒屣之主人，延曳裾之上客。绮筵肆设，绣幕低垂；绿蚁频量，红裙隔坐。绝缨而履舄交错，飞觞则香泽微闻。

　　　　　　　　　　　　　　　　　　——明·方绚　《采莲船》

○ 品画鉴宝 几父壶（西周）

西周时，有个叫尹吉甫的大官，娶了一个美丽贤惠的妻子，日子过得十分幸福。不久，妻子生了个儿子，取名伯奇，一家三口，其乐融融。

一晃十几年过去了，尹吉甫的妻子得了重病离开了人世。尹吉甫和伯奇都十分伤心。这时，伯奇已经长成了一个英俊的青年。

不久，尹吉甫又娶了一个年轻漂亮的妻子。她是一个心胸狭窄的女人，认为有前妻的儿子伯奇存在，她的丈夫会时时想起前妻，她得到的爱就不算完整。因此她心里非常讨厌伯奇，一心想把伯奇赶出家门，但看到尹吉甫和伯奇父子情深，一时也想不出什么办法。

一天，她不幸被毒蜂蜇了一口，又痛又痒，不由灵机一动，计上心来。

她悄悄捉了两只毒蜂藏起来，然后对尹吉甫说："伯奇简直不像做儿子的样子！"

尹吉甫听了，非常吃惊，连忙问道："伯奇难道做错了什么事吗？"

"伯奇手脚不规矩，他看我不比他大几岁，趁你不在的时候，老是对我动手动脚，调戏我。"后妻无中生有地说。

尹吉甫不太相信，心存疑惑地问："伯奇一向为人正派，怎么会调戏他的后妈呢？"

后妻冷冷一笑，说："伯奇为人正派？他那是当着你的面装出来的！他见我长得年轻漂亮，早就对我图谋不轨。你如果不相信，可以先假装离开家，然后悄悄折回来，就能在门缝中看到你那正派儿子的不正派行为了！"

尹吉甫同意了后妻的主意，便找了个借口，对伯奇说

23

他有事情要离家几天，说完便走了。

过了一会儿，伯奇正在自己的房中读书，忽然听到后母叫他，便来到后母房中问她有什么事。后母说："有两只毒蜂飞到我的衣领里，蜇得我很痛，快帮我赶跑！"

伯奇走上前一看，后母的衣领里面果然有两只毒蜂，就一只手扶着后母的肩膀，一只手伸进后母的衣领里去捉毒蜂。这时，尹吉甫刚好悄悄回到家门口，便从门缝里看到了伯奇伸手到后母衣领里的那一幕。

尹吉甫十分气愤，以为伯奇真的行为不轨，调戏后母，马上气冲冲地走进来，不分青红皂白便把儿子赶出了家门。

后来，"伯奇掇蜂"这一典故，用来形容耍弄阴谋、离间骨肉之情。

◎ 经典范例

天可度，地可量，唯有人心不可防。但见丹诚赤如血，谁知伪言巧似簧。劝君掩鼻君莫掩，使君夫妇为参商。劝君掇蜂君莫掇，使君父子成豺狼。海底鱼兮天上鸟，高可射兮深可钓。唯有人心相对时，咫尺之间不能料。君不见李义府之辈笑欣欣，笑中有刀潜杀人。阴阳神变皆可测，不测人间笑是瞋。

——唐·白居易 《天可度》

东汉时期，在太原有一个叫闵仲叔的读书人，家里十分穷苦，但他人穷志不短，从不轻易接受别人送来的东西。

闵仲叔有个同乡名叫周党，也是个读书人，家中并不富裕。有一次，他看到闵仲叔吃饭的时候什么菜也没有，便把家中种的生大蒜送了一些给闵仲叔。闵仲叔不肯接受，推辞万分，周党强迫他收下，闵仲叔才收下了。

闵仲叔怕大蒜吃完后周党再送，便把大蒜挂在家中不吃。周党见了，称赞他说："闵仲叔如此重视节操，真是十分难得，天下很少有人及得上他。"

闵仲叔读了一辈子书，一直没能做官，所以穷困潦倒了一生。他晚年的时候，移居到了安邑。那时，他已到了老年，年老体弱，家中仍然很穷。因为买不起肉，只得每天花很少的钱去买一片猪肝。卖肉的人见他买得这么少，嫌麻烦，常常不肯卖给他。

闵仲叔和安邑县令很有交情，但他从不肯接受县令的礼物。县令知道他的脾气，也就不送什么给他，只是经常去看望他。

有一次，安邑县令又去看望闵仲叔。临走时，他对闵仲叔的儿子说："你父亲平常吃些什么菜？"闵仲叔的儿子含糊地回答："我父亲常吃猪肝，但卖肉的人有时不肯卖。"

○ 品画鉴宝

辇车（东汉时期）　仪仗扈从辇车之一。据车辕马胸前阴刻铭文，可知此车为主人亲属所乘。

25

县令回衙后，把管理市场的官吏找来，要他去吩咐卖肉的人，每天供应闵仲叔家一块猪肝，不准不卖。

从这以后，闵仲叔便天天能吃上猪肝了。过了些日子，闵仲叔觉得有些奇怪，对儿子说："现在天天都能买到猪肝，这是怎么回事？"他的儿子把县令关照的事说了，闵仲叔叹了一口气，说："我闵仲叔连买一片小小的猪肝都要麻烦安邑县令，心里怎么能安心呢？从今以后，我宁愿不吃猪肝，也不愿再麻烦他。"

于是，闵仲叔悄悄地离开了安邑，搬到别的地方去了。

后来，"不累安邑"这一典故用来形容人洁身自爱、不愿麻烦别人。

◎ 经典范例

寄褰浑成迹，经年滞杜南。价轻犹有二，足刖已过三。鸡肋曹公忿，猪肝仲叔惭。会应谋避地，依约近禅庵。

——唐·罗隐《寄洪正师》

狄仁杰（公元630—700年）唐代并州（今山西太原）人，字怀英。武则天时期宰相，杰出的封建政治家。应试明经科（唐代科举制度中科目之一），从而步入仕途。狄仁杰为官，如老子所言『圣人无常心，以百姓心为心』，始终居庙堂之上，以民为忧，后人称之为『唐室砥柱』。

唐朝一代名臣狄仁杰年轻时，喜欢读书。他一读起书来就不知疲倦，常常对别的什么事都不关心。

有一次，在狄仁杰住处附近，有一个人被杀害了，官府派员前来勘察，找来了很多人，向他们了解情况。当时，众人纷纷争着回答，唯有狄仁杰一声不响，只顾手握书卷沉迷其中。这位官员感到好生奇怪，似乎此人没把他这个地方官放在眼里，就问："你住在被害人附近，为什么一言不发？"狄仁杰说："我正在与经书中的圣贤对话，哪有工夫跟庸俗小吏啰唆？"

这官员听了闷闷不乐，暗暗怀恨，不过狄仁杰只是出言不逊，一时也奈他不得。谁知几年之后，狄仁杰出任汴州参军，竟与这位官员成了同事。终于，这个官员逮住了一个机会诬陷狄仁杰，将狄仁杰投进了监狱。

这时，朝廷正巧派黜陟使阎立本到各地巡察，调查官吏的行为以施行赏罚。阎立本来到汴州，查到狄仁杰的案卷，便亲自讯问狄仁杰。狄仁杰本来便无罪，一经辩解，便很清楚他一点罪过也没有，摆明了是被别人诬陷的。

阎立本从狄仁杰的辩词中，弄清了事情的原委。同时他惊喜地发现狄仁杰神情自若，言谈从容，思辨周详，批驳有力，实在是不可多得的人才。他称赞狄仁杰说："孔子说'观过知仁'，你可算得上是沧海中遗留的一颗珍珠了。"

于是阎立本举荐狄仁杰为并州法曹。狄仁杰上任后，果然表现出非凡的政治才干。凡经他手审理的案件，没有一件处置得不恰当。由于办案出色，狄仁杰不久便升任大理丞、侍御史、宁州刺史等职。到武则天统治时期，他被拜为宰相，成为一代名臣。

后来，"沧海遗珠"这一典故，用来形容被埋没的人才，或形容珍贵的事物。

◎ 经典范例

右述兴中会时期中前半期之革命同志，系数自甲午冬至庚子秋止，虽其间不免有沧海遗珠之诮，然大体相差不远。

——冯自由 《兴中会时期之革命同志》

○ 品画鉴宝 步辇图 （唐）阎立本／绘

汉武帝刘彻小的时候，常到姑妈长公主家去玩。长公主有个女儿名叫阿娇，长得楚楚动人。表兄妹俩青梅竹马，两小无猜，常在一起玩耍，感情很好。刘彻成年后，便娶阿娇为妻。刘彻做了皇帝，便立阿娇为皇后。因为阿娇姓陈，历史上便称她为陈皇后。

陈皇后原先很得汉武帝宠幸，但她忌妒心很重，容不得汉武帝宠爱别的妃子，常常为此跟汉武帝大吵大闹，甚至请女巫施行巫术，诅咒汉武帝宠爱的卫夫人，搅得内宫鸡犬不宁。

汉武帝对此非常恼怒，一气之下，下诏收回了皇后的玉玺，废除了她的封号，把她贬入长门宫。

长门宫是一处冷宫，与皇后原来住的宫殿有天壤之别。陈皇后住在这样的宫中，终日以泪洗面，日夜愁苦，心中懊悔莫及。

一天，有人给她出主意说："听说蜀郡成都有个名叫司马相如的才子，文章写得十分漂亮，辞赋尤其出色，任何人看了都会感动，他写的《子虚赋》，连皇上都拍案叫绝。你为什么不把自己过去与皇上的恩爱以及目前的境遇告诉司马相如，请他写一篇赋，以此来让皇上回心转意呢？"

陈皇后觉得这个主意不错，就亲自写了封信叙述了情况，派人带了一千六百两黄金来到成都，恳请司马相如为自己写一篇赋。

司马相如看了陈皇后的信，见她信中言辞恳切，十分同情她的遭遇，便一口答应。因为陈皇后

陳后

贬居长门宫，司马相如便将所写之赋的标题定为《长门赋》。在赋中，他以淋漓尽致的笔墨，以一个失宠后妃的口气，将陈皇后如何怀念当日的恩爱，以及幽居冷宫后寂寞、凄凉的心情绘声绘色地表现出来。

《长门赋》写好后，由陈皇后的信使带了回去。陈皇后读了，不由得热泪盈眶。陈皇后又设法将《长门赋》呈交给汉武帝。汉武帝读了，也不由念起了与陈皇后的青梅竹马之情，想起当日"金屋藏娇"的承诺，不由产生了内疚之情。于是，他下旨恢复了陈皇后的皇后地位，送回了皇后的玉玺。

后来，"长门买赋"这一典故，用来形容失宠妇女力求恢复被宠幸的地位，或者形容文人的作品受人赏识、价值很高。

◎ 经典范例

终日思君君不知，长门买赋更无期。山山绿遍相思树，正是江南草长时。

——清·梁启超 《相思树》

汉景帝时，将全国的土地分封给诸皇子，并赐以王位。

一些宠妃所生的皇子，分到的属地要么土地肥美，物产丰富；要么地域广大，纵横千里，都是心满意足。唯独刘发分到的属地只有长沙的一个郡。

刘发的母亲唐姬，原先只是程姬的一名侍女，由于偶然得到了汉景帝的宠幸，才生下了刘发。由于母亲地位卑贱，所以刘发也就不受重视。

长沙郡是个边远贫瘠的地方，气候潮湿多雨，生产方式落后，而且人口不多，刘发因此很不开心。

过了几年，汉景帝过生日。各地封王都来拜寿，一时京城里结彩张灯，热闹非凡。刘发也来到京城给父亲拜寿，见到京城的繁华热闹，心中更不是滋味。

在正式的寿宴上，诸王和群臣一起扬尘舞拜，行三拜九叩的大礼，向景帝祝寿。而刘发只是甩甩袖子，举举手，不像别人那样行礼，在人群中特别醒目。

刘发身边的诸王都笑他，悄悄地说："刘发你怎么那么笨，连行礼都不会。"

刘发也不理睬，依旧只是甩甩胳膊。

这下汉景帝也看见了，就责怪刘发说："你到底怎么回事啊？是不会呢，还是不想向朕行礼啊？"

刘发说："儿臣不是不会行礼，只是地方太小，回旋不开。"

汉景帝一听就明白了，他是在嫌封地狭小。汉景帝刚要发火，但一想也是，同是皇子应该一碗水端平，厚此薄彼反而会惹出事端。于是，景帝又给刘发加封了三个郡的土地。

后来，"长沙不足舞"这一典故，用来形容地方狭小，无法施展。

◎ **经典范例**

　　大臣小嚅鸣，谪窜天南垂。长沙不足舞，贝锦且成诗。佐郡浙江西，病闲绝驱驰。阶轩日苔藓，鸟雀噪檐帷。

　　　　　　　　　　　——唐·李白　《感时留别从兄徐王延年、从弟延陵》

○ 品画鉴宝

陶水田、陶船（东汉）　水田分六方，小船是运载工具，生动地反映了珠江三角洲夏收夏种的繁忙景象。

车胤囊萤

晋代时，在福建南平有个勤奋好学的少年名叫车胤。他的曾祖父车浚，在三国时曾是东吴孙权的属下，担任过会稽太守。后因辖地发生灾荒，他上书请求开仓赈灾，结果遭到怀疑，被吴王孙皓所杀。从此，车家的家道便逐渐衰落，到了车胤父亲这一辈，家中几乎是一贫如洗了。

车胤从小就喜爱读书，他父亲虽然没做过官，但也是个很有学问的人。车胤在父亲的指导下，学业进步很快。有一次，车胤父亲的一位朋友来到他们家中。这位朋友见了车胤，考查了一下他的学问，对他的父亲说："这孩子天资聪明，又这么爱读书，将来一定很有出息。"

车胤的父亲很高兴，更尽心尽力地指导他。就这样，车胤所读的书越来越多，学识越来越丰富，也越来越觉得时间不够用。当时，车胤家中因为穷，晚上连点灯的油也买不起，因此无法利用晚上的时间继续攻读，他只能将白天学到的东西背诵温习。

一个夏夜，车胤正在屋外一边散步，一边背诵。忽然有几只萤火虫在他眼前飞过，那一闪一闪的亮光突然触动了他："萤火虫能发光，如果多抓一些萤火虫放在一起，不就可以利用它们的光亮看书了吗？"于是，他立即回屋找了一只白色的布囊，捉了好多萤火虫放在布囊中。他扎紧囊口，吊在一张桌子上方一试，果然，萤光竟能照出书本上的字，他便借着萤光读起书来。

从这以后，车胤便天天晚上先去抓萤火虫，然后利用萤光在夜间继续苦读。车胤成年后，学富五车，远近闻名，终于被朝廷征召进京，做到吏部尚书的官职。

后来，"车胤囊萤"这一典故，用来形容克服困难、刻苦学习。

◎ 经典范例

便好道君子不重则不威。枉了你穷九经三史诸子百家，不学上古贤人囊萤积雪，凿壁偷光，则学乱作胡为。

——元·乔吉 《李太白匹配金钱记》

○ 品画鉴宝　鲁公写经图 (清) 陆恢/绘

陈蕃，字仲举，是东汉时的著名大臣。他正直无私，被当时的太学生们誉为"不畏强御陈仲举"。

陈蕃的祖父曾做过河东太守，但他的父亲却功名不就，家道也逐渐衰落。到陈蕃长到十几岁的时候，家里的仆人已经走得一个不剩。整理书房、打扫庭院等杂务再没有仆人可以差遣。

陈蕃在家中独居一室，室外是一个不小的庭院，院中生长了一些花草。少年陈蕃潜心读书，居室中书卷堆放得乱七八糟，庭院中花卉枯萎，杂草丛生，但他都不以为然。

一天，陈蕃父亲的一位叫薛勤的朋友前来看望他们。恰巧陈蕃的父亲不在家，陈蕃就把客人带到自己屋里。薛勤看到陈蕃屋中乱七八糟，又看到庭院中一片狼藉，便忍不住说："你这孩子，闲在家里为什么不把庭院和屋子打扫干净，在这么杂乱的地方怎么接待客人呢？"

陈蕃听了这话，不但不生气，反而满怀豪气地回答说："大丈夫应当扫除天下，怎么能去做清扫庭院和屋子的小事呢？"

薛勤见他小小年纪，说话口气却这么大，知道他志气不小，十分叹服。

果然，没过几年，陈蕃便被推举为孝廉，继而被朝廷任命为郎中令。汉桓帝时，他官至太尉。汉灵帝时，他任职太傅，同朝中大臣李膺等一起，筹划诛灭在朝廷中为非作歹的宦官集团。后来因计划泄露而惨遭失败，但他却以自己的行动实现了年轻时"扫除天下"的宿愿。

后来，"陈蕃一室"这一典故，用来形容年轻人有志向。

◎ 经典范例

仲举高谈亦壮哉，白头狼狈只堪哀。枉教一室尘如积，天下何曾扫得来？

——宋·杨万里 《读〈陈蕃传〉》

陈雷胶漆

陈重和雷义都是东汉末年豫章郡人。他们少年时就一道学习，两人结为好友，亲如兄弟。几年后，陈、雷两人学业有成，在家乡一带小有名气。

有一年，豫章太守张云举荐陈重为孝廉，准备让他做官。陈重和雷义遇到好事向来是互相谦让的，现在陈重有了这么一个做官的机会，就立刻想到把孝廉的位置让给雷义。

于是，陈重就向太守张云写了一封推荐信，说明雷义如何学识过人，自己不及他，孝廉应该让雷义当才合适。先后共写了十几封信，可是陈重越是推让，张云就越觉得他人品高尚，越发不肯答应他的要求。

到了第二年，张云也推举雷义做了孝廉，陈重这才与雷义一同应荐，一同在郎官署供职。

过了几年，雷义又被举为茂才。雷义也立刻想到了好友陈重，他就去找刺史，请求把茂才让给陈重，结果未能得到允准。雷义见请求不成，就想出了一个办法——装疯。不久，人们就看到了一个疯疯傻傻的雷义，整天披头散发，满口说着疯话，到处乱走。这样，他自然就不能接受茂才的举荐了。

但是他们家乡的人对这件事的原委知道得一清二楚，当刺史派人前来了解情况，调查雷义是否真疯一事时，乡里的人都说："只要让陈重也当茂才，雷义的病马上就会好的。"调查的人听了，叹息不已，对两人的品德越发钦佩。乡里的人又说："如今我们乡里流传着这样两句话，胶和漆合在一起虽然粘得很牢，但还不及陈重雷义的交情密不可分。"

官府了解到这些情况后，就同时推举他们两人为茂才。

后来，"陈雷胶漆"这一典故，用来形容友谊的真挚牢固。

◎ 经典范例

俺弟兄比陈雷胶漆情尤切，比管鲍分金义更别。

——元·宫天挺 《死生交范张鸡黍》

鸱得腐鼠

惠子和庄子是春秋时宋国人，两人都是著名的思想家，惠子是名家的代表人物，庄子是道家的代表人物，两人交情很好。

梁惠王时，惠子到了魏国，受到梁惠王的赏识，被任命为相国。庄子得知了这个消息后，十分高兴，便兴冲冲地赶来魏国访友。

惠子的一个下属得到庄子来到大梁的消息，向惠子禀报说："我听说老爷的朋友庄子来到了大梁，他来拜见您了吗？"

惠子听了，不满地说："是吗？他怎么没来看我？"

这个下属无中生有地说："老爷，我认为庄子这次来，是想取代你做魏国的相国。"

"你有什么根据？"惠子问。

"庄子如果不是想谋夺您的相位，他怎么会不来拜见老爷您呢？"那个下属回答说。

惠子听信了谗言，以为庄子真的要来谋夺他的相位，十分恐慌，急忙派卫兵在城里进行搜查。他们搜查了三天三夜，终于在一个客栈里搜到了庄子。

庄子（约公元前369－前286年）
名周，字子休（一说子沐），战国时代宋国蒙（今安徽省蒙城县）人。著名思想家、哲学家、文学家，是道家学派的代表人物，老子哲学思想的继承者和发展者，先秦庄子学派的创始人。他的学说涵盖着当时社会生活的方方面面，后世将他与老子并称为"老庄"，他们的哲学为"老庄哲学"。

庄子见到惠子，幽默地说："老朋友，南方有一种鸟，名叫鹓鹐，你听说过吗？鹓鹐常常从南海飞往遥远的北海，它高雅纯洁，不是梧桐树决不歇脚，不是嫩竹决不啄食，不是甘美的泉水决不饮用。一天，一只猫头鹰弄到一只腐烂生蛆的老鼠，正在那里啄食。这时，恰好鹓鹐飞过。猫头鹰惊慌失措，仰起头，瞪着眼，大喝一声：'吓！你想来抢吃我的老鼠吗？'"

庄子说到这儿，话锋一转，说："老朋友，你现在这样兴师动众，心态和那只猫头鹰差不多吧！"

惠子听了，羞愧地低下了头。

后来，"鸱得腐鼠"这一典故，用来写庸俗的人把卑陋、轻贱的物品看作珍品，并且以小人之心，度君子之腹，害怕他人争夺。

◎ 经典范例

　　鸢飞杳杳青云里，鸾鸣萧萧风四起。旗尾飘扬势渐高，箭头君划声相似。长空悠悠霁日悬，六翮不动凝飞烟。游鹍翔雁出其下，庆云清景相回旋。忽闻饥乌一噪聚，瞥下云中争腐鼠。腾音砺吻相喧呼，仰天大吓疑鸳雏。畏人避犬投高处，俯啄无声犹屡顾。青鸟自爱玉山禾，仙禽徒贵华亭露。朴樕救危巢向暮时，毡毡饱腹蹲枯枝。游童挟弹一麾肘，臆碎羽分人不悲。天生众禽各有类，威凤文章在仁义。鹰隼仪形蝼蚁心，虽能庋天何足贵。

　　　　　　　　　　　　——唐·刘禹锡　《琴曲歌辞·飞鸢操》

厝火积薪

西汉才子贾谊博学广识，敢于言事，很有参政才能，因此颇为汉文帝赏识，年纪轻轻便被破格提升为太中大夫。

贾谊具有敏锐的政治眼光和文人的慷慨意气。当时正是西汉王朝草创之初，北方匈奴不断侵扰，国内情势也不安定，汉高祖分封的同姓诸侯王力量很大，他们割据一方，不听中央号令，擅自发展自己的势力，有些诸侯王还流露出觊觎帝位的野心。

贾谊洞察到这些潜在的危险，向汉文帝上了一道《治安策》。针对国内形势，他列举了济北王刘兴居的叛乱，淮南王刘长的谋反，吴王刘濞的不遵法纪、暗中扩充军队、图谋不轨的事实，提出了自己的治理主张，并且恳切地提醒汉文帝说："将火种放在堆积的木柴下面，而自己安睡在上面，眼下火尚未燃烧起来，就认为很平安。当前的天下形势，跟这没有什么两样！"意思是火势一旦爆发，局面将很难收拾，防患必须在事故未发生之前。

汉文帝看了贾谊的上书，被深深地打动了。于是采纳了贾谊的意见，下令削减诸侯王的封地，抑制诸侯王的势力，以加强中央集权。

但是贾谊年轻气盛，锋芒毕露，谈及国家的隐患，往往态度激愤，于是遭到实力强大的朝中老臣的忌妒排斥。汉文帝一时听信了老臣们的非议，将贾谊贬为长沙王太傅，不再让他参与朝政。

后来，"厝火积薪"这一典故，用来比喻隐藏有很大危险。

◎ **经典范例**

乃事过境迁，恬嬉如故，厝火积薪之下，而寝处其上，酣歌恒舞，民怨沸腾，卒至鱼烂土崩，不可收拾。

——蔡东藩、许廑父 《民国通俗演义》

达摩面壁

　　南朝梁武帝萧衍，是一位虔诚而狂热的佛教信徒。他信奉佛教达到了令人难以想象的程度。他一生中曾三次舍身同泰寺，为宣扬佛法，舍身为奴。

　　对梁武帝来说，他最重要的活动就是结交名僧高僧，听高僧讲经。他还亲自抄写佛经，为此花费了大量时间和精力，却始终乐此不疲。

　　在这种浓重的佛教氛围中，梁武帝拥有数不清的僧友，更有一位印度僧人达摩，也不远万里来到中国。

　　达摩就是菩提达摩，本名菩提多罗。他于梁武帝普通元年来到中国。十月一日，梁武帝亲自把他迎接到金陵，迫不及待地向他问了几个问题。梁武帝问："朕自从即位以来，造寺写经，度僧不可计数，有什么功德呢？"达摩回答："无功德。"梁武帝又问："为什么无功德？"达摩说："这不过是人天小果，如影随形，虽有非实。"

　　在达摩看来，造寺写经，不过是凡夫世俗之心，有了想立功德的欲望，就如同心中有了漏洞，本来有的功德也就没有了。

　　但是梁武帝没有醒悟，又接着问了"如何是真功德""如何是圣谛第一义""和我应对的是谁"等问题，摆出一副天子自尊的架子。达摩不屑回答，只说了三个字"不知道"。

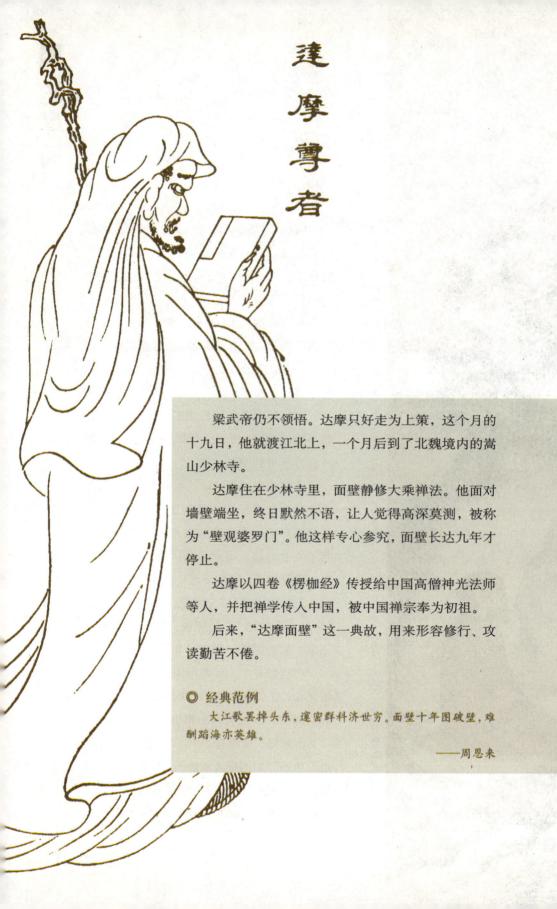

达摩尊者

梁武帝仍不领悟。达摩只好走为上策，这个月的十九日，他就渡江北上，一个月后到了北魏境内的嵩山少林寺。

达摩住在少林寺里，面壁静修大乘禅法。他面对墙壁端坐，终日默然不语，让人觉得高深莫测，被称为"壁观婆罗门"。他这样专心参究，面壁长达九年才停止。

达摩以四卷《楞枷经》传授给中国高僧神光法师等人，并把禅学传入中国，被中国禅宗奉为初祖。

后来，"达摩面壁"这一典故，用来形容修行、攻读勤苦不倦。

◎ 经典范例

大江歌罢掉头东，邃密群科济世穷。面壁十年图破壁，难酬蹈海亦英雄。

——周恩来

汉高祖刘邦晚年的时候，先后遇到彭越、英布等异姓诸侯发动叛乱，但都被他果断地镇压了下去。公元前196年初冬，他在平定淮南王英布武装叛乱的回师途中，路过家乡沛县。

沛县的官吏听说当今皇上要来，赶紧设下行宫，准备好各种供应。待高祖到来，全体出城跪迎。刘邦当年任亭长的时候，负责判决里人的诉讼，遇到大事，就详报县中，所以与一班官吏常常互相往来，比较熟悉。现在见到他们，也就另眼相看，马上答礼，命他们起身，引他入城。

城里的老百姓也扶老携幼地前来欢迎。他们又是提着彩灯，又是散着香花。高祖看了非常高兴，一进行宫，马上传父老子弟进见，并且嘱咐他们不必多礼，还赐他们在两旁坐下。

过了一会儿，沛县的官吏们让人摆开宴席。高祖上座后，吩咐父老子弟入席一起饮酒。同时还选了一百二十个幼童，让他们唱歌助兴。幼童们满口乡音地歌唱了一番。高祖酒喝得很畅快，歌也听得很欢悦，命人取过筑来，亲自打击。他一面击打，一面唱道："大风起兮云飞扬，威加海内兮归故乡，安得猛士兮守四方！"

这首诗名叫《大风之歌》，全诗表达了刘邦离乡十多年来转战南北，打败项羽，重新统一天下，粉碎叛乱，巩固汉王朝政权之后，与故乡父老兄弟欢聚的兴奋心情；同时也表达了他渴求贤才，治理宇内，保卫边疆的宽广胸怀和殷切愿望。全诗虽然只有三句，但情调高昂，气势磅礴，语言简朴，富有感染力。

刘邦（公元前256—前195年）沛郡丰邑人（今江苏丰县）中阳里人，字季，有的说小名刘季，秦时曾做过泗水亭长。他在兄弟四人中排行第三。在秦末农民战争中因为被项羽立为汉王，所以在战胜项羽后建国时，国号定为『汉』，定都洛阳，后迁都长安。

刘邦唱完《大风之歌》，命儿童学习，同声唱和。几次练习后，他们就唱得抑扬顿挫，婉转可听，引得高祖喜笑颜开，走下座位跳起舞来。

刘邦走后，沛县父老在行宫前筑了一座台，称为"歌风台"。

后来，"大风之歌"这一典故，用来形容慷慨激昂的悲歌和英雄人物的豪情壮怀。

◎ 经典范例

堂上谋臣尊俎，边头将士干戈。天时地利与人和。燕可伐钦？曰可！

今日楼台鼎鼐，明年带砺山河。大家齐唱大风歌，不日四方来贺。

——宋·刘过 《西江月》

　　齐威王在位的第八年，楚国出兵攻打齐国。当时楚国强大，齐国弱小，齐威王知道单靠本国的力量难以抵御楚国，于是就派大夫淳于髡出使赵国，请求赵王发兵相救。

　　淳于髡问："这次出使赵国，大王准备送赵王什么礼物呢？"齐威王说："送给赵王黄金一百斤，四匹马拉的车子十辆。"

　　淳于髡听了，仰天大笑，笑得连系在帽子上的带子都断了。在旁的大臣们见了，都十分惊奇。齐威王明白了淳于髡的用意，问："先生认为所送的礼物太少吗？"淳于髡笑嘻嘻地说："我怎么敢说少呢？""那么你为什么这样哈哈大笑呢？"齐威王又问。

　　淳于髡回答说："前些日子，我离京东去，看到路旁有一个农夫在祭告田神，希望田神保佑他丰收。他祭田神的礼品是一只猪蹄、一杯酒。他向田神祷告说：'田神啊田神，希望你保佑我，高地上的收成装满箩筐，低地上的收成装满大车，五谷丰登，粮食满仓。'我想他用来祭祀的东西这么少，要求得到的东西却这么多，所以就不由得大笑起来。"

　　齐威王听了，懂得淳于髡的讽喻之意，不觉也笑了起来。他也感到自己送给赵王的礼物确实太少了，于是当即下令将礼物增加到黄金一千斤、白璧十双、四匹马拉的车子一百辆。

　　淳于髡带着重礼来到赵国，赵王接受了礼物，派大将带领精兵十万、战车一千辆前往援助齐国。楚军听到齐国请来了赵国救兵，便连夜撤兵而去。

　　后来，"大笑绝缨"这一典故，用来形容为某一种可笑的事情而放声大笑，或形容笑声程度之强烈。

◎ 经典范例

　　梁蕉梦也是很得意，头望反一仰，碰着壁子，把头上那顶瓜皮小帽吊了下来，露出一根笔管儿粗的辫子，用红丝绳绑着，也从头上垂了下来。大家看见，又笑起来，说道："这才是冠缨索绝哩。"

——张恨水　《春明外史》

大手笔

王珣是东晋名相王导的孙子。他年轻有为，才思敏捷，胆量过人，能写一手好文章。因此，他在二十岁那年，就被大司马桓温聘为主簿。

有一次，桓温为了试试王珣的胆量，在大司马府议事的时候，故意骑着一匹马直冲堂上。其他的幕僚见了，有的吓得浑身瑟瑟发抖，有的干脆钻到桌子底下躲起来，只有王珣端坐不动，像没有发生什么事一样。桓温勒住马，环视了一下堂上的情况，感叹地说："王珣能面对奔马，处变不惊，将来一定能大有作为！"

又有一次，桓温为了试试王珣的才学，趁王珣不注意的时候，在议事时悄悄拿走了王珣的发言稿。王珣想发言时，发觉稿子没了，但他一点也不在意，仍旧口若悬河，滔滔不绝。桓温见了，不由从内心里感到他是个不可多得的人才。

经过一段时间的了解和考察，桓温对自己所聘的这位年轻主簿十分信赖。桓温带兵出征的时候，便把军中往来文书等事务全部委托给王珣，军中的文武官员对王珣也十分敬重。

由于王珣确实很有才能，再加上受到桓温的器重和赏识，王珣很快得到升迁，被任命为中军长史，封为东亭侯。不久以后，又被朝廷任命为给事黄门侍郎。公元396年秋的一天晚上，王珣做了一个梦，梦见有人送给他一支比普通毛笔大几十倍的大笔。醒来后，他自言自语地说："看来，朝廷中要发生什么大事，又有大手笔的事要我做了。"王珣的猜测没有错。当天上午，晋武帝死了，朝廷急忙召王珣入朝，让他起草讣告、哀策、谥议等各种文件。王珣以自己卓越的才华，在极短的时间里，挥笔立就，体现了"大手笔"的风范。

后来，"大手笔"这一典故，用来形容著名的作家和作品，或形容写作才能极高，又引申为一种大规划的成功。

◎ 经典范例

自景龙后，与张说以文章显，称望略等，故时号燕、许大手笔。

——宋·欧阳修等 《新唐书》

丹霞烧佛

　　唐朝宪宗元和年间,天然禅师丹霞喜欢云游四方。"天然"是丹霞的法名,当初他投奔马祖时,还未参礼,便骑坐在圣僧塑像的颈上。马祖说:"我子天然。"由此丹霞也称为"天然法师"。

　　有一年冬天,天然法师来到了洛阳城南的龙门香山惠林寺,认识了寺里的伏牛和尚。两人一起诵经参禅,修行悟道,十分融洽。一天,天寒地冻,滴水成冰。丹霞和伏牛两人一起坐禅。坐禅完毕,手足都已冻僵了。

　　丹霞想,天这么冷,该找点木头来烤火。但庙宇中没别的木头,只有木佛。于是,丹霞搬出一尊木佛来,点上火,与伏牛二人相对而坐,烤火取暖。

　　庙宇的院主闻到异常的烟火味,找过来,只见两个和尚竟在烧木佛烤火,便大声呵斥:"为什么烧我的木佛?"丹霞一边用小棍子拨着火,一边说:"我是在烧佛骨取舍利子呢!"院主说:"木佛哪来舍利子?"丹霞说:"既然没有舍利子,再取两尊来烧。"

　　院主气得无话可说。在一般佛教徒眼里,烧木佛是大逆不道的行为,但在丹霞看来,烧的只是木头,并无过错。高僧烧佛像,可见得道之人,不拘泥于形式。只要佛在心中,率真地依照本性行事,并不违反佛教教义。

　　后来,"丹霞烧佛"这一典故,用来形容人蔑视成法,行为放纵。

◎ 经典范例

　　烧佛鸣钲事更奇,赤身禁冷耐支持。火神到处光如画,一路嫌人放炮迟。

——清·陈朝龙

公元 280 年，晋武帝灭掉东吴，统一了天下，大封同姓子弟为王。这些藩王都握有军政实权，这就为他们后来发动叛乱提供了条件。

晋武帝死后，晋惠帝即位。惠帝是个弱智，朝政由皇后贾南风把持。贾后先杀了辅政大臣杨骏，任命汝南王司马亮为辅政大臣。

谁知汝南王一朝大权在握，同样专横跋扈，贾后又想杀他，但他是同姓藩王，地位尊贵，一时拿他没办法。过了一段时间，贾南风就矫诏说汝南王图谋不轨，悄悄地命楚王司马玮进京勤王，一举杀了司马亮。不久，为了杀人灭口，贾南风又找借口杀了司马玮。

贾后连杀二王，渐渐引起其他一些藩王的不满，他们起兵要杀贾后，废掉晋惠帝。而一些忠于惠帝的藩王起兵帮助惠帝平叛。于是王室之间展开了一场大厮杀。顿时兵戈四起，天下大乱。

侍中嵇绍见形势危急，连夜向惠帝的行宫赶去。正碰上惠帝的兵马在荡阴打了大败仗，叛军已经追赶过来。

这时，文武百官和侍卫都已经逃散，只有嵇绍身穿朝服，以身体护卫惠帝，高声斥责叛军。叛军一拥而上，将嵇绍杀死在惠帝身旁，鲜血都溅到惠帝身上。

幸好这时，拥护惠帝的兵马杀来，赶走了叛军。等局势暂时平定后，手下人伺候惠帝换了衣服，想洗去衣服上的血迹，惠帝制止说："这是嵇侍中的血，不要洗掉。"

后来，"帝衣溅血"这一典故，用来形容臣子誓死保卫君主的义烈行为。

◎ 经典范例

雨村道："可叹可叹，二人虽冰清玉润，然亦只能空抱溅血帝衣之心。"

——清·曹雪芹 《红楼梦》

东方朔偷桃

东方朔是汉武帝的近臣。他学识渊博，说话风趣，深得汉武帝的欢心。汉武帝命他侍从左右，应对顾问，并且可以出入宫廷。

传说天上的女神西王母曾经降临汉武帝的宫殿，汉武帝在大殿上设宴款待她，吩咐所有从人一律不许入内，席上只有武帝和西王母两个人。

品尝了人间的珍馐佳肴后，西王母说："我给你带来几枚仙桃，你也尝一尝。"

说完，取出七枚仙桃，自己吃两枚，其余都给了汉武帝。汉武帝吃着仙桃，只觉得甘甜无比，齿颊生香，不一会儿，桃子吃完了，他把核全留起来。西王母问："留桃核干什么用？"

汉武帝说："这桃子味道甜美，想留核来种。"

西王母笑着说："仙桃非比凡间桃子，三千年才结一回果呢！"

说话间，大殿南厢的窗外，有一个人隔窗向内窥视，西王母回头看见了，认出这人就是东方朔，她对汉武帝说："从窗户窥探的这个小家伙曾三次偷吃我的桃子。"

汉武帝非常惊讶，这才知道东方朔不是一般的俗世之人。

据传说，东方朔也是一位神仙。西王母种的桃树三千年结一次果，东方朔一而再、再而三地溜进桃园，偷吃仙桃。西王母很不高兴，就把东方朔贬到凡间来了。

后来，"东方朔偷桃"这一典故，用来形容仙家之事，也用以咏桃。

东方朔（公元前154－前93）
西汉文学家，字曼倩，平原厌次（今山东惠民）人。武帝时，为太中大夫。他性格诙谐滑稽，爱好喝酒。古代隐士，多避世于深山之中，而他却自称是避世于朝廷的隐士。

◎ **经典范例**

偷桃窃药事难兼，十二城中锁彩蟾。应共三英同夜赏，玉楼仍是水精帘。

——唐·李商隐 《月夜重寄宋华阳姊妹》

东晋时代的大书法家王羲之出身于世家大族，他的叔父王导是当时的宰相。王羲之年轻时长得一表人才，风流倜傥，称得上是一个英俊小生。

当时在王氏宗族中，有不少与王羲之同辈的年轻人。王导的儿子王悦、王恬、王洽、王承等都与王羲之年龄相仿，尤其是王悦、王承，也是长得十分英俊，且很有才学。他俩与王羲之被时人合称为"王氏三少"。

王羲之年轻时就醉心于书法。他先向卫夫人学隶书，后又向张芝学草书，向钟繇学正楷，然后博采众长，精研体势，推陈出新，创造出一种新的优美的书体。

王羲之虽然极具才华，但他的性格却放荡不羁，对功名利禄看得很淡。有一年，太傅郗鉴要为自己的女儿选女婿。他听说王家的子弟都俊秀杰出，便特地派了一个门生去见王导，要求在王家的子弟中挑选一个女婿。王导见是郗太傅派人来登门求婚，便一口答应，并让郗鉴派的人在自己的子侄中任选一个。

门生回去把王导的意见告诉郗鉴。郗鉴听了，对门生说："那就烦劳你再跑一趟，把王家子弟逐个审视一下，把看到的情况回来告诉我！"

于是，这个门生又来到王家。王导让自己所有的子侄全部集中到东厢房去，并对他们说："郗太傅要在你们中间挑选一位乘龙快婿，你们各自好好准备一下！"

王家子弟早就听说郗太傅有个花容月貌的女儿，如今听说郗太傅要在他们之中选一个做女婿，不由得十分兴奋。他们都穿上漂亮的衣服，精心打扮一番，在东厢房中端端正正地坐着，希望这好运能降临到自己头上。只有王羲之对这事抱着无所谓的态度，他穿着平时穿的衣服，懒懒散散地躺在东边墙旁的一张午睡用的竹床上，手中还拿着一个饼，若无其事地一口一口吃着。

郗鉴的门生来到东厢房，王家子弟一个个作了自我介绍。那门生也记不住他们的名字，便回去把情况告诉郗鉴，说："王家的子弟确实都很俊秀，我也分不出高下。他们大都拘谨地坐着，希望能被选中。只有一个人若无其事地躺在东墙边的床上，袒着肚腹，大口大口地吃着饼，似乎对太傅派我去择婿无动于衷。"

郗鉴听了，高兴地说："好！这个人可以做我的女婿。"

于是，郗鉴亲自登门，对王导说他选中的是躺在东床上吃饼的那个子弟。王导听了，连连称颂说："太傅好眼力！太傅果然好眼力！他是我的侄儿羲之，是我们王家最优秀的子弟呀！"

不久，郗鉴便把女儿嫁给了王羲之。

后来，"东床"这一典故，用来指代女婿。

王羲之（公元303—361年），字逸少，号澹斋，原籍琅琊临沂（今属山东），后迁居山阴（今浙江绍兴），官至右军将军，会稽内史，是东晋伟大的书法家，被后人尊为『书圣』。

◎ 经典范例

东床卷席罢，护落将行去。秋白遥遥空，日满门前路。

——唐·李贺 《将发》

50

汉朝时，东海郡有一位妇女，她年轻时丈夫就死了，也没有儿子，只好与婆婆相依为命。由于家中没有男子，她们的日子过得非常艰难。但这位妇女仍努力维持生计，奉养婆婆，十分孝顺。

婆婆见她每日辛苦劳作，心中不忍，好几次对她说："孩子啊，你还年轻，又没有子女，为我这把老骨头累死累活的，实在不值得。反正我也老了，没几天活头了，你还是赶紧改嫁吧！"

这位孝顺的媳妇却坚决不肯改嫁。婆婆见不能说服她，又不忍心继续拖累她，就找了个机会，乘她不在家时上吊死了。

婆婆已嫁出门的女儿听说母亲死了，便疑心是这位孝妇害死的，就去官府状告孝妇，说她逼死了婆婆。官府把孝妇捉去，但她分辩说自己没有罪。官吏就用刑拷问，孝妇受刑不过，只得屈打成招。

案卷送到太守府。当时于定国负责主管刑事案件。他审阅了案卷后，认为孝妇奉养婆婆十几年，左邻右舍都知道她的孝行，肯定不会逼死婆婆。但太守不听他的意见，于定国据理力争，但没什么用。

于定国非常失望，明知孝妇冤枉却无法帮她，不由得抱着案卷在大堂上痛哭一场，愤而辞职。

太守最终将孝妇按杀人罪处死，结果东海郡出现异常的天象：整整三年没有下雨。

直至新太守上任，新太守听从了于定国的意见，为孝妇平了反，东海郡才普降大雨，解除了旱情。于定国后来官至御史，成为著名的清官。

后来，"东海孝妇"这一典故，用来指无辜者遭受冤屈、被人诬陷。

◎ 经典范例

你道是天公不可期，人心不可怜，不知皇天也肯从人愿。做甚么三年不见甘霖降，也只为东海曾经孝妇冤。如今轮到你山阳县，这都是官吏每无心正法，使百姓有口难言。

——元·关汉卿 《窦娥冤》

冬日可爱

春秋时，晋国的大臣赵衰和他的儿子赵盾，都曾掌握了晋国的军政大权。为了维护晋文公、晋襄公和晋灵公等几代国君的统治，赵氏父子二人竭忠尽智，都是晋国的功臣，但当时的人们对他们的评价却不尽相同。

有一次，狄国的相国酆舒同大夫贾季谈话时，说起赵氏父子。酆舒问贾季："赵盾与赵衰相比，哪一个更贤明？"

贾季回答说："赵衰好比冬天的太阳，赵盾好比盛夏的烈日。"

此话非常简短，褒贬却很分明。

数百年之后的西晋初年，有一位自称有"左传癖"的杜预先生，为贾季的话作了一个言简意赅的注解，其注曰："冬日可爱，夏日可畏。"

回到赵氏父子生活的时代来看，他们两人为人的气度、作风的确是大不相同。

当年，晋文公重耳曾逃亡在外十九年，赵衰曾生死相从。晋文公做了国君后，曾经想把以前帮助过晋惠公夷吾的人全部杀掉。赵衰劝他说："冤家宜解不宜结，仇人是越杀越多的。做国君的应宽宏大量，让他们改过自新！"

晋文公听了赵衰的话，才没有大开杀戒。得到活命的人都称颂赵衰，说他是个慈悲为怀的长者。确实，赵衰虽贵为国相，但平时待人和蔼可亲，平易近人，有如冬日。

赵盾却不同。

赵衰死后，赵盾接替其父执政。他毫不费力便位极人臣，所以做事专断、严酷，不留余地。他对国事虽也尽心尽责，但是待人威严有余，和善不足，远没有赵衰那样的好口碑。

比如，晋襄公死后，太子还是婴孩，不能理政。为了立储，赵盾与大夫贾季意见不一，两人互不相让，各行其是，致使矛盾激化。最后，赵盾以权压人，罢了贾季的官，迫使他逃离了晋国。

赵盾惯用铁腕手段，确如夏天的烈日严厉可畏。

后来，"冬日可爱"这一典故，用来形容人和蔼可亲，也用以借指冬天温暖和煦的阳光。

◎ 经典范例

　　寒日临清昼，辽天一望时。未消埋径雪，先暖读书帷。属思光难驻，舒情影若遗。晋臣曾比德，谢客昔言诗。散彩宁偏煦，流阴信不追。余辉如可就，回烛幸无私。

——唐·张正元 《冬日可爱》

冬青树

元朝时期，在浙江会稽山阴有个叫唐珏的教书先生。他家境贫寒，只靠教几个学生苦度光阴，奉养老母。

当时总管江南僧侣的番僧杨链真伽恃恩仗势，残虐淫暴，无恶不作。他为了攫取南宋皇帝陵墓中的财富，决定掘墓盗宝。

戊寅年冬天，他带领一帮徒子徒孙，来到萧山，开始挖掘皇帝陵寝。打开陵墓后，他们将墓中珍宝洗劫一空，将南宋皇帝的遗体乱砍乱扔，甚至放火焚烧，弄得遍地狼藉。

唐珏听说后，义愤填膺，立即变卖家产，又向人借贷，好容易才凑了二百多两银子，作为安葬先帝遗骨的费用。

唐珏摆了几桌酒席，邀请家乡的一些年轻人来饱餐一顿，然后乘着天黑来到萧山，开始收集零落的遗骨。

他把收集来的遗骨用黄绢制的袋子装好，再放进木匣，上面分别注明某陵某陵，然后按原先陵墓的排列顺序葬在兰亭山后，又去原来宋代皇宫的大殿前挖来一棵冬青树，种在坟上作为标记。

后来，"冬青树"这一典故，用来形容缅怀旧朝，不忘故国。

◎ 经典范例

少小相亲意气投，芳踪喜共渭阳留。剧怜窗下撕磨惯，难忘灯前笑语柔。生许相依原有愿，死期入梦竟无缘。黄家山里冬青树，一道花墙万古愁。

——清·彭玉麟 《彭刚直诗集》

公元前 621 年，晋襄公去世后，他的儿子夷皋继位为君，就是晋灵公。当时，晋灵公只有七岁，便由相国、中军元帅赵盾执掌国政。

过了十多年，晋灵公长大成人，便亲自执掌国政。晋灵公生性残暴，生活十分荒淫，而且经常滥杀无辜。赵盾见了，十分着急，几次向灵公进谏。灵公表面上应承下来，声称自己会闻过而改，心中却把赵盾恨得要死。

当时，晋灵公十分宠信大夫屠岸贾。灵公和屠岸贾商议之后，决定除掉赵盾，于是派一名刺客去行刺他。不料刺客来到赵盾府上，看到赵盾四更便已起来，坐在屋里等天亮上朝，不由得被赵盾忠心为国的精神所感动。他不忍下手，告诉赵盾有人要谋杀他后，就一头撞死在一棵大树上。

晋灵公一计不成，又生一计。他假意召赵盾进宫喝酒，想用一只训练有素的猎狗咬死赵盾。不料灵公的诡计被赵盾的侍卫提弥明识破，当猎狗扑向赵盾的时候，提弥明猛冲上去，一下子就扭断了猎狗的脖子。晋灵公大怒，立刻下令武士们去杀赵盾和提弥明。提弥明非常勇敢，一个人保护着赵盾，一面还手，一面跑。提弥明一连杀了几个武士，终因寡不敌众，惨遭武士杀害。

正在这时，幸亏武士灵辄相救，赵盾才逃出了王宫。原来，赵盾五年前曾救过灵辄一命，灵辄才在赵盾危险的时候救了他。赵盾出了宫，正巧他儿子得到了消息，率领家丁前来救应。赵盾脱了险，父子俩不敢再回相府，急忙出了西门，想逃到国外去。

碰巧，他们遇见了打猎回来的族弟赵穿。赵穿看到他们慌慌张张的样子，问他们发生了什么事。赵盾说完后，赵穿说："你可不能离开晋国，我自有办法请你回去！"

赵盾不知道赵穿要干什么，心中很矛盾，于是又像点头，又像摇头地说："我暂时在河东等着。不过你得小心，千万别再惹出祸来。"

赵穿回到城里，用计取得了晋灵公的信任，又以搜罗美女为名，把屠岸贾支到外地去。接着，赵穿便在晋灵公到桃园喝酒游乐时，指挥卫士把晋灵公杀了。

赵穿马上把赵盾接回绛城，赵盾便继立晋文公的小儿子黑臀为国君，他便是晋成公。

对于赵穿杀晋灵公这件事，晋国的百姓因为怨恨灵公，没有人责怪他。但赵盾觉得灵公终究也算是一国之君，谋害国君的名声实在太难听。对于世代忠良的赵家，真是清白的脸上抹了一块黑，成为他的一件大心事。

一天，他找来太史董狐，让董狐把记载朝廷大事的史简给他看看。董狐把大事记交给赵盾，只见上面写着："秋七月，赵盾在桃园谋害了国君夷皋！"

赵盾大吃一惊，说："太史，你弄错了吧！谁都知道先君不是我杀的，那时我还逃亡在外，怎么能归罪于我呢？"

董狐耿直地说："你身为相国，国家大事全由你掌管，你虽说跑了，但没离开本国的地界。要是你不允许凶手这么办，那你回都后为什么不治他的罪呢？显然，这件事是你主谋的！"

"可以修改吗？"赵盾又问。

"是就是是，非就是非，这才是历史的真实。董狐头可断，此简决不可改！"董狐回答说。

赵盾听了，无可奈何，只得作罢。

后来，"董狐直笔"这一典故，用来称颂尊重客观事实的史臣或史官正直不阿的精神。

◎ 经典范例

祸首缝人氏，厉阶董狐笔。君看灯烛张，转使飞蛾密。放神八极外，俯仰俱萧瑟。终契如往还，得匪合仙术。

——唐·杜甫 《写怀》

　　董宣是东汉初年著名的清官。他执法如山，不畏权贵，受到朝野上下的赞扬，被誉为"强项令"。

　　有一次，光武帝刘秀的姐姐湖阳公主家的一个奴仆，仗着湖阳公主的威势在外面杀了人。洛阳令董宣下令捉拿这个奴仆，但他躲在湖阳公主的家中，逍遥法外。董宣知道自己无权闯到湖阳公主家去抓人，就天天在湖阳公主府外等着，下定决心一定要逮住这个奴仆，加以严惩。

　　过了一些时候，那个奴仆以为事情已经过去了。当湖阳公主外出的时候，又大摇大摆地跟在湖阳公主的车马后面。董宣见了，立即带着几名捕快，冲上前去要将他逮捕起来。

　　湖阳公主见董宣竟敢拦住她的车马抓人，不由竖起眉毛，沉下脸来，冷冷地说："大胆洛阳令，你有几颗脑袋，竟敢挡住我的去路？"

　　董宣没有被湖阳公主的威势吓倒，反而当面大声责备公主不该纵容包庇奴仆杀人，并让几个捕快立即冲上前去，逮住了那个杀人的奴仆。那奴仆拒捕，董宣立即下令将他当场格杀。

　　这一下，几乎把湖阳公主气昏了。她立即驱车进宫，向光武帝哭哭啼啼地诉说董宣怎么欺负她，要光武帝严惩董宣。

　　光武帝听了，认为董宣这样做确实有损皇家的威严，便派人把董宣召进宫来，怒气冲冲地骂道："好你个胆大妄为的董宣，竟敢冲撞公主，岂不是找死吗？"

　　董宣叩头说："我是洛阳令，负责京城的治安，抓捕的是杀人凶犯，一切都是按照皇上您的法令行事，为什么是找死呢？"

　　湖阳公主听了，又哭又闹，要光武帝替她讨回面子，责打董宣一顿。光武帝拗不过湖阳公主，便吩咐武士取鞭子责打董宣。

　　董宣大声说："用不着打，请皇上让我说几句话，我就死而无憾了。"

　　"你想说什么？"光武帝问道。

　　董宣说："陛下是中兴之主，一向注重德行。现在却让公主放纵奴仆杀人。如今又为了这件事竟然要责打按律执法的人，这样下去，怎样治理天下呢？用不着打我，我自杀就是了。"

　　董宣说罢，就挺着脑袋向柱子撞去，撞得头破血流。光武帝连忙叫

内侍把他拉住，对他说："你讲得很有道理，我饶了你。但你冒犯了公主，去向她叩个头，赔个不是吧！"

董宣说："我没有错，决不叩头。"

光武帝命内侍把董宣拉到湖阳公主面前，强行按下他的头，逼他叩头，可董宣两只手使劲地撑在地上，挺着脖子，不让自己的头被摁下去。那摁董宣头的内侍十分机灵，他明明知道光武帝不会治董宣的罪，可又得让光武帝和湖阳公主有个台阶下，就大声说："启禀皇上，董宣的脖子太硬，怎么也摁不下去！"

光武帝心里很喜欢董宣这种倔强的精神，只好笑了笑，放他走了。

后来，"董宣强项"这个典故，用来形容官吏不畏强权，执法如山，刚直不阿。

◎ 经典范例

文襄篆书笔法如董宣强项，虽未令长，故自不凡。

——清·康有为 《广艺舟双揖》

斗酒彘肩

秦朝灭亡后，楚汉相争。当时的形势是：西楚霸王项羽有四十万人马，驻扎在鸿门；汉王刘邦只有十万士兵，驻扎在灞上。

项羽听了手下谋士范增的话，认为刘邦首先攻入关中，企图称王，非常气愤，准备率军攻打刘邦。刘邦得知这个消息后十分害怕，急忙与手下的谋士张良商议对策。张良说："我们的力量暂时还不足以同项羽对抗，不如先用缓兵之计，去向项羽赔罪，解释一下，也许能化解此事，渡过难关。"

于是第二天清晨，刘邦只带了一百多名随从到鸿门来拜见项羽，向项羽赔罪。

项羽相信了刘邦的话，设宴留他一起喝酒。宴席上，范增让项庄进帐舞剑，准备寻机杀死刘邦。

张良见势不妙，赶紧到帐外找到樊哙，说："项庄想谋害沛公，现在沛公处境非常危险。"

樊哙手持盾牌，提着宝剑，推开阻拦他进营的守卫，冲进帐内，怒目圆睁，瞪着项王。项王见了，连忙问："他是什么人？"

张良说："他是刘邦的侍卫，叫樊哙。"

项羽说："真是一位壮士，赐他一卮酒、一只猪腿！"

樊哙接过酒和猪腿，先把盾牌放在地上，然后把猪腿放在上面，用剑切开，大口吃肉，大口喝酒。不一会儿，樊哙就喝完了一卮酒。项羽连声称赞说："壮士还能再喝吗？"

樊哙说："我连死都不怕，还怕喝酒吗？沛公抗击强秦，劳苦功高，大王非但不予重赏，反要害他，实在是不应该啊！"

项羽无言以对。随后，刘邦在张良的安排下，离席而去。范增得知刘邦离去，叹息说："以后夺取天下的人，一定是刘邦，我们都将死在他的手里！"

范增的话不幸言中，楚汉相争，最终刘邦获胜。樊哙也被汉高祖刘邦封为舞阳侯。

后来，"斗酒彘肩"这一典故，用来形容勇士行为豪壮、勇敢无畏。

霸王

西楚霸王项羽（公元前232—前202年）传说项羽臂力惊人，力能扛鼎。为人直气暴躁。图中一手提人头，另一只手握霸王枪，气壮面狠，霸气十足。

渡淮橘成枳

晏婴是春秋时齐国的相国，为人贤能，很有口才，人们都非常钦佩他。

晏子长得很矮小。有一次，他奉命出使楚国。楚王知道晏子身材矮小，故意让人在城门旁边开了一个小门，让人带领晏子从小门进城。晏子知道这是楚王有意羞辱他，不肯走小门，说："我听说出使狗国的人才从狗门进城，难道我现在是到了狗国吗？"

负责接待的人听了，只好改道让晏子从大门进城。晏子进宫拜见了楚王。楚王说："齐国难道没有人了吗？"

晏子回答说："齐国的临淄有数十万人口，张开袖子能遮蔽天日，挥洒的汗水如同下雨，来往的人群摩肩接踵，怎能说没人呢？"

楚王听了，说："既然如此，那齐王为什么要派你这样的人出使到楚国来呢？"

晏子回答说："齐国派遣使臣，是分等级的。只有贤明的人才出使贤明的国家，我晏婴在齐国属于最不贤的人了，所以只好凑合着出使楚国了。"

楚王见两次想羞辱晏子，都没有成功，心中十分不快。楚王想，无论如何也要在宴会上好好羞辱晏子一番。

宴会上，大家正举杯饮酒的时候，突然有两个楚国官吏，押着一个被捆绑的人来见楚王。楚王故意问："这个被捆绑的是什么人呀？"

楚国官吏回答道："报告大王，他是一个齐国人。"

楚王又问："你们为什么把他抓起来呢？"

楚国官吏又回答说："因为他犯有盗窃罪！"

楚王朝晏子看了看，问："难道齐国人向来就爱偷东西吗？"

晏子离开席位，正色回答说："我听说，橘树生长在淮南，结出来的是又甜又大的橘子；但如果移植到淮北，长大后结的果子就是又酸又小的枳了。为什么会这样呢？那是因为水土不同的缘故。现在，生活在齐国的老百姓不做盗贼，而到了楚国便成了盗贼，莫非是楚国的风土使老百姓喜欢偷盗吗？"

楚王听了，露出一脸尴尬的神色，苦笑着说："晏相国，我本来只是想跟你开几个玩笑，想不到你是如此的机智善辩，每次都是我自讨没趣。佩服，佩服！"

于是，楚王吩咐立即用最隆重的礼节来接待晏子。而晏子也不辱使命，出色地完成了出使楚国的任务。

后来，"渡淮橘成枳"这一典故，用来说明水土环境等外部条件对改变人的性情的作用。

◎ 经典范例

但它们却有相通的地方，就是都分不清"淮南""淮北"，尽管也想在淮北种上橘子，无奈"水土异也"，时常好心办坏事。我想嗣后办事，除了牢记分清"延安""西安"之外，还牢记分清"淮南""淮北"，庶几乎马列的宗旨罢。

——楚云飞《橘和枳》

断袖分桃

西汉时有个人叫董贤，在太子身边做个小官。他长相清秀并且喜欢修饰自己，很注意自己的仪表。

有一次，他跟随太子进宫，站在大殿下等候的时候被汉哀帝看见。汉哀帝很喜欢他，把他带进宫中。董贤由此成为哀帝的男宠，被拜为黄门郎。哀帝出行要董贤陪同乘车，回宫要董贤随侍左右，经常给他大笔赏赐，董贤成为朝廷中最得宠的人。

有一次，哀帝与董贤一起午睡，哀帝先醒，正想起身，发现自己的衣袖被董贤压住了。哀帝见董贤还没醒，不忍惊动他，就悄悄地把袖子剪断，方才起身。

另外，春秋时卫灵公有个男宠名叫弥子瑕。

有一次弥子瑕母亲病了，让人连夜来告诉他，弥子瑕就驾着卫灵公的马车跑回家去看望母亲。

按当时卫国的法律，未经允许偷驾国君御用马车的人将处以砍脚的刑罚。

但卫灵公知道后不仅不加罪于他，反而称赞道："这个人真是难得的孝子啊！为了去看望母亲，竟然连砍脚的刑罚都不顾了。"

又有一天，卫灵公带着弥子瑕同游果园。弥子瑕拿起一个桃子，吃了一半觉得味道不错，就递给卫灵公说："这个桃子味道很好，给您尝尝。"

卫灵公说："这是爱我啊，为了让我吃到美味的桃子，忘了桃子上有他残留的唾液味道，还拿来给我吃。真是与我亲密无间啊。"

后来，"断袖分桃"这一典故，用来指受帝王贵人宠爱的男宠，或为同性恋的隐语。

◎ 经典范例

迎风待月，尚有荡检之讥；断袖分桃，难免掩鼻之丑。

——清·蒲松龄 《聊斋志异·黄九郎》

夺笏击贼

　　唐朝天宝年间，政治日趋腐败，中央集权削弱，藩镇割据势力相继而起，终于发生了安史之乱。这场叛乱前后历时七年才平定下去，而唐朝也从此由盛转衰。

　　当时，唐朝统治者已经无力扭转藩镇割据的形势，皇帝委派的节度使拥兵自重，他们在辖区内扩充军队，委派官吏，征收赋税，实力渐渐强大，所以他们觊觎最高权力。安史之乱后，藩镇间或互相攻战，或联合反唐，小规模的叛乱不断发生。

　　卢龙节度使朱泚也蠢蠢欲动，图谋造反。在朱泚手下任司农卿的段秀实和其好友刘海宾、姚令言等密谋，准备杀了朱泚，阻止他反叛。一天，朱泚召来段秀实、源休、姚令言、李忠臣、李子平等人紧急议事。段秀实就坐在朱泚身旁的位子上。

　　朱泚见人到齐，就直奔主题。当他提到准备谋反篡位时，段秀实遏制不住，立刻跳起身来，一把抓住源休的手腕，夺过他手里的象牙笏，冲到朱泚面前，朝他脸上吐了一口唾沫，大骂道："狂贼！我恨不得把你斩为万段，岂能随你任意谋反！"

　　段秀实用笏板猛击朱泚的头颅，朱泚忙用手臂拦挡，仍被笏板击中额头，顿时血流满面，跌倒在地。

　　效忠朱泚的源休等人一时惊慌失措，不敢还击。而刘海宾等忠于朝廷的将领由于事出突然，没能赶来。

段秀实指着源休等说："我不会同你们谋反的，为何不杀我？"

众叛党这才一拥而上，把段秀实杀害了。

不久，刘海宾、姚令言等均遭朱泚杀害。

后来，"夺笏击贼"这一典故，用来形容忠臣为国誓死捐躯。

◎ **经典范例**

司农手中无寸铁，夺笏击贼贼脑裂。贼未死气虽已折，奉天天子双泪横。十年弃卿真负卿，臣身区区劳记忆。平原太守曾未识。

——明·李东阳 《司农笏》

　　唐朝武则天当政时期，有个诗人名叫宋之问。他是进士出身，曾经做过考功员外郎的官。

　　有一次，武则天带着一批大小官员、文人学士一起到洛南龙门去游览龙门石窟，宋之问也在随行的官员之列。

　　游览结束后，武则天下令在当地的寺庙里休息。她对大小官员们说："今天游览我很高兴，你们每人去作一首诗来记述这件事，作好后呈上给我看，谁作得最好，就赏谁锦袍一件！"

　　随行的大小官员听了，纷纷动笔撰写。不一会儿，左史东方虬先作好了诗，便踌躇满志地呈给武则天御览。

　　武则天看了东方虬的诗，觉得写得不错，便让内侍取来一件锦袍，赏给东方虬。东方虬高兴极了，向武则天叩头谢赏。

　　其他官员见武则天已把锦袍赏给了东方虬，觉得自己的诗并没有东方虬写得好，便不再呈阅。只有宋之问感到自己的诗写得十分得意，便呈给武则天披览。武则天看一句，称赞一句，待到看完，她对内侍说："你去把东方虬那件锦袍要回来！"

　　内侍听了，便把锦袍要了回来。武则天宣布说："我刚才说谁的诗作得最好，就赏谁锦袍一件，现在考功员外郎宋之问的诗远远超过东方虬，因此，我把这件锦袍改赐给他！"

　　后来，"夺锦袍"这一典故，用来赞誉人的文才出众，或者用来指皇帝的宠赐。

◎ **经典范例**

　　无路青冥夺锦袍，耻随黄雀住蓬蒿。碧云梦后山风起，珠树诗成海月高。久滞鼎书求羽翼，未忘龙阙致波涛。闲来长得留侯癖，罗列楂梨校六韬。

　　　　　　　　　　　　　　——五代·陈陶　《闲居寄太学卢景博士》

堕泪碑

羊祜是西晋初年的一员大将。当时，蜀国已经灭亡，但东吴的力量还比较强大。晋武帝为了灭掉吴国，派羊祜以尚书左仆射的身份镇守襄阳，统领荆州的一切事务。

当时正值战乱，老百姓的生活十分困难。羊祜到了襄阳以后，大力发展生产，使老百姓能够丰衣足食；大力兴办学校，使平民子弟能够上学读书。这些措施很得民心，羊祜也受到襄阳百姓的爱戴。

在地理上，襄阳和东吴边境接壤。跟羊祜军队相对峙的是东吴镇军大将军陆抗的军队。羊祜用道义争取东吴的军心民心，他每次跟陆抗交战，一定按照约定的日子，决不偷袭，决不布置埋伏。行军时经过东吴地界，士兵割了稻谷当口粮，必须向他报告吃了多少粮食，他便派人拿绢折价赔偿。

有时候，他和众将官一起出去打猎，一定郑重其事地嘱咐他们只准在自己的地界内。有时碰巧东吴将士也在对面打猎，双方各不相犯。如果有受伤的动物从东吴境内奔过来被逮住，他一定下令送还给对方。

即便东吴士兵过境掳掠被逮住，他也不为难他们。愿意投降的，他便接受他们投降；不愿意投降的，规劝一番便放他们回去。

羊祜的所作所为给东吴的士兵和老百姓留下了深刻印象。这样过了一段时间，两国的边境逐步安定下来，出现了你不犯我，我不犯你，和睦相处的局面。

边境安定以后，羊祜把巡逻和放哨的士兵减去一部分，让他们开垦了八百多顷（1顷≈0.6667公顷）土地。他到襄阳上任的时候，军营里的粮食还不够吃一百天。士兵们开垦的土地生产粮食以后，储粮逐渐增多，三年以后，军中的储粮已够吃十年了。

襄阳城南有个风景胜地岘山，东临汉水，十分秀丽。羊祜很喜欢游山玩水，常常率领自己的幕僚登上岘山，歌咏山水之美。

羊祜在襄阳一共镇守了十年，他生活十分俭朴，家中没有余财，连

他的俸禄，也经常散赏给军士。他死后，襄阳军民非常悲痛。他们为了纪念羊祜，在岘山上造了一座羊祜庙，立了块石碑。一年四季，前来祭祀的人络绎不绝。人们望着石碑，追忆羊祜，无不痛哭流涕。

接任镇守襄阳的度支尚书杜预是羊祜向晋武帝推荐的，他看到襄阳军民如此怀念和爱戴羊祜，便给这块石碑起名为"堕泪碑"。

后来，"堕泪碑"这一典故，用来称颂官员卓著的政绩，表示怀念之情；或者泛指伤心落泪。

◎ 经典范例

羊公传化地，千古事空存。碑已无文字，人犹敬子孙。岘山长闭恨，汉水自流恩。数处烟岚色，分明是泪痕。

——唐·任翻 《经堕泪碑》

阿堵物

王衍是山东琅琊（今山东临沂）人。他出身名门贵族，长得风度翩翩，一表人才，后来做了西晋的大臣。在他生活的时代，士人们非常崇尚玄学，清谈之风很盛，王衍也爱好此道，以清谈为乐。

王家十分富有，但王衍自视清高，对金钱并不很看重。然而，王衍的妻子郭氏却爱财如命。郭氏是晋惠帝的皇后贾南风的表妹，她仗着皇后是自己的靠山，就想方设法为自己聚敛钱财。一旦别人有事，她就会前去干预，乘机捞一把。王衍很看不惯妻子的行为，但她是皇亲国戚，也就无可奈何，只好任她胡来。

王衍有个同乡叫李阳，是当时著名的侠义人物，担任幽州刺史的官职。李阳平时疾恶如仇，如果他发现某人做了坏事，必定严加惩罚。

郭氏也认识李阳，知道李阳的侠名。于是王衍便用李阳的威望，吓唬夫人郭氏说："你做的许多事，不仅我认为不合理，李阳也认为不合理，你自己要小心，免得遭到李阳的惩罚。"

郭氏一向对李阳就心存畏惧，害怕李阳用侠义的手段来对付自己，这才有所收敛，不再干那些讹诈他人钱财的勾当了。但郭氏却很不喜欢丈夫的清高，尤其是丈夫口中从来不说一个"钱"字，让她觉得心里很不舒服。为此，她想了个主意，打算逼也要逼她丈夫说出那个"钱"字。

一天晚上，王衍睡熟之后，郭氏赶紧吩咐丫环搬来无数成串的铜钱，堆满了整个床的周围，

使床下没有任何落脚之处。郭氏得意地说道："明日早晨，看你说不说'钱'字！"

第二天，王衍一大早就醒过来，只见床头四周堆满了钱。他一下子便明白了夫人的用意，先清了清嗓门，然后大声喊道："来人啊，快把阿堵物搬走！"

"阿堵物"是吴地的方言，意思就是"这儿的物事"。如此，王衍的口中始终还是没有说出"钱"字。郭氏的诡计破产了。

后来，"阿堵物"或"阿堵""阿堵君"，便用来作为钱的代称。

◎ 经典范例

贪夫徇利不知休，黑尽心头白尽头。世上若无阿堵物，华胥国里可遨游。

——明·陈忱 《水浒后传》

鹅笼书生

东晋时，阳羡（今江苏宜兴）有一个名叫许彦的人，他家中养了许多鹅。一天清晨，他在笼子中装了两只鹅想到集市去卖。当他正走在山路上的时候，遇到了一个年轻的书生躺在路旁。许彦上前搭讪说："你为什么坐在这里不走？"

书生说："我的脚扭伤了，疼得厉害，实在走不动了。不知你能不能让我坐在你的鹅笼中，背着我走？"

许彦还以为他跟自己开玩笑，就笑着答应了。那书生听了，竟然一下子就钻进了鹅笼中。令许彦感到奇怪的是，书生钻进鹅笼之后，笼子并没有变大，笼中也并没有显得拥挤，两只鹅也没有受到惊吓。许彦背起鹅笼，鹅笼的分量也没有增加一分。许彦猜想自己一定是遇上什么仙人了。

许彦走了一大段路，看到有一棵大树，便停了下来，想歇歇脚。许彦刚把鹅笼放下，书生就从笼子里走了出来，说："朋友，谢谢你的帮助，为了表示我的谢意，就请你喝点酒吧！"

书生说完，就从口中吐出了一个精美的铜盒。盒中装满了美酒佳肴以及精美的餐具。两人喝了一会儿酒，书生又说："我随身带了一个女子同行，想请她一起喝点酒，可以吗？"

许彦同意了。书生就从口中吐出一个少女，三人便一起坐在树下饮酒。不一会儿，那书生不胜酒力，便躺在地上睡着了。少女对许彦说："我也带了一个朋友同行，我现在叫他出来，你可不能告诉书生啊！"

许彦又同意了。那女子从口中吐出一个青年男子。三个人也一起喝了会儿酒，那青年男子还和许彦交谈了一番。

这时，醉酒的书生快要醒了。那女子便一口把青年男子吞了下去。书生醒来，对许彦说："我竟睡着了，真失礼。不过，有这位小姐陪你喝酒，想来不会太寂寞吧！"书生说完，便把少女和杯盘一一吞入口中，只留下一个大铜盘，对许彦说："我们有缘相见，这个铜盘就送给你作纪念吧！"

许彦收下铜盘，说："多谢！不过我想请教……"

书生打断许彦的话说："你想请教我的尊姓大名，是吗？下次如果还有缘相见，就叫我鹅笼书生好了！"说完，便飘然远去。

后来，"鹅笼书生"这一典故，用来形容神仙一流的人物；也形容幻中有幻，变化无常。

◎ 范例运用

别看此人寂寂无名，却是胸怀玄机，腹藏锦绣，也是鹅笼书生一般的人物。

——编者

○ 品画鉴宝　狮头鹅图（明）吕纪／绘

垩鼻运斤

庄子和惠施是很要好的朋友，但两人常常为一些问题辩论不休。

后来，惠施去世了。庄周到惠施的墓地去凭吊，不禁百感交集，忧从中来。他对随行的弟子讲了一个故事：

楚国的郢都有一个人不小心把石灰弄在鼻尖上，只有薄薄的像蝉翼那样的一层。这时，他对旁边的一个叫作匠石的人说："你来给我把这点石灰削掉。"

大家都以为这不可能做得到。

谁知匠石不慌不忙，举起手中的斧子，"呼"的一声便劈了过去，果然把石灰全都削去，而且没有伤到鼻子。

那位郢都人也很了不起，站在那里一动不动，面不改色，甚至连眼睛也没有眨一下。

不久，这件事情传到宋元君那里。宋元君非常好奇，就派人把那个匠石找来，对他说："你在郢都削石灰的事情我听说了，你能再为我表演一下吗？"

匠石回答说："我倒是可以表演，只是那个郢都人已经去世了，现在没有人敢让我削了。"

庄子讲完这个故事，又颇有感慨地说："自从惠施去世之后，就再也没有人能和我辩论了。"

后来，"垩鼻运斤"这一典故，用来形容技艺娴熟、才能卓越，运用起来得心应手。

◎ **经典范例**

闵兰荪道："这句自然是闻鼻烟了。请教'郢鼻'二字是何出处？"闺臣道："妹子记得《庄子》曾有'郢人漫垩鼻端'之说，大略言：郢人以石灰如蝇翼之大，抹在鼻尖上，使匠人轮起斧斤，运斤成风，照著鼻尖用力砍去，把灰削得干干净净，鼻子还是好好的，毫无损伤。今紫芝妹妹鼻上许多鼻烟，倒像郢人漫垩光景，所以他用'郢鼻'二字。"

——清·李汝珍　《镜花缘》

二竖为虐

春秋时鲁成公十年（公元前581年），在位十九年的晋国国君晋景公突然得了重病。宫中的御医看到病势很凶，又吃不准是什么病，一个个束手无策，没有人敢下药。晋景公的太子、后妃、文武百官都十分着急。

这时，大夫魏锜的儿子魏相来见景公，说："我知道秦国有位名医叫高缓。他是神医扁鹊的徒弟，对各种疾病都很有研究，尤其擅长医治各种疑难杂症，现在是秦国的宫廷御医。要想治好大王的毛病，非此人不可，大王为什么不派人去请他呢？"

在场的几个文武官员听了，十分惊讶，说："现在秦晋不和，秦国成了我们的敌国，怎么肯派良医来给大王治病呢？"

魏相回答说："体恤彼此间的灾患，可以改善邻国之间的关系，使国与国之间的关系和睦起来。我愿意凭三寸不烂之舌，前往秦国，说服秦桓公派高缓前来为大王治病。"

晋景公听了十分高兴，立即派魏相前往秦国，请秦桓公派高缓前来为自己治病。于是，魏相当日便收拾行装，星夜赶往秦国。

几天后，魏相来到秦都咸阳，向秦桓公说明来意。秦桓公起初不答应，魏相便给秦桓公分析利弊，说明秦晋和好的重要性，并指出晋国派他前来求医，正表示晋国愿意和秦国和好。秦国也正可利用这一契机，和晋国重新建立睦邻友好关系。秦桓公见魏相言辞恳切，句句在理，便同意了，并吩咐高缓星夜随魏相赶赴晋国。

魏相和高缓还未到达晋国，一天晚上，晋景公突然做了一个怪梦。在梦中，他见到两个竖子（小孩子）从鼻孔中跳出来。一个说："高缓是当今最有名的医生，他用药很有一套，我俩必然会受到伤害，我们怎样才能逃过这场灾难呢？"

另一个小孩不以为然地说："怕什么，我们只要躲到肓的上面（心脏和隔膜之间叫肓），膏的下面（心尖瓣叫膏），他就奈何不了我们了。"

两个小孩商量了一会儿，又从鼻孔中钻了进去。顿时，晋景公觉得

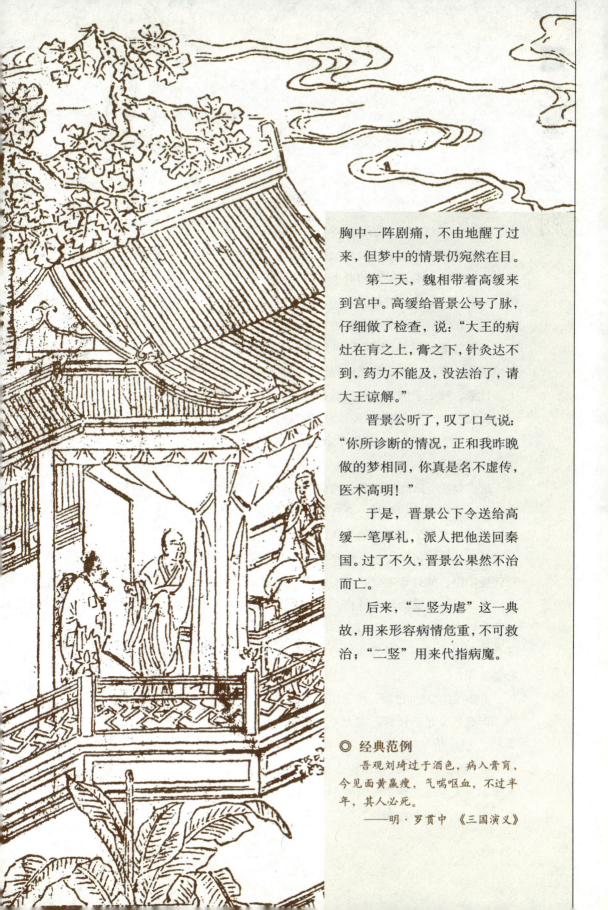

胸中一阵剧痛，不由地醒了过来，但梦中的情景仍宛然在目。

第二天，魏相带着高缓来到宫中。高缓给晋景公号了脉，仔细做了检查，说："大王的病灶在肓之上，膏之下，针灸达不到，药力不能及，没法治了，请大王谅解。"

晋景公听了，叹了口气说："你所诊断的情况，正和我昨晚做的梦相同，你真是名不虚传，医术高明！"

于是，晋景公下令送给高缓一笔厚礼，派人把他送回秦国。过了不久，晋景公果然不治而亡。

后来，"二竖为虐"这一典故，用来形容病情危重，不可救治；"二竖"用来代指病魔。

◎ 经典范例

　　吾观刘琦过于酒色，病入膏肓，今见面黄赢瘦，气喘呕血，不过半年，其人必死。
　　　　——明·罗贯中《三国演义》

范蠡泛五湖

周敬王二十六年（公元前494年），吴王夫差为了报越国杀死自己父亲的刻骨仇恨，出兵大举进攻越国。越军根本不是吴军的对手，越王勾践只得投降，和谋臣范蠡一起被越军俘虏。

越王在吴国阿谀奉承，极力讨吴王的欢心，后来吴王便放他回国了。勾践回到会稽后，卧薪尝胆，发愤图强，范蠡的老师计然向勾践献了富国强兵的七条计策。越王采纳后，国力日益强盛。

公元前475年，越军出兵吴国。经过两年多的鏖战，吴王夫差无路可逃，只得自杀。吴国灭亡后，越国成为诸侯中的霸主。

越王勾践一路高奏凯歌，来到吴王宫殿中举行庆功会。群臣都笑逐颜开，喜气洋洋，而勾践却面无喜色。范蠡很了解勾践的为人，知道与越王勾践只可共患难，不可共安乐，大事成功后，勾践必定要怀疑功臣。他打定主意，决心终老于江湖。

第二天，他就向勾践辞行。勾践装出一副依依不舍的样子，说："寡人靠着你和你的老师的计谋，才会有今天。我正要报答你们的功绩，你怎么就忍心要走呢？"

范蠡说："国仇已报，大王和臣的愿望都已经实现。臣愿意终老于江湖，请大王恩准。"

这天晚上，范蠡坐上小船，出齐女门，涉三江，入五湖，怡然自得地泛舟于青山绿水之中。然后，他从太湖进入东海，到了齐国的都城临淄，改名为鸱夷子皮，谋了一个官职。

不久，他又弃官而去，在陶邑定居下来。他根据时令的要求，做起了买卖，赚了不少钱。赚钱后，他把钱都分给了贫穷的百姓，赢得了大家的称赞。

后来，"范蠡泛五湖"这一典故，用来描述功成身退，避祸远难；或用以描述悠闲泛舟，归隐江湖。

◎ 经典范例

范子蜕冠履，扁舟遁霄汉。嗟予抱险艰，怅惕惊弥漫。穷通泛滥劳，趣适殊昏旦。浴日荡层空，浮天淼无畔。依滩落叶聚，立浦惊鸿散。浪叠雪峰连，山孤翠崖断。风帆同巨壑，云蠡成高岸。宇宙可东西，星辰沈榘烂。霞生颒洞远，月吐青荧乱。岂复问津迷，休为吕梁叹。漂沈自诳保，覆溺心长判。吴越郡异乡，婴童及为玩。依稀占井邑，噭咷同鹤鹳。举棹未宵分，维舟方日旰。微斯济川力，若鼓凌风翰。易狎当悔游，临深固知难。

——唐·李绅 《泛五湖》

范蠡（公元前517—前448年）字少伯，春秋战国末期的政治家、军事家和经济学家。楚国宛（今河南南阳）人。

唐朝的宪宗皇帝迷信佛法，是一个极其虔诚的佛教信徒。

元和十四年（公元819年）正月初，唐宪宗下令让僧人们从风翔迎佛骨（通称"佛祖舍利"）到京城长安，并迎进皇宫，宪宗皇帝亲率皇族及百官顶礼膜拜。然后，又下令各寺庙依次迎接佛骨到庙内，以香火供养。一时间，佛事大兴，举国若狂。

刑部侍郎韩愈看到这件事闹得实在太不像话，就写了一篇《论佛骨表》，呈交给唐宪宗。文中严厉斥责佛教迷信，指出这事如果不加禁止而上行下效，必然造成"伤风败俗，贻笑四方"的恶劣影响。这简直就是国家的灾难。

唐宪宗看了这篇表章后，勃然大怒，认为韩愈竟敢冒犯佛祖，指责皇帝，出语如此大不敬，当即要将韩愈处以极刑。幸亏群臣纷纷上疏营救，宪宗才改令将韩愈贬为潮州刺史，但必须"当日奔驰上道，不许迁延"。在宪宗看来，这样一个不敬佛的悍臣，决不容许他在京城再停留片刻。

韩愈满怀怨愤，当天就离开了长安。时值正月中旬，天气相当寒冷，韩愈独自骑马南行，途经陕西蓝关地面时，遇到大雪纷纷，漫天飞舞，马蹄跌滑，裹足不前。

正在韩愈疲惫不堪、万分凄苦的时候，他的侄孙韩湘冒着大雪匆匆赶来了。

韩愈见了侄孙，心中一阵酸楚，禁不住流下眼泪。韩湘连忙安慰道："叔祖，你别太伤心。您老这次被贬潮州，是命运早就安排好的。"

韩愈不解地问："这早在你预料之中吗？"

韩湘说："您还记得花上之句吗？您现在被贬往潮州，竟是应验了呢。"

韩愈略想了一会儿，说："我还记得的。"

原来，这韩湘是韩愈的侄子十二郎之子，即传说中八仙之一的韩湘子，年纪很小时便已得道成仙。他曾在初冬季节让牡丹开出几种不同颜色的花，每朵花上各有一联诗。其中有一朵花片上写有"云横秦岭家何在，雪拥蓝关马不前"的句子，韩湘曾指给韩愈看，当时韩愈也不解其中的含意。

现在韩湘提起这件往事，竟然正应眼前景物。韩愈恰是在风雪交加中经过蓝关的。

风雪满天，前途艰难，面对此情此景，韩愈感慨万千，写下了一首

韩愈（公元768 — 824年）

唐代文学家、哲学家。字退之。河南河阳（今河南省孟县）人，祖籍河北昌黎，自称郡望昌黎，世称韩昌黎。因官吏部侍郎，又称韩吏部。谥号"文"，又称韩文公。在文学成就上，同柳宗元齐名，称为"韩柳"。他是唐代古文运动的倡导者，提倡先秦两汉的文章，世盛称其"文起八代之衰"。是唐宋八大家之首。

有名的《左迁至蓝关示侄孙湘》的诗篇，其中就用了"云横秦岭家何在，雪拥蓝关马不前"这联诗句。

后来，"风雪度蓝关"这一典故，用来形容处境艰难。

◎ 经典范例

　　不分红海归来，朱颜转逝，驻景孤负明镜。但赢岩雪减秋寒，上茂陵丝鬓。算一样、邯郸梦醒。生憎多事游仙枕。指驿亭，无归路。马首云横，锁蓝关暝。

——吕碧城 《霜叶红》

○ 品画鉴宝

雪堂客话图 （宋）夏珪/绘　此图笔法苍劲浑厚，取得了方硬奇峭、水墨苍润的艺术效果。

封狼居胥

汉朝建立之初，北方游牧民族匈奴日益强大，为了夺取阴山南麓的一片水草丰美的沃野，他们不断袭击阴山峪口的汉朝守军，以便越过沙漠，占领沃野。

到了汉武帝时，匈奴更为强大，侵扰也越演越烈。北部边患，成了汉武帝日夜忧心的严重问题。

汉武帝派人在阴山以北建筑城障和列亭（烽火台），几乎步步为营，严加防守。同时又调兵遣将，出击匈奴，以保卫北方边境的安宁。

当时，在众多抗击匈奴的杰出将领中，冠军侯、骠骑将军霍去病的功绩是十分突出的。他先后六次奉命出征匈奴，歼敌十万多人，为扫清边患立下了赫赫战功。

元狩四年（公元前119年）春，汉武帝命霍去病率骑兵五万出代郡，深入漠北，寻歼匈奴主力。霍去病率军北进一百多千米，越过离侯山，渡过弓闾河，与匈奴左贤王部接战；歼敌七万零四百人，俘虏匈奴屯头王、韩王等三人及将军、相国、当户、都尉等八十三人；乘胜追杀至狼居胥山（今蒙古国境内），在狼居胥山举行了祭天封礼，在姑衍山举行了祭地禅礼，兵锋一直逼至瀚海（今贝加尔湖）。经此一战，"匈奴远遁，而漠南无王庭"。霍去病因功授大司马，威望甚至超过了他舅舅卫青，许多卫青的部将纷纷转投霍去病。

霍去病率军胜利班师，汉武帝十分高兴，为了奖赏霍去病，又增封他食邑五千八百户。后霍去病升任大司马，与卫青同掌兵权。

后来，"封狼居胥"这一典故，用来形容立下赫赫战功。

◎ **经典范例**

千古江山，英雄无觅，孙仲谋处。舞榭歌台，风流总被，雨打风吹去。斜阳草树，寻常巷陌，人道寄奴曾住。想当年，金戈铁马，气吞万里如虎。元嘉草草，封狼居胥，赢得仓皇北顾。四十三年，望中犹记，烽火扬州路。可堪回首，佛狸祠下，一片神鸦社鼓。凭谁问，廉颇老矣，尚能饭否。

——宋·辛弃疾 《永遇乐·京口北固亭怀古》

冯妇搏虎

春秋时，晋地有一座高山，山上时有猛虎出没。这些老虎常常下山为害，见羊吃羊，见猪咬猪，甚至把在村里玩耍的小孩也叼去吃了。村里的老百姓对这些老虎又恨又怕，于是组织了一支由青壮年村民组成的打虎队，希望能打死老虎，以维护地方的安宁。

然而，老虎依然如故。村民们打听到邻县有个叫冯妇的人，早先是个搏虎能手，曾经搏杀过好几只老虎，但后来他弃武习文，成了一个读书人。村民们认为除了去请冯妇重新出山外，别无他法，便推选出几个德高望重的老人作代表，带上礼物，到邻县去请冯妇。

代表们到了邻县，好容易找到了冯妇，向他诉说了虎患，并请他去帮助大家除害。冯妇推辞说："我已经有许多年不搏杀老虎了，武艺也有些荒废了，手脚也不像过去那样灵活了，再去搏虎恐怕力不从心，你们还是另请高明吧！"

几个老人苦苦哀求，终于感动了冯妇。冯妇答应随他们一同进山。

老人们便请冯妇登上一辆马车，直向山村里去。刚到村口，恰逢打虎队发现了一只老虎下山，正一起大声吆喝，和老虎对峙着。

冯妇见了，立即将袖下车。他从腰间拔出一把雪亮的匕首，排开众人，朝老虎逼近。

那老虎不知冯妇的厉害，见冯妇持刀往前，便咆哮如雷朝冯妇猛扑过来。

冯妇早有准备，他猛一矮身，把手中的匕首闪电般地朝虎肚划去。顿时，老虎大吼一声，虎肚开裂，迸出大量鲜血。老虎受伤后更是怒气冲天，又一次朝冯妇猛扑过来，冯妇知道老虎失血过多，这只不过是垂死挣扎，便灵巧地闪避开。果然没过多久，老虎便衰竭而死。

后来，"冯妇搏虎"这一典故，用来比喻有某一种技艺的人重操旧业；或用以形容勇猛的人不畏危险，敢于和凶恶的敌人搏斗。

○ 品画鉴宝
错金银虎噬鹿插座（战国） 通体为一只斑斓猛虎。整器嵌错精美花纹，熠熠生辉。

冯婦

冯婦勇士也而
此用の畫作
婦人閑〻
可發一笑

◎ 经典范例

　　冯妇虎，叶公龙。鱼沉雁杳，燕懒莺慵。依依河畔柳，郁郁涧边松。天成阆
苑三千界，云锁亚山十二峰。骚客游归，双袖微沾花气湿；渔郎钓罢，一舟闲系
柳阴浓。

——明·司守谦 《训蒙骈句》

冯衍不遇

两汉之间的冯衍，是一个性格刚直、处事非常认真的人。

冯衍在年轻时，曾因尚书仆射鲍永的举荐而被征为立汉将军，与太守田邑一起镇守上党一带，是更始帝刘玄的忠臣。后来，光武帝刘秀做了皇帝，田邑看到刘玄已经失败，就立刻投降了刘秀。冯衍严辞斥责田邑不忠不义。

冯衍前后一共做了二十多年的官，也曾腰系紫绶，怀揣金印，身登高位，但他仍保持着清廉的品格。他曾在一次呈送给皇帝的上疏中说："家无布帛之积，出无舆马之饰。"为官之人，能做到这样，确实难能可贵。

刘玄死后，冯衍才不得已率兵投降了刘秀。因此，刘秀不肯用他。冯衍毅然回到家乡，并断绝了与官宦、名士的交往。因生活清贫，冯衍还得亲自下地耕耘，以维持全家的温饱。

但是，冯衍的家庭生活却很不如意。他的妻子任氏是个北方女子，性情凶悍妒忌，动辄吵闹摔打。那时候，一般男人都会讨个三妻四妾，主要是让她们在家帮助干活，但冯妻绝不允许冯衍讨妾。家里仅有的一个婢女，也被冯妻折磨得奄奄一息，不能干活，只得由年幼的子女去做舂米、打井水一类的家务事。

冯衍年老时，妻子竟把他赶出家门。冯衍陷入困顿，可谓老境悲凉。但他不为贫贱而失志，在困顿中，仍保持了晚节，不向别人求助，直到去世。

后来，"冯衍不遇"这一典故，用来指人的命运不济，境遇坎坷穷困。

◎ 经典范例

扬雄老无子，冯衍终不遇。不识乳方兄，但有灵照女。家藏古今帖，墨色照箱筥。饥来据空案，一字不堪煮。枯肠五千卷，磊落相撑拄。吟为蜩蛩声，时有鸟可句。为语里长者，德齿敬已古。如翁有几人，薄少可时助。

——宋·苏轼 《虔州吕侍承事年八十三读书作诗不已好收古今帖贫甚至食不足》

汉文帝时，天下初定，偃武修文，重视学问的风气渐渐形成，有学问的人也开始变得重要起来。

有一次，汉文帝想找一个精通《尚书》的人，各地都找遍了，也没找到。原因是当时离秦始皇焚书坑儒的事情只隔了几十年，读书人的元气还没有恢复，连书都很少见，更不要说能精通的人了。

汉文帝苦苦寻找了很久，好不容易听说济南有一个叫伏生的老书生，很有学问，在秦朝时就是博士，他可能懂《尚书》，便急忙派人征召。

派去征召的使者来到济南一看，伏生已九十多岁了，行动不便，肯定无法应召。使者只好回京把情况禀明。

汉文帝就派太常掌故晁错去拜伏生为师，跟他学习《尚书》。

那么，伏生为什么能精通《尚书》呢？

原来，秦始皇焚书坑儒的时候，伏生冒着生命危险将自己的《尚书》全部藏进墙壁里。楚汉相争时，兵荒马乱，伏生流亡在外。等到天下太平，伏生回到家中来发掘，发现丢了几十篇，只剩下二十九篇了。

伏生对这些幸存的《尚书》爱如珍宝。为了不让书中的经义从此埋没，他在齐地课徒授书，教出一批精通《尚书》的人。

晁错奉旨登门求教，但伏生年纪已老，口齿不清，便让自己的女儿转述。由于伏生和他女儿说的都是齐地方言，晁错有很多地方都听不懂，他学成回京时，对《尚书》仅仅能够读懂，大致理解而已。

在伏生的众多学生中，以张生和欧阳生两人学得最好。后来张生被汉朝拜为博士，欧阳生的学生倪宽因精通《尚书》而官至御史大夫。

后来，"伏生传书"这一典故，用来指传授学业。

◎ **范例运用**

张老一生著书等身，立说无数，可谓泽被后世，功比伏生了。

——编者

○ 品画鉴宝
伏生授经图（明）杜堇／绘　图中伏生倚坐在方席上，鬓发苍苍，老态龙钟。全图工整细腻，体现了院体绘画的正宗传统。

晋朝时阳夏人袁宏，字彦伯，自幼父亲去世，孤贫无依，唯知刻苦用功，发奋读书。长大成人后，果然才智出众，文章写得非常出色。

太元初年，袁宏出任东阳郡太守。即将赴任时，各位同仁都来相送，在冶亭设宴为他饯行。当时的许多名流、贤士都来到了冶亭，太傅谢安也出席了宴会。

酒席之上，袁宏与来客们谈笑风生，应对自如，满座笑声朗朗，大家开怀畅饮。

太傅谢安也是阳夏人。平时，谢安对袁宏这位同乡故友的应对才能很是赏识，这一次，他想在临别之时再试验他一下。

当分手时，袁宏起身，拜谢众位官员的盛情相送，还特地走到谢安身边，向他躬身施礼。谢安拉着他的手，回身从随从手中取过一把折扇，对他说："匆促间，只有以这把扇子，赠给你带到任上。"

袁宏马上回答说："我一定奉扬您的仁风，去抚慰东阳的百姓。"

应答如此快捷得体，使在场的众人佩服至极。

后来，"奉扬仁风"这一典故，用来称誉地方官吏施行仁政。

孔子有句名言："学而优则仕。"多少年来，这句名言驱动着无数学子勤奋攻读的积极性。

到了西汉年间，从汉高祖刘邦起，几代皇帝都曾下诏令，要求各地举荐"贤良方正"（有才识的士人）来协助管理国家大事。只要具备公认的才识，皇帝就会派"公车特征"，马上就可以做官。这样，读书人的热情又进一步得到了激发。

夏侯胜少年时跟随夏侯始昌学习《尚书》，又曾向管卿及欧阳生请教学问，因此他通晓经学，被征拜为博士。

到汉宣帝时，夏侯胜又担任了太子太傅，负责教导太子。因为他的学问精深，曾接受诏令，撰写《尚书说》《论语说》，在当时，无人能替代他完成这些著作。

夏侯胜在当博士的时候，曾向学生们讲授经学。他对学生的要求非常严格，不允许丝毫的浮躁马虎。他常说："读书人的毛病在于不通经书，如果学通了经书，取得青紫（汉代三公等高官的官印绶带的颜色）就如同俯身拾起一根小草一般容易。"

也就是说，学习在于融会贯通，透彻理解，做到这一点，经书的奥妙并不难掌握，将来的仕途也会畅通无阻。

后来，"俯拾青紫"这一典故，用来指以文章学术求取官职。

◎ 经典范例

今之将举，待以荣班，各非异才，孰可超奖？墨凿经传，且未精勤，俯拾青紫，岂宜幸觊？

——清·董诰等 《全唐文》

桓伊是东晋时的大臣，曾担任淮南太守、都督豫州诸军事、西中郎将等职。他曾协助谢玄在淝水大破入侵的前秦苻坚军，取得淝水之战的胜利，稳定了东晋偏安江南的局面。

桓伊十分喜爱音乐，能吹会唱，尤其擅长吹笛，当时被称为"江左第一"。现存的名曲《梅花三弄》就是根据他所创作的《三调》改编的。

有一次，晋孝武帝召他饮酒，并请宰相谢安在旁作陪。晋孝武帝久闻桓伊的笛子吹得很好，便请他吹奏一曲。桓伊毫不推辞，立刻吹奏了一曲。笛声悠扬动听，晋孝武帝听了，大加赞赏。

当时，谢安虽然身为宰相，但功高易遭人忌，不时有人在晋孝武帝面前诬陷他，使孝武帝对他产生了猜疑。

桓伊平常很佩服谢安的为人，便决定乘机对孝武帝进行劝谏。于是，他回到席上，喝了一杯酒后，说："皇上，微臣除了能吹笛外，筝也弹得可以，而且能够边弹边唱，请容许微臣为皇上弹奏一曲，以助酒兴。不过，微臣弹筝时得再叫一个人用笛子伴奏。"

晋孝武帝很高兴，让宫中的乐伎为桓伊伴奏。桓伊说："乐伎和臣从未配合过，恐怕弹不好。臣家中有一个擅长吹笛子的乐师，能和我配合得很好。"

晋孝武帝说："那就把你家中那位吹笛子的乐师召来吧！"

于是，晋孝武帝就派人把桓伊家中那个吹笛乐师召来。桓伊一边弹筝，一边歌唱，乐师在旁吹笛配合。桓伊唱道：

为君既不易，为臣良独难。

忠心事不显，乃有见疑患。

周旦佐文武，金縢功不刊。

推心辅王政，二叔反流言。

这歌词的意思是：做皇帝不容易，做臣子更难。为国家忠心耿耿做事，不但没人知道，有时还要被诬陷。从前周公旦辅佐文王、武王，功劳虽大，但连《尚书》都没有记载。一片丹心辅佐王政，反被流言诬陷。

筝声激越，歌声慷慨。谢安知道桓伊是以歌在劝谏孝武帝，为自己说话，感动得流下了眼泪。他离席走到桓伊的面前，捋着桓伊的胡须，十分激动地说："谢谢你。唱得太好了！"

而晋孝武帝听了，不由面露愧色。

后来，"抚筝揽须"这一典故，用来形容忠臣遭到猜疑。

◎ 经典范例

　　赤松共游也不恶，谁能忍饥啖仙药。已将寿夭付天公，彼徒辛苦吾差乐。城上乌栖暮鹢生，银釭画烛照湖明。不辞歌诗劝公饮，坐无桓伊能抚筝。

　　　　　　　　　　　　　　　　　　——宋·苏轼 《陪欧阳公燕西湖》

汉朝的朱买臣，是吴县地方的一个读书人。他家里虽然很穷，但他并不把挣钱聚财的事情放在心上，而是很喜欢读书。平时，他和妻子二人上山砍柴，再挑到集市上卖掉，换一点口粮钱，勉强糊口。

过着这样清贫的日子，朱买臣一点也不觉得有什么不好，整天乐呵呵的。上山打柴总不忘带本书去。打了柴，朱买臣挑着柴担往回走，一路上边走边诵书唱歌。他的妻子也背着一捆柴跟在后面，见他这样疯傻，几次三番阻止他，说："你这样走在路上还大声唱，给人听见像什么话？"

但朱买臣不听劝阻，唱得更加起劲。他的妻子觉得很是羞耻，要求和他离婚。朱买臣笑着说："我到五十岁时就应当富贵了，现在我已经四十多岁了。你跟着我，过了这么久的苦日子，等我做了官，我会回报你的，最好还是别走了。"

妻子听他提到"富贵"二字，认为他简直是痴人说梦话，愤怒地说："像你这个样子，最后能不饿死在山沟中，就算不错了，哪里还能有什么富贵？"

于是她执意离开了这个穷酸的读书人。朱买臣挽留不住，只好听任她离去了。

妻子走后，朱买臣独自一人挑着柴担，依然边走边诵书讴歌，过着快乐的日子。

到五十岁时，朱买臣果然被朝廷任命为会稽太守。

后来，"负薪行歌"这一典故，用来形容士人在未发达前，生活贫穷而心情坦然。

◎ 经典范例

如囊萤，如映雪，家虽贫，学不辍。如负薪，如挂角，身虽劳，犹苦卓。

——宋·王应麟《三字经》

春秋时，吴国有一对善于铸剑的夫妇，男的叫干将，女的叫莫邪。干将曾经在越国学习过铸剑的技术，和越国有名的铸剑师欧冶子同出于一门之下，因此他在吴国铸剑很有名气。

当时的吴王阖闾是一个崇尚武艺的人，因此十分喜爱宝剑。一次，越国派使者献给他三把宝剑，一把叫"除奸"，一把叫"斩邪"，一把叫"鱼藏"，吴王十分高兴，就把这三把宝剑当作宝贝，收藏起来。

然而，有了越国出产的宝剑，吴王并不满足。他想拥有吴国铸剑师自己铸造的宝剑。他听说干将、莫邪夫妇是铸剑高手，就把他们两人召来，对他们说："听说你们的铸剑术十分高明，我要你们铸造两把比越国宝剑还要好的剑。"

"好的。"干将、莫邪回答说。

于是，干将、莫邪建造了一个铸剑场，并从山上采来精铁，开始铸剑，还请吴王征调了三百个童男童女专门为铸剑的炉子装炭鼓风。

干将接连铸了好几把剑，呈送给吴王。但吴王经过试验，都不满意，说这几把剑都比不上他所拥有的"除奸"等三把宝剑。干将辩解说："大王，铸炼宝剑，一定要有质地好的精铁、合适的火候和高超的冶炼术，三者缺一不可。但我们现有的精铁比不上越国的，所以虽有高超的技术也无可奈何。"

吴王说："我吴国怎么会没有上好的精铁，限你三个月，采集上等精铁，炼出比越国还要好的宝剑来。不然，提头来见。"

干将回到铸剑场，将吴王的旨意对莫邪说了。夫妇俩跋山涉水，终于采到了一块上好的精铁，又开始铸剑。

但是，经过两个月的煅烧，炉中的精铁一点也没有熔化。夫妇俩十分着急。

莫邪说："看来这是一块神铁，要神铁熔化，一定要有人献身才行。没有人献身，宝剑是铸不成的。"

干将听了，说："我想起来了。我师父最后一次铸剑时，神铁不化，师父和师母一起跳入火炉中，才炼成了宝剑。"

"他们为什么要舍命炼剑呢？"莫邪问。

"铸不出好剑，越王一样要处死他。"

莫邪想了想，说："师父和师母为了铸宝剑而献身，现在为了能铸出宝剑，我也只有跳进去了。"于是，莫邪纵身跳进了熊熊的炉火中。干将含着热泪，让三百个童男童女加紧鼓风，燃起熊熊烈火。不久，那精铁渐渐熔化，流入槽中，成了剑坯。

干将又反复将剑坯煅烧、锤打，终于铸成了一对举世无双的宝剑，雄剑名为"干将"，雌剑名为"莫邪"。干将藏起雄剑，把雌剑献给了吴王。但吴国灭亡后，这两把宝剑都失传了。

后来，"干将莫邪"这一典故，用来指著名的宝剑。

◎ **经典范例**

比莫邪端的全殊，纵干将未必能如。曾遭遇诤朝诤烈士失云，能回避叹苍穹雄夫项羽，怕追陪报私仇侠客专诸。价狐，世无，数十年是俺家藏物。吓人魂，射人目，相伴着万卷图书酒一壶，遍历江湖。

——元·施惠 《咏剑》

○ 品画鉴宝 吴王夫差矛（春秋晚期）

○ 品画鉴宝 越王勾践剑（春秋晚期）

甘罗年少

甘罗是秦国名相甘茂的孙子，他十二岁时，就在丞相吕不韦的府中当差。

秦国与赵国毗邻，想联合东面的燕国共同攻打赵国，以取得赵国与秦国相邻的大片土地。于是，秦燕结盟，燕国派太子丹到秦国作人质，秦国派张唐为人质出使燕国。但张唐为自己找借口不愿出使，这就打乱了秦国的战略部署，也使丞相吕不韦左右为难。

正在这时，甘罗毛遂自荐，对吕不韦说他愿意前往燕国，但遭到吕不韦的斥责，以为他少不更事。

甘罗对吕不韦说："你只需给我五辆车，我便能去为张唐打前站。"

吕不韦报告秦王，秦王同意了。

意想不到的是，甘罗没有到燕国，而是到了赵国，赵襄王迎接并召见了他。

甘罗对赵王说："你听说燕太子丹到秦作人质的事了吗？"

赵王说："已听说了。"

甘罗又问赵王："你听说秦派张唐到燕作人质了吗？"

赵王答："也已听说了。"

甘罗分析道："燕太子入秦，秦张唐入燕，说明秦、燕两国已经结盟。秦、燕结盟，赵处中间，如果共同伐赵，那赵就凶多吉少了。秦、燕结盟没有别的目的，就是想取得赵与秦毗邻的一片地方。为目前计，你不如把这片地方献给秦国，如果那样，秦就让燕太子丹回去，转而与赵结盟，共同对付弱小的燕国。这样，对秦、赵两国都非常有利。"

赵王迫于眼前严峻的形势，觉得甘罗的话非常有道理，于是就采纳了他的建议，把与秦国毗邻的大片地方给予秦国，以换得暂时的安宁。

甘罗使赵，不费一兵一卒，就取得了赵国的大片土地，赢得秦国上下的普遍称赞。秦王认为他不愧为名门之后，封他为上卿。

后来，"甘罗年少"这一典故，用来称人年少有为。

◎ **经典范例**

纵横争擅势，之子独尊秦。弱齿能专国，奇谋不借人。拳峰凌九仞，勺粒动千钧。过客瞻遗构，临溪野草春。

——宋·李复 《甘罗庙》

割肉怀归

东方朔是西汉时的著名文学家。汉武帝时，他担任侍郎之职，性格诙谐滑稽，很受汉武帝的宠爱。

有一年的大伏天，汉武帝下了一道诏书，赏赐猪肉给经常随侍自己的几个侍郎。宫中负责屠宰的官员宰了一口猪，给他们送了过来。但是根据当时宫中的规定，必须等候主管的大官丞根据诏命来分肉，然后才能把肉带回去。

大伏天气温很高，肉很容易变质。东方朔和几个同僚一直等到天黑，负责分肉的大官丞还没来。有个侍郎埋怨道："天气这么热，大官丞再不来，猪肉快要发臭了。"

这时，东方朔等得不耐烦了。他走上前去，拔出剑来，割了一块肉，对同僚们说："大伏天该早点回去，请转告大官丞，我东方朔受赐了！"

说罢，东方朔便带着肉先回家去了。

第二天，大官丞把东方朔私自割肉怀归的事向汉武帝作了报告。汉武帝召见东方朔，问他说："昨天朕赏赐猪肉给大家，你为什么不等待诏命，单独割肉而去？"

东方朔听了，装出诚惶诚恐的样子，上前跪拜谢罪。汉武帝见了，说："好了！你自我检讨一番吧！"

东方朔又向汉武帝叩了一个头，说："东方朔呀，东方朔！你既然已经等到天黑，为什么不继续等下去，是多么缺乏耐心呀！你怕猪肉发臭，接受赏赐不等待诏命，是多么无礼呀！单独拔剑割肉，这种举动是多么豪壮呀！割肉不多，这又是多么谦逊呀！把肉带回去和妻子共享，又是多么规矩呀！"

汉武帝听了，明白了东方朔为什么会自己割肉回去，不由哈哈大笑，说："我让你自我检讨，你倒变成自我辩解再加上自赞自夸了！"

于是，汉武帝下令再赏赐东方朔一百斤猪肉，再加上一石酒，让他带回去交给妻子。

后来，"割肉怀归"这一典故，用来形容根据实际情况，冲破某种束缚；有时也用来形容人滑稽善言。

◎ 经典范例

　　咳唾成诗未许攀，腹中应着绮千端。画蛇思巧因饶足，倚马才高肯驻鞍。割肉固非方朔社，蒸壶曾入老卢盘。小瑕不掩千金璧，能事宁容俗眼看。子美以东方朔割肉为社日。东坡以郑馀庆蒸壶为卢怀慎。

　　　　　　　——明·张宁　《张子华作诗，误用事。有诗讼其过，因次元韵》

耿恭祷泉

耿恭是东汉开国功臣耿弇的孙子。他父亲早死，由伯父耿国抚养长大。耿恭从小勤奋好学，有志报国，为人慷慨，文武双全，有将帅之才。

永平十七年（公元73年）冬，耿恭被朝廷任命为校尉，驻守在西域的金蒲城。他英勇善战，和关宠、耿秉等将领一起征服了车师、乌孙等国。

后来，北匈奴单于发兵两万攻打金蒲城，耿恭据守金蒲。耿恭先以药箭震慑匈奴，使敌军丧其锐气，然后开城反击，将其击溃。

耿恭知道北匈奴单于不会甘于兵败，必将重整兵马，复攻金蒲。金蒲城很小，加上水源不足，不易坚守，而离金蒲不远的疏勒城旁有条河道，水源没有问题，便率军进驻疏勒城。

两个月后，北匈奴单于果然又率军前来。耿恭趁匈奴兵立足未稳，开城突袭，把匈奴骑兵杀得四散奔逃。

耿恭收兵回城后，北匈奴单于见城旁有一条河通往城内，知道城内的用水皆赖此河道，于是下令将河道阻塞，不让河水流进城中，想用断水之法把汉军将士困死。

河道阻塞后，疏勒城中果然不久便断水。耿恭命令士兵在城中打井，可是深挖十五丈，却不见出水。当时正值夏季，将士们口渴难熬，只得把马粪中的水榨取出来解渴。

○ 品画鉴宝
官吏图（东汉） 此图为东汉墓穴壁画，表现了墓主人生前的社会交往情况，显示了墓主人的社会地位，是当时当地风土人情、墓葬礼仪的真实写照。

　　耿恭见情况非常严重，便鼓励士兵们说："我听说汉武帝时有个将军，在行军途中没有水喝，便以飞剑刺山，山上顿时涌出一道飞泉。我们大汉一向都有神灵保佑，井中怎么会打不出水呢？"

　　于是，他十分恭敬地跪在井边，为将士们祷告一番，希求神灵保佑，然后亲自和士兵们一起挖井。将士们十分感动，都尽全力挖井。挖到二十多丈，井水终于喷涌而出，将士们兴高采烈，高呼万岁！

　　这时，北匈奴单于以为疏勒城中断水数天，必定干渴得兵无斗志，正准备攻城。耿恭知道只要让匈奴兵知道城中有水，他们便不敢贸然攻城，于是便让士兵拿水拌了泥，在城墙高处涂抹一层，给匈奴兵以心理威慑。

　　果然，北匈奴单于及手下的士兵见了，大惊失色，说："城外的水源已经堵塞了，汉军的水是从什么地方来的呢？他们一定有神灵保佑，我们是无法战胜他们的。"

　　于是，北匈奴单于立即下令退兵，撤围而去。

　　后来，"耿恭祷泉"这一典故，用来形容上级关心下级疾苦，和下级同甘共苦；也形容将士不怕艰辛，坚守疆土。

◎ 范例运用
　　史可法生前力守扬州，勇抗清兵，颇有昔日祷泉耿恭之遗风。

——编者

功人功狗

汉高祖刘邦在打败西楚霸王项羽，建立了汉朝以后，那些帮着汉高祖刘邦打天下的将军们都认为自己功劳很大，希望得到封赏。于是，汉高祖便决定论功行赏，大封功臣。

汉高祖挑选了一批功臣，把他们封为列侯。其中最出名的有酂侯萧何、平阳侯曹参、绛侯周勃、汝阴侯夏侯婴、舞阳侯樊哙等十几个。萧何食邑八千户，位列第一。

周勃、樊哙等武将见萧何位列第一，心中很不服气，他们纷纷对汉高祖说："我们的功劳是拼着性命换来的呀！在战场上，我们冲锋陷阵，出生入死，多的打了一百多次仗，少的也打了几十次仗，是何等的艰辛。而萧何并没有立下什么显赫的战功，仅仅舞文弄墨、尖嘴利舌，为什么所得封赏比我们还多，地位比我们还高呢？我们想不通！"

汉高祖听了，知道他的这批战将都是些粗人，跟他们讲大道理是没有用的，便粗声粗气地问："你们可知道什么是打猎吗？"

"知道！"众将回答说。

"那你们知道猎狗吗？"刘邦又问。

众将又回答说："知道！"

"那我告诉你们，打猎时，前去追逮猎物的，是猎狗；可是发现猎物并指挥猎狗去追逮猎物的，是人。如果把敌人比作猎物，那么你们在战场上冲锋陷阵，击杀敌人，作用和猎狗差不多，所以都是'功狗'；而谁指挥你们去攻打敌人的呢，是萧何，所以他是'功人'。你们这些'功狗'怎么可以和'功人'相比呢？"

那些将军们听了汉高祖的话，才知道他们不过是"功狗"，一个个心服口服，认错谢罪。

后来，"功人功狗"这一典故，用来比喻谋臣武将。

◎ **经典范例**

子胥鞭楚楚不绝，留侯入秦秦即灭。英雄为报一家仇，何苦漂流万人血。胥不得佐太子建，良不得佐韩王成。不为赤松走，几为猛犬烹。功人功狗两无益，徒受亭公谩骂名。张良不食谷，李泌不娶妻。早欲祠黄石，何如老白衣。君不见五湖范蠡载西施，一舸鸱夷去已迟。鲁连不忍秦皇帝，密铸亡秦一柄槌。

——清·王昙《留侯祠》

狗盗鸡鸣

战国时期，齐国的孟尝君收养了众多的门客。这些门客中什么样的人都有，因为有了衣食的保障，他们都愿意为主人效力。

一次，孟尝君奉使入秦，被秦昭王囚禁起来，并要杀掉他。孟尝君派人向昭王的宠姬求情，宠姬说："我想得到孟尝君已献给昭王的狐白裘。"狐白裘价值千金，世间罕有，但已在昭王之手，孟尝君焦急万分。

这时，孟尝君有个能装狗进行偷盗的门客，自告奋勇地说："我能得到狐白裘。"孟尝君听了，稍稍松了一口气。

到了夜里，该门客装成狗，偷偷进入秦宫的储藏库中，将裘盗出，献给了昭王的宠姬。次日，宠姬便劝说昭王，让他放了孟尝君。昭王经不住宠姬的不断劝说，终于释放了孟尝君。

孟尝君获释后，生怕情况有变，立即启程回齐，半夜就抵达函谷关。果然，孟尝君被放走后，昭王后悔不迭，赶忙派人追赶孟尝君。

此时情况十分紧急，因为关上规定鸡鸣之后函谷关才能开关放人，等到那时，昭王派来追赶的人就到了。这时，恰巧门客中有个人能学鸡鸣，而且活灵活现，让人辨不出真假。孟尝君就让门客学鸡鸣，其他鸡也随之此起彼伏地叫了起来。关上不知其中有诈，开关放人，孟尝君得以顺利出关。

孟尝君出关后不一会儿，昭王的追兵风风火火地赶到，但已找不着孟尝君的踪影了。

后来，"狗盗鸡鸣"这一典故，用来比喻微末的技能、歪门邪道。

◎ 经典范例

狗盗鸡鸣皆有用，鹤长凫短果如何？

——金·元好问 《示怀祖》

○ 品画鉴宝

粉青釉鸡薰（清）　此器为雄鸡形，通体施粉青釉。为焚香用具。此薰将实用性和艺术性巧妙地结合，殊为难得。

挂冠

蓬萌是西汉时北海都昌（今山东昌潍）人。西汉末年，他在都昌县担任亭长之职。有一天，县里的都尉来到他管理的都亭巡视。这都尉是个得志的小人，对蓬萌横加指责。蓬萌不甘无端受辱，气呼呼地把亭长之印丢弃在地，说："大丈夫怎能如此受人奴役！"

于是，蓬萌离开家乡，来到京城长安。经过一段时间的刻苦学习，他博通《礼记》《春秋》《左传》等经书，在朋友的介绍下，在京城中做了一名小官。

当时，汉平帝年幼无知，由大司马王莽把持朝政。王莽的儿子王宇不满父亲的所作所为，尤其不满王莽不让汉平帝的生母卫姬进宫来照顾年幼的汉平帝。王莽知道后，竟把王宇下狱毒死了。

蓬萌听说了这件事后，对友人说："君臣、父子、夫妇之间的伦理关系全遭到了破坏，再不离开，就会遭到灾祸了！"

于是，蓬萌向友人辞别后，将官帽挂在宫门外，带着妻儿出了长安，雇了一只小船离开了。

他怕有人知道自己的行踪，又渡海来到辽东隐居。

不久，王莽篡汉，建立新朝。王莽杀了许多反对他的各级官员，蓬萌因有先见之明，所以躲过了这场灾难。

光武帝刘秀建立东汉王朝以后，蓬萌回到崂山隐居，朝廷曾数次征召他出山为官，他均以年老体弱、无力从政为由推辞。但他在隐居的崂山上有很高的威望，当地人都像敬重父亲一样敬重他。

蓬萌最后得以老死于崂山，可谓东汉的一代大隐。

后来，"挂冠"这一典故，用来形容辞官或辞官归隐。

○ 品画鉴宝
"乐天知命"方印（汉）此印玉质，桥形钮。印面阴刻篆书体"乐天知命"四字，印面无边栏。

◎ 经典范例

老爷说："从乌老大谆谆请我出去那日，我已经定了个告退的主意，只恐他苦苦相拦，所以挨到今日。如今挨得他也回京了，新河台也到任了，我前日已将告休的文书发出去了。从此卸了这副担子，我正好挂冠去办我这桩正事。"

——清·文康 《儿女英雄传》

郭璞是晋代河东闻喜（今属山西）人。他非常有才学，不仅擅长辞赋，天文地理无所不通，对野史秘闻尤为熟悉。正因为如此，晋室南渡建立东晋后，任他为著作佐郎，专门负责为朝廷修撰史书。

由于人的认识能力是由低向高逐步发展的，远古时代人的认识能力较为低下，对自然与社会的许多现象得不到正确的解释，于是就以神秘的形式予以解释。现存最早的文字——甲骨文即为殷商时代的占卜之书，儒家经书之一《周易》就是周代的占卜书。这样，阴阳、五行之类的书就成了古代图书的重要组成部分，汉代即为图书六类之一；推演阴阳、五行的技术也成了古人十分注重的知识。

郭璞在当时就是一个通晓阴阳、五行的行家，为《山海经》《穆天子传》这类记述奇异景物又晦涩难懂的书作注。当时有一个号称"郭公"的人，对卜筮十分精通，郭璞又拜他为师，郭公把自己从来秘不示人的《青囊中书》赠给郭璞，这样郭璞就对五行、天文、占卜等十分通晓，可以说超过了前人。

后来，"郭璞青囊"这一典故，用来指卜筮术。

◎ **经典范例**

刘根丹篆三千字，郭璞青囊两卷书。牛渚矶南谢山北，白云深处有岩居。

——唐·杜牧 《赠朱道灵》

汉阴抱瓮

孔子的弟子子贡到南方的楚国游历一番后返回晋国，他路过汉阴时，看到一位老翁正在菜园子里种菜。老翁种好菜后，把一个瓦罐扎上绳，放入井中，等瓦罐中盛满了水，再提上来，然后抱着瓦罐去浇菜。

子贡看到他这样浇菜吃力不讨好，便上前对那老翁说："有一种汲水器，一天能浇灌一百畦菜地，你想不想用？"

老翁抬起头来，看了看子贡，问："那是一种什么样的器具？"

"那是一种用木头做成的器械，后面重，前面轻，汲水像人从井里把水提到田里一样，但水流得很快。这种器械是桔槔。"子贡回答说。

老翁嘿嘿冷笑了几声，说："我听我的老师说，用机械的人，一定会去做投机取巧的事；而做这种事的人，一定有投机取巧之心；这种投机取巧之心存在胸中，就不会具备纯洁清白的品质；这种不具备纯洁清白品质的人，肯定心神不定；而心神不定的人，一定为世道所不容。我不是不知道用汲水器，而是感到羞愧而不愿用这种器具。"

子贡听了老翁的一席话，感到满脸羞惭，低着头不再说话。老翁便问："你是什么人？叫什么名字？"

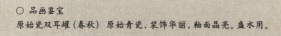

○ 品画鉴宝
原始瓷双耳罐（春秋）原始青瓷，装饰华丽，釉面晶亮。盛水用。

○ 品画鉴宝 孔子弟子图（宋）

"我是孔丘的学生，名叫子贡。"

老翁满脸不屑地说："你们自比圣人，盛气凌人，可人们并不听你们的那一套。你再这样下去，你的神气将要消散，形体也要毁坏，差不多完蛋了！你走吧，别妨碍我做事！"

子贡听了，惭愧不安，脸色失常，低着头匆匆地走了。一直走了三十里路后，才恢复了常态。他感叹地说："我本以为天下只有孔子一个圣人，竟不知道还有种菜的老翁这种人。我曾听夫子说过，做事要适当，用功要讲究成效，用力少，功效大，是圣人之道。现在看来却不是这样。掌握了天道，他的品德才完美，形体、精神才会健全。一个人只有精神健全，才是圣人之道。"

后来，子贡回到鲁国，把自己遇到种菜老翁的事情告诉了孔子。孔子听了之后说："他们学的是道家之术，只识天道，不识其他，修炼心性而忘记尘世间的一切俗事。他们心地明净，达到纯净的境界，追求的是返归自然，你又何必惊奇呢？"

后来，"汉阴抱瓮"这个典故，用来表示淳朴无邪，对人对事没有刻意追求。

◎ 经典范例

赐也能言未识真，误将心许汉阴人。桔槔俯仰妨何事，抱瓮区区老此身。

——宋·王安石《赐也》

呵壁问天

屈原是我国战国时代的大诗人。他是楚王的宗族，起初很受楚怀王的信任，担任左徒之职，负责为朝廷起草法令，接待外宾，办理外交事务等。不久又调任三闾大夫，负责管理屈、昭、景这三个楚国公族。

不久，屈原遭到了令尹子椒和大夫靳尚的谗害，楚怀王开始疏远屈原。接着，谗害加剧，屈原被楚怀王放逐。屈原在万般忧愁中，创作了著名的长诗《离骚》。此诗自叙了他为坚持正确的政治主张而遭到的迫害，以及自己不甘妥协、不愿屈服的意志，表现了他对楚国国事的深切忧虑和愿为理想献出一切的精神。

怀王死后，继位的楚襄王将屈原逐出郢都，流放到南方去。当时的南方，包括今湖北省南部和湖南省北部一带。这一带有许多地方是无边无际的山野林莽，人迹稀少。屈原从郢都出发，顺长江东下，在洞庭湖和湘水、沅水流域的广大地区，走着艰难而曲折的道路，过着贫病交加的生活。

三年过去了，朝廷还没有下达结束屈原放逐生活的命令。屈原心情烦乱异常，不知道该怎么办，不住地仰天长叹，并到先王宗庙和公卿祠堂，去寄托自己的哀思。

这些庙堂的壁上，绘有天地山川、神灵怪物和古代圣贤人物的图画。屈原的遭遇是不幸的，但他熟读过各种书籍，具有渊博的知识，富于想象，爱思考各种问题。他仰头看完这些壁画，感慨万分，浮想联翩，顿时有一连串疑问涌上心头。于是他把这些疑问写在壁上呵责上天。

屈原一下子向天提出了一百七十多个问题。他从宇宙的发现，天体的构造，地理的变化，一直问到神话传说和历史事件的本末由来。这就是气势磅礴、构思奇特的长诗《天问》。

屈原呵壁问天，不仅显示了这位诗人渊博精深的知识、开阔活跃的思想和极其丰富的想象力，而且表达了他愤世嫉俗、悲怆满腔的思想感情，以及对传统观念的怀疑。

后来，"呵壁问天"这一典故，用来形容文人骚客失意时的牢骚和不满。

◎ **经典范例**

分明犹惧公不信，公看呵壁书问天。

——唐·李贺 《公无出门》

和氏之璧

春秋时，楚国有个叫卞和的人。一天，他在荆山（今属湖北）得到了一块石头。他知道这石头里面包藏着上等的美玉，就把这块宝贝石头献给了楚厉王。

楚厉王叫来一个玉器工匠进行鉴别。这个工匠将这块石头拿在手里，好像外行买西瓜只看皮儿光不光，不知道瓜瓤甜不甜，端详了半天，瞧不出有什么特别的地方，就说是一块普通的石头。

厉王大怒，认为卞和是个骗子，指责他不该拿块石头来欺骗君王，于是下令砍掉了他的左脚。

厉王死后，楚武王继承王位，卞和又把这块宝贝石头拿去献给他。

楚武王也叫来一个玉器工匠来鉴别。这位"行家"派头特别大，干脆连瞧都没瞧，就对楚武王说："大王，这不过是一块普通的石头罢了。"

楚武王听了，也认为卞和在欺骗自己，又下令砍掉了他的右脚。

武王去世后，楚武王的儿子楚文王即位。这时卞和已是一个白发苍苍的老人了，但他还是想去把宝贝献给文王，可是他的两只脚都被砍了，无法走路，只得抱着那块"石头"在荆山脚下痛哭。他一连哭了三天三夜，流尽了眼泪，最后眼中都流出血来了。有人劝他说："嗨！你已经吃过两次亏了，还想得赏吗？"

卞和强忍悲痛，哽咽着说："我哪儿是为了得不着赏而哭呢？我恨的是自称为行家的人都瞎了眼睛，把一块美玉认作石头，这么高贵的物品受到这么大的侮辱，我怎么能不替它哭呢？再说，我是一个忠诚老实、实事求是的人，却两次被说成是骗子，我怎能不伤心呢？"

不久，这件事传到了楚文王的耳朵里，楚文王派人去把卞和接到京城，又叫玉器工匠把那块石头小心翼翼地剖开，里面果然是块世所罕见、极其珍贵的宝玉。

于是，楚文王请手艺最好的玉匠细心雕琢，做成

○ 品画鉴宝

玉璧（新石器时代） 青灰色，扁平圆形，两面平整光滑。据《周礼》记载，璧应为部落联盟首领或古帝王奉行祭天典礼时的佩玉。

一块玉璧，并取名叫作"和氏璧"。这么一来，"和氏璧"便成了无价之宝。

后来，"和氏之璧"这一典故，用来称誉人的德才之美，或形容某一物品价值连城。

◎ 经典范例

今陛下致昆山之玉，有随、和之宝，垂明月之珠，服太阿之剑，乘纤离之马，建翠凤之旗，树灵鼍之鼓。

——秦·李斯 《谏逐客书》

弘演纳肝

春秋时期，卫懿公有一个大臣名叫弘演。

卫懿公荒淫无道，他有两个特点：宠爱鹤及宦官。为了得到鹤，他强迫百姓四处捕获，搞得民怨沸腾。宦官得到国君的宠幸，益发肆无忌惮，鱼肉百姓。

卫国地处中原的北方，即今河北北部与内蒙古交界的地带。在卫国北部生活的少数民族狄人见卫国政治腐朽，臣民相背，于是乘机对卫国发动进攻。卫国的百姓都说："国君把俸禄都拿去养鹤了，最富裕的是宦官。现在国家有事，国君应该派鹤与宦官跟狄人作战，不关我们百姓的事。"于是老百姓都逃离卫国，自谋生路去了。

狄人几乎没有遇到什么抵抗就攻破了卫国的国都，卫懿公只得弃都逃命，结果没有逃出多远就被狄人追上给杀了。狄人生食其肉，唯独留下他的肝不吃。狄人抢掠了大批财物之后，便退回到北方。

在卫国发生这样的灾难之前，弘演奉卫懿公之命出使诸侯国去了。他得知卫国发生的事后，急忙赶回卫国，可还是晚了一步，没有见到懿公。古代臣子奉命出使，回国要向国君复命。弘演为尽臣节，先向懿公的肝禀报自己已经完成了使命。接着放声大哭，呼天抢地，悲痛万分，然后剖腹，将自己的肝脏挖出，装入懿公的肝而死。在弘演看来，他宁可把懿公的肝装入自己的腹腔之中，也不能让它暴露在外面。

后来，"弘演纳肝"这一典故，用来形容人臣向国君尽忠，至死不移。

◎ 经典范例

弘演纳肝犹报主，王裒泣血倍思亲。

——清·顾炎武《陈生芳绩两尊人先后即世适皆以三月二十九日追痛之作词旨哀恻依韵奉和》

红叶题诗

唐宣宗时期，一个名叫卢渥的年轻书生到京城参加科举考试后，就带着一个仆人外出游玩。他俩偶然经过后宫外面的一条小河时，卢渥突然发现小河中有一片漂浮的红叶，叶上隐隐有字，顿时产生了兴趣，马上让仆人把那片红叶捞了上来。

仆人把红叶交给卢渥，卢渥一看，红叶上题着一首五言绝句："流水何太急，深宫尽日闲。殷勤谢红叶，好去到人间。"

卢渥读完诗，心中暗想："这红叶一定是宫中很有才气的宫女题诗后顺水漂出来的。这些年纪轻轻的宫女一定很寂寞！"

他回到客栈，把红叶珍藏在衣箱里。不久，发榜了，卢渥高中进士，随即被派到范阳去做地方官。

过了一段时间，唐宣宗看到后宫宫女太多，决定放出一部分宫女嫁人。卢渥也获准到长安挑选一个宫女做自己的妻子。他赶到长安，挑选了一个文静而秀丽的宫女回到范阳。他虽然很喜欢她，但又不免想到那个在红叶上题诗的宫女。

回到范阳后的当天，卢渥就和那宫女成了亲。洞房花烛之夜，卢渥又情不自禁地拿出那片红叶，想对妻子讲述红叶上的诗以及当时捞到红叶时的情景。不料他妻子一见到红叶，万分惊异，吟道："流水何太急，深宫尽日闲。殷勤谢红叶，好去到人间。"

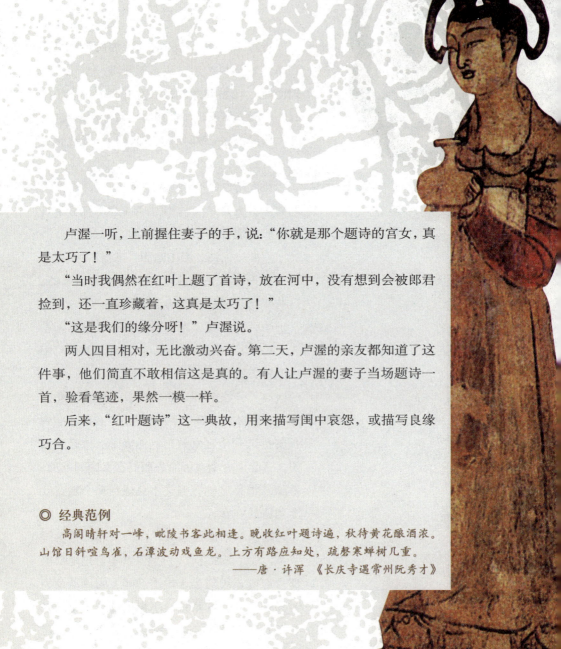

　　卢渥一听，上前握住妻子的手，说："你就是那个题诗的宫女，真是太巧了！"

　　"当时我偶然在红叶上题了首诗，放在河中，没有想到会被郎君捡到，还一直珍藏着，这真是太巧了！"

　　"这是我们的缘分呀！"卢渥说。

　　两人四目相对，无比激动兴奋。第二天，卢渥的亲友都知道了这件事，他们简直不敢相信这是真的。有人让卢渥的妻子当场题诗一首，验看笔迹，果然一模一样。

　　后来，"红叶题诗"这一典故，用来描写闺中哀怨，或描写良缘巧合。

◎ 经典范例

　　高阁晴轩对一峰，毗陵书客此相逢。晚收红叶题诗遍，秋待黄花酿酒浓。山馆日斜喧鸟雀，石潭波动戏鱼龙。上方有路应知处，疏磬寒蝉树几重。

　　　　　　　　　　　　　　　——唐·许浑《长庆寺遇常州阮秀才》

马援是东汉著名将领。西汉灭亡后，他起先依附割据陇西的军阀隗嚣，后来投奔刘秀，并向刘秀进陈破隗嚣之策。不久果然大败隗嚣，为刘秀称帝扫除了一大障碍。东汉建立后，他先担任陇西太守，继而出任伏波将军，南征交阯(今越南)，稳定南部边疆。他曾说过一句名言："男儿生要当死于边野，以马革裹尸而还。"

马援不仅是一员武将，而且极为注重内心修养，境界极高，他曾说做人要"穷且益坚，老当益壮"，无论在什么情况下不能丧失志气。他不仅严格要求自己，以身作则，还谆谆教导其家人。

在出征交阯的间隙，他曾写信给侄儿马严、马敦，告诫他们立身处世的准则。马严、马敦喜欢议论时政，与侠客交往甚密，马援在信中语重心长地教导他们，至今读来仍倍觉亲切。他说："龙伯高敦厚谨慎，言行规矩，不乱发议论，节俭朴素，清正廉洁，颇有威信，我很尊重他，希望你们以他为楷模，向他学习。杜季良豪侠仗义，古道热肠，恪守信用，乐于周济人和帮助人，而且亲疏贵贱一视同仁。他的人缘很好，其父去世时，周边几个郡的人都前往吊唁。我也很尊重他，但不希望你们向他学习。学习龙伯高，即使达不到他那种境界，还能做一个谨慎、诚实的人，就好比雕刻鹄不成还能像个鹜；而学习杜季良，如果达不到他那种地步，就是一个轻薄、无根的小人，这就好比画虎不成反而像条狗了。"

后来，"画虎反类犬"这一典故，用来形容仿效不成，反而不伦不类。

◎ 经典范例

各"党"纷纷讨好旗人，拉拢力量，非但没有把旗务弄好，反而画虎类犬，愈来愈糟，愈来愈没法弄，竟成了谁也不敢沾惹的痼疾。

——二月河 《乾隆皇帝》

战国时期，齐国趁燕国发生内乱之机进攻燕国，将燕国打得大败。

燕昭王即位后，决心广纳人才，重振旗鼓，向齐国报仇雪恨。为此，燕昭王亲自向极有才干和声誉的郭隗请教，问郭隗道："现在燕国处境危险，我想找些有才干的人来帮我一起把国家治理好，以期洗雪燕国遭受的奇耻大辱。你有什么好办法吗？"

郭隗没有从正面回答昭王的问题，而是给他讲了一个故事：

从前有个国君，一心想得到一匹千里马，就在关口要道、闹市中心张贴了许多布告，说愿意以一千两黄金的代价购买一匹千里马。

不料过了三年，仍然没有买到千里马，国君很不高兴。这时，有位侍臣请求让他带上一千两黄金外出买马，国君同意了。

那位侍臣在外奔走了三个月，好不容易找到一点线索，可是那匹千里马已经死了。侍臣就拿出五百两黄金，买下了马骨带回朝中。

国君见了非常生气，训斥他说："我要的是活的千里马，不是一堆死马的骨头，你真没用，白白浪费了五百两黄金！"

侍臣不慌不忙地回答："这几年您没有买到千里马，并不是因为世上没有千里马，而是人们不相信您肯出重金。如今我用五百两黄金给您买了堆千里马的骨头，这事一定会传开的。到时候，别人一定会把活马给您牵来的。"

果然不出侍臣所料，不到一年的时间里，就有好几个人给国君牵来了千里马。

郭隗讲完"千金买骨"的故事后，诚恳地对昭王说："大王如果真的想广招天下贤才的话，可以从我开始，大家看到连我这样的人也被重用，那些比我强十倍、百倍的人便更不在话下。他们肯定会自己前来的。"

○ 品画鉴宝

秋风归牧图 (清) 钱沣／绘　画中绘出秋日郊外的景色，山石突兀、乔松丹枫互映、两牧人信马游缰，驱马群晚归。

燕昭王认为郭隗讲得很有道理，就先重用他，给他修建了豪华的府宅，并拜他为师。又在易山旁边盖了一座高台，里面堆着黄金，作为招待客人的费用和礼物。人们把这座台称作"黄金台"。

这么一来，燕昭王真心纳贤的消息传遍了天下，大批贤良之士，如魏国的名将乐毅、齐国的辩士邹衍、赵国的谋士剧辛，还有苏代、屈庸等人，都千里迢迢赶来燕国。

燕昭王依靠这些贤才的努力，经过二十八年的苦心经营，燕国终于富强起来。最后，燕国联合秦、楚等国一起攻打齐国，将齐国打得毫无还手之力，收复了全部失地。

后来，"黄金台"这一典故，用来形容招纳贤才的地方或人才荟萃之地。

◎ 经典范例

北乘嬴马到燕然，此地何人复礼贤。若问昭王无处所，黄金台上草连天。

——唐·胡曾 《咏史诗·黄金台》

　　张良是战国末年韩国相国姬平的后代，他因为谋划在博浪沙行刺秦始皇没有成功而遭到通缉，逃到下邳，改名张良隐匿起来。

　　一天，他在下邳桥上遇见了一位老人。那老人故意把脚上的鞋掉落桥堍下，让张良给他拾起来穿上。老人对张良说："五天之后天亮时，你到这里来见我。"

　　张良并不知道让他穿鞋的这位老人是谁，但他凭直觉知道这老人不是寻常之人，便立刻答应了。

　　五天后的早上，张良依约前往，不料老人已经先到。他见到张良，说："与老人约会，年轻人应该先到，你为什么这么晚才来？再过五天，早一点到这儿来见我。"说完，老人便扬长而去。

　　过了五天，张良不敢贪睡。刚听到雄鸡啼更，张良就赶往桥头，可是老人又比他早到。老人责备说："你为什么今天又比我晚到，五天后我再在这里见你，如你再晚到，我就不会约你了。"

　　张良心中对这位老人充满了好奇，说："好！五天后我一定比您老人家早到。"

　　又过了五天，张良在夜半时分就来到约定之处。他在桥上站了半夜，天刚蒙蒙亮时，老人来了。老人见了张良，十分高兴，说："你这样子，才真正像一个诚心求教的青年。"

张良

于是，老人取出一册《太公兵法》授予张良，说："这是一册《太公兵法》，乃西周军师姜子牙所著。姜太公以此书辅佐文王、武王灭纣建周。你也可用来辅佐别人成帝王之业。今后十年，时局将有大变，望你择明主而从。"

张良恭敬地接过《太公兵法》，跪下说："张良今后如有所建树，皆恩公所赐，张良愿以师事之。不知恩师能否将大名告诉我？"

老人笑了笑，回答说："我无名无姓，人称黄石老人。十三年后，你可在济北谷城山下看到一块巨大的黄石，这块黄石就是我了。"

黄石老人说完，便头也不回地走了。

张良回到家中，用了几年的时间研读《太公兵法》，终于学有所成。后来，他以《太公兵法》辅佐刘邦，建立了西汉王朝，被封为留侯，世称留侯张良。

后来，"黄石授书"这一典故，用来表示传授兵法。

◎ 经典范例

黄石授书空自昔，青牛传道更何年？

——清·劳之辨 《大伾名并古浮丘》

刘伶是西晋时著名的竹林七贤之一，他长得身材矮小，容貌十分难看。但他学识渊博，才华横溢，性格十分豪爽，在当时的读书人中很有声望。

刘伶曾担任过建威参军的官职。晋武帝奉始初年，他被罢免了官职，从此放浪形骸，不问世事，以酒自醉，曾写有著名的《酒德颂》。由于长期嗜酒，本来瘦弱的他变得骨瘦如柴，浑身只剩皮包骨头，看上去似乎一阵风就可以把他吹倒。

有一次，他在一家酒店里喝酒。由于喝得太多，他有点醉了，就同一个酒徒发生争吵。那酒徒是个五大三粗的汉子，争了几句，便捋起袖子，准备揍刘伶一顿。刘伶知道自己决不是这酒徒的对手，便神色自若地拉开自己的衣襟，露出瘦骨嶙峋的胸脯，慢吞吞地说："朋友，我这一片鸡肋，怎能经受得住你的拳头呢？"

那酒徒被刘伶这么一说，又朝刘伶的胸脯看了一眼，胸中的那股怒气很快便泄掉了，哈哈一笑，收回了拳头。

后来，"鸡肋尊拳"这一典故，用来表示身体瘦弱，不堪一击。

◎ 经典范例

嗟予一世蹈谤薮，汹如八月秋江涛。尊拳才奋肋已碎，曹射箭尽弓未弢。

——宋·陆游 《悲歌行》

○ 品画鉴宝　琴棋书画图（明）

鸡犬升天

汉武帝时，汉朝开国皇帝刘邦的孙子刘安承袭父亲的爵位，被封为淮南王。刘安是个爱好炼丹修道之人，一心幻想自己有朝一日能得道成仙。因此后世就有了关于他得道成仙的传说。

传说有一天，有八位白发苍苍的老人来到淮南王府，要求拜见刘安。负责接待的门吏傲慢无礼地说："我们王爷网罗的，一是饱学的儒者，二是勇武有力的猛士，三是有长生不老的道学之士。诸位都是风烛残年之人，一向未闻其名，又不知道你们有什么本领，我怎么去向王爷禀报呢？"

八位老人一起大笑起来，说："你要我们显露一下真本事，再去向王爷禀报，是吗？"

"是的。"门吏说。

八位老人说："这不难！"

他们不知使了什么法术，一刹那间，八位老人全变成了英俊少年。

门吏十分惊奇，连忙去报告刘安。刘安听了，赶忙亲自出来迎接，并且跪着要求八位老人收他为徒。

八位老人答应了，刘安便正式拜他们为师。他们对刘安说："我们听说王爷诚心修道，才特地相约前来点化于你。我们八人各有神通，能够呼风唤雨，腾云驾雾，役使鬼神，点石成金，并能修炼长生不老之术，你想学什么呢？"

刘安说："我当然要学修炼成仙的长生不老之术。"

于是，八位老人向刘安传授了丹经，并教他炼制了能得道成仙的丹药。

刘安的儿子刘迁自恃剑术高明，与当时擅长击剑的郎中雷被比剑。比试中，雷被误伤了刘迁。刘迁既失了面子，又受了伤，十分痛恨雷被。雷被自知闯了大祸，请求刘安批准他去抗击匈奴，但刘安不答应。

雷被怕遭害，便向汉武帝上书，说刘安不让自己去抗击匈奴。汉武帝大为震怒，根据法律，这是要判死罪的。但汉武帝考虑到刘安是自己的堂叔，于是就下令削去了刘安两个县的封地。

刘安为此对雷被恨之入骨。雷被怕遭到报复，便和人串通，诬告刘安心怀不满，蓄意谋反。汉武帝不问真假，随即派人捉拿刘安。

刘安得知消息，向八位师傅讨教怎么办。师傅们笑着说："这是上天要召王爷去了，不然，王爷怎能离开这个俗世呢？"

八位老人带着刘安祭拜了天地，让他服食了已经炼制好的丹药。

刘安服药后，顿时身轻如燕，冉冉升天。刘安的家人也同时服了药，一起升上了天。

刘安服剩下的丹药，撒落在庭院里，王府中的鸡和狗吃了，也一同升入天界。

后来，"鸡犬升天"这一典故，用来形容一个人有了权势，和他有关系的人也跟着得势，得到好处。

◎ 经典范例

入门花柳暗，知是近臣居。大隐心何远，高风物自疏。偸然静者事，宛得上皇馀。鸡犬偷仙药，儿童授道书。清吟送客后，微月上城初。彩笔有新咏，文星垂太虚。承恩金殿宿，应荐马相如。

——唐·钱起 《过王舍人宅》

○ 品画鉴宝
晞发图（明）陈洪绶／绘 图中人物神态冲和，动作生动。身前桌台之上莲花、木鱼、钵盂等物，都表现了画中人是位有道之士。

击筑悲歌

战国后期，秦国灭掉韩、赵、魏、楚等国之后，与秦相距较远的燕国也在劫难逃了。燕国的太子丹已经意识到燕国的危险，便网罗了一批人才与秦国作最后的抗衡。

荆轲和高渐离都是太子丹门下的宾客。荆轲原为卫国人，故又称荆卿。高渐离是燕国人，以屠狗为业，善于击筑。荆轲与高渐离非常友爱，荆轲嗜酒，且酒量极大，天天与高渐离饮酒。酒酣之后，高渐离击筑，荆轲伴随筑声歌唱，慷慨激昂，酣畅淋漓。

这时，燕太子策划了一个派刺客刺杀秦王的方案。他让荆轲带上燕国地图，表示愿意臣服投降，将匕首藏在图卷中，待秦王看图时取出匕首将其刺杀。但荆轲行刺秦王未能成功，反被秦王左右的人杀死。高渐离闻讯后恸哭不止，发誓一定要报仇，以完成挚友未竟之事业。

高渐离改姓易名，以替人做工为生。不久，秦王打听到高渐离的下落，剜去他的双眼，让他为自己击筑。高渐离偷偷地用铅灌注在筑内，大大地增加了筑的重量。一次，乘着秦王听得入迷的时候，高渐离提起筑，狠狠地掷向秦王，但他毕竟双目失明，结果一击不中，反被秦王杀害。

后来，"击筑悲歌"这一典故，用来形容侠义之士的慷慨豪放行为。

○ 品画鉴宝

斫琴图局部 (东晋) 顾恺之/绘　古琴是中国古代乐器之一，图绘文人雅士制琴的场景，人物长眉修目，造型栩栩如生。

◎ 经典范例

马上相逢揖马鞭，客中相见客中怜。欲邀击筑悲歌饮，正值倾家无酒钱。

——唐·李白 《醉后赠从甥高镇》

疾恶如风

东汉后期，尤其是桓帝、灵帝统治时期，政治非常黑暗。皇帝频繁废立，大多还没有长大成人就死去。皇帝年幼时，朝政掌握在外戚手中。等到皇帝长大成人，不甘心再受外戚的摆布，于是利用身边的宦官除掉外戚，这样宦官又掌握朝纲。这就形成东汉后期外戚与宦官交替专权的政治局面。

汉桓帝时，桓帝利用单超、徐璜、唐衡等五名宦官消灭了外戚梁冀。因为他们有功，桓帝同日封他们为侯，世称"五侯"。他们居功自傲，呼风唤雨，为所欲为。

宦官的为非作歹，引起天下正直知识分子的反对，这些深受儒家思想熏陶的知识分子，以天下为己任，同宦官展开殊死斗争。单超的弟弟单匡任济阴太守，贪赃枉法，民愤极大。在州中任从事的朱震，字伯厚，不畏宦官的淫威，毅然向桓帝弹劾单匡。桓帝迫于形势的压力，治了单匡的罪，并连及单超，一时天下大快。

朱震不畏强暴的行为，赢得天下人的广泛尊重，以致当时民间流行一句谚语称赞朱震说："车如鸡栖马如狗，疾恶如风朱伯厚。""车如鸡栖马如狗"是说当时宦官势力强大，他们的车、马像鸡、狗一样多，但即便如此，朱震仍然敢与他们斗争，反映出他的胆略和气魄。

后来，"疾恶如风"这一典故，用来称誉人刚直不阿，憎恨邪恶，无所畏惧，正气凛然。

◎ 经典范例

　　大任刚烈世无有，疾恶如风朱伯厚。小任温毅老更文，聪明慈爱小冯君。两任才行不须说，畴昔并友吾先人。相看半作晨星没，可怜太白与残月。

——宋·苏轼　《任师中挽词》

季雅买邻

南北朝时期的吕僧珍是一位文武双全的大将。在齐武帝统治的永明年间，他担任领军将军，驻扎在京城东面。这里离他的家很近，但因为军务繁忙，吕僧珍常常废寝忘食，连家也顾不上回。

公元502年，吕僧珍在战斗中屡战屡胜，帮助梁武帝萧衍夺取了南齐政权，成为梁朝的开国功臣。梁武帝为了表彰吕僧珍的功勋，特地任命他为广陵刺史，让他回故乡做官。

吕僧珍的几个堂兄弟原先在广陵做贩葱的生意，听说吕僧珍衣锦还乡，回到广陵当了刺史，就想不再贩葱了。他们纷纷找上门来，要吕僧珍给他们弄个一官半职。

吕僧珍严辞拒绝，对他们说："我受圣上的恩典，理应尽忠报国。你们没有什么功绩，理应安分守己，怎么能妄图得到自己不该得到的东西呢？还是回去自食其力吧！"

吕僧珍在广陵的住宅很小，宅前有一幢督邮的官舍。当地的士绅们都劝吕僧珍把官舍迁走，来扩建住宅。吕僧珍很生气，说："我是一州之长，怎么可以做这种损公肥私的事呢？"

不久，吕僧珍又被调回京城做领军将军。这时，有位被罢了官的太守宋季雅回到京城。他久仰吕僧珍的贤名，特地在吕僧珍的住宅旁买了一幢房子安家。

一天，吕僧珍遇见宋季雅，问他："你买这幢房子花了多少钱？"

"一千一百万。"宋季雅答道。

"怎么那么贵啊？"吕僧珍惊奇地问。

"一百万是房价，一千万是买你这个邻居啊！"宋季雅笑着说。

不久，吕僧珍了解到宋季雅是一个很有才华的人，就向梁武帝推荐了他。宋季雅也没有辜负吕僧珍的期望，在衡州担任刺史期间很有政绩，受到了百姓的称赞和朝廷的嘉奖。

后来，"季雅买邻"这一典故，用来指想方设法与贤者为邻，或选择好的环境居住。

◎ **经典范例**

拂岳萧萧竹，垂空澹澹津。汉珠难觅对，荆璞本来真。伊傅多联璧，刘雷竞买邻。江边有国宝，时为剧星辰。

——唐·陈陶 《题赠高闲上人》

季札挂剑

春秋后期，吴国的四公子季札为人十分重义气，对功名利禄看得很淡，因此在吴国很有贤名。吴王寿梦曾经想立他为太子，但季札怎么也不肯接受，并且尽心尽力地辅助兄长诸樊治理国家，受到大臣和百姓的爱戴。

公元前544年，季札奉命出使鲁、齐、卫、晋等国。途中经过徐国，徐国君主十分好客，他久仰季札的大名，就挽留他住了几天，天天设宴款待，并且让太子和大臣们出席作陪。

季札文武双全，剑术精湛。席上，徐君乘兴请他一显身手。季札推辞不过，走下殿来。只见他的剑刚出鞘，顿时满殿银光四射。徐君看得眼睛也直了，连连称赞："好剑！好剑！"

舞罢剑后，季札回到座上。徐国的大臣们纷纷交口称赞，上前敬酒。这时，徐君已经深深地喜欢上了这把好剑，眼光不住地瞟向它，但想到自己和季札不过是初次见面，不好意思开口。

季札早已看出了徐君的心思，只是由于自己出使的任务还没有完成，因此不能把这把标志着使者身份的宝剑送人。他决定等自己的使命完成后，回来经过徐国时，再将这件吴国的国宝送给徐君。

离开徐国后，季札风尘仆仆地访问了各国。当他重新回到徐国时，突然传来了一个噩耗：徐君在不久前出访楚国的路上不幸暴病身亡。

季札听后非常震惊，他深深地自责，当初为什么没有立即把宝剑赠给徐君，以致留下了无法弥补的缺憾。经过慎重的考虑，季札马上下令驾车前往王宫，准备把宝剑送给徐国的新君。

随从的官员劝季札说："季子，这是吴国的国宝，送人恐有不便吧？"

季札说："当时，徐君想要这把剑的时候，我在心里已经答应他了，只是因为使命没有完成，不便将宝剑送给他。现在徐君去世，我就心生反悔，这不是一个正直的人所应该做的！"

季札见到徐国的新君，对新君说明来意后，准备呈上宝剑。新君连忙辞谢说："先君并未留下遗命，寡人不敢接受这样贵重的礼物。"

季札没有办法，只好来到徐君的墓地，把宝剑挂在墓旁的树上。徐国的百姓知道季札的这一举动后，对他恪守信用的美德都赞不绝口。

后来，"季札挂剑"这一典故，用来表示对亡友的吊唁、追怀，或用来形容恪守信义。

◎ 经典范例

孙晨槁席，原宪桑枢。端木辞金，钟离委珠。季札挂剑，徐稚致刍。

——唐·李瀚 《蒙求》

贾女香

西晋初年，曾在曹魏担任大将军、司马、廷尉的贾充，因为在司马氏篡魏的过程中立下了汗马功劳，被晋武帝任命为司空，权势十分显赫。

南阳书生韩寿前来相府投效。贾充见他风度翩翩，才学过人，便让他留在相府做主簿。从此，所有相府中的文牍，都出自韩寿之手。贾充看韩寿才华横溢，对他格外信任，每次宴请宾客，都让他出席作陪。

贾充有个小女儿名叫贾午，已经十八岁了。贾充每次宴请宾客，她总在帘后偷看，希望在宾客中为自己找一个如意郎君。这天，她看到了韩寿，心中暗暗想道："世上竟有这样的美男子，如果能和他结成夫妻，那该多么好呀！"

宴席散后，贾午派贴身侍女翠红一打听，才知韩寿是自己府中的主簿，顿时既喜又忧。喜的是韩寿既然是相府中的属吏，要见他并不是什么难事；忧的是自己是个相府的千金小姐，内外有别，又怎能去和韩寿私下幽会呢？

贾午钟情于韩寿，但又无法和韩寿相会，这样过了些日子，她终于病倒了。贾充夫妇不知道女儿得病的原因，便请医生前来给女儿诊治。然而，庸医俗药，怎么治得好相思之症呢？贾午日见消瘦，病也一天比一天重了。

侍女翠红知道小姐的病由，知道心病还需心药医，便偷偷来到韩寿的家中，把小姐因相思而得病的情况告诉了他。韩寿听到贾午小姐钟情于自己，便请翠红回报小姐，二更时去小姐房中幽会。

韩寿翻墙进入贾府，两人开始幽会。临别时，贾午把父亲给的一些西域奇香送给了韩寿。

韩寿得了奇香，藏在怀中，回家收贮起来。不料这香一挨着人的身体，香味便经月不散。他在相府中当差，身上异香扑鼻，引得同僚们纷纷议论。就连贾充也闻到了韩寿身上的异香，并感到香味和自己府中的西域奇香相似。但他想："这种奇香，皇上只赏过自己一个人，我只稍微分了一点给妻子和女儿，韩寿怎么会有这种香呢？"

突然，他想到小女儿贾午前些日子生病，这几天不药自愈，而且满脸春色，和以前大不相同。难道小女儿私下把奇香赠给了韩寿？他越想越感到疑窦百出。于是，到了半夜，他假装说有小偷进府，传集童仆，四处搜寻，才发现东北墙上留有攀越的痕迹，而这里正和贾午的闺房相近，贾充便知道自己的怀疑成了事实。

第二天，贾充把贾午的贴身侍女翠红找来，秘密查问，他一骗二吓，翠红便如实说了。接着，贾充又和妻子一起把贾午找来。贾午说："是我把韩郎召到我闺房来幽会的，他的奇香也是我给他的。我除了韩郎，谁也不嫁！"

贾充夫妇一向把贾午看作掌上明珠，对她百依百顺，于是便干脆把贾午嫁给了韩寿。这样，一对有情人，终成眷属。

后来，"贾女香"这个典故，用来指异香或男女定情的物件。

◎ **经典范例**

汉宫娇额半涂黄，入骨浓熏贾女香。

——宋·黄庭坚 《酴醿》

○品画鉴宝 洞箫侍女图（明）唐寅／绘

江淹梦笔

江淹，字文通，在文学上成就很高，是一个著名的文学家。他在南朝时历仕宋、齐、梁三朝，曾担任侍中、光禄大夫等高官。

江淹少年时，家里很穷，十三岁那年，父亲死了，他靠上山砍柴来奉养母亲。但他读书十分刻苦，二十岁时便学有所成，踏上仕途，担任宋孝武帝刘骏第十一个儿子刘子真的授业老师。孝武帝死后，刘宋王朝内部爆发了一场争夺帝位的斗争，结果湘东王刘或获得了胜利。刘子真被杀，江淹便转投到建平王刘景素的门下。

江淹二十多岁时便才华横溢，文名卓著，写下了《恨赋》《别赋》等不朽名篇，很得建平王刘景素的器重。但他少年气盛，恃才傲物，引起同僚的忌妒，结果被诬陷入狱。

江淹在狱中抱着一股不平之气，写下了一篇情真意切的《诣建平王上书》，为自己申辩，这篇文章深深打动了刘景素，他立即将江淹释放。

由于江淹的文章写得如此精彩，下笔如有神助，于是有人传说，江淹在二十一岁那年，曾经做了一个梦。在梦中，他见到了一个名叫郭璞的仙人，郭璞送给他一支五彩笔。从此，江淹的诗、文、赋便越写越好，每每提起笔来，文思有如泉涌，写出的文章也更加文采焕发。

公元479年，刘宋的大臣萧道成灭宋称帝，建立齐朝。萧道成深知江淹的文才，任命江淹为东武令，齐朝的许多重要文书，多由江淹执笔，显示了其不凡的写作功力。

后来，"江淹梦笔"这一典故，用来比喻文才卓著、笔力不凡。

◎ 经典范例

乡赋鹿鸣篇，君为贡士先。新经梦笔夜，才比弃繻年。海雨沾隋柳，江潮赴楚船。相看南去雁，离恨倍凄然。

——唐·耿湋 《送郭秀才赴举》

唐代诗人孟郊少年时隐居高山，与大诗人韩愈结为至交。后来考中进士，任溧阳尉。他尤其喜欢吟诗，并常因吟诗荒废公务。《全唐诗》收存其诗四百余首，以乐府古诗为多。

孟郊的诗大都倾诉穷愁孤苦之情。离别、思乡、想念亲朋等是他笔下常见的题材，感情真挚动人。如《游子吟》就为其中代的表作，写离别母子间的真挚情感，成为传诵千古的名篇："慈母手中线，游子身上衣。临行密密缝，意恐迟迟归。谁言寸草心，报得三春晖。"唐代另一个诗人贾岛，其诗歌的题材、风格与孟郊极为相似。如《雪晴晚望》写雪晴傍晚的空旷、寂寥，让人如临其境，富有感染力："倚杖望晴雪，溪云几万重。樵人归白屋，寒日下危峰。野火烧冈草，断烟生石松。却回山寺路，闻打暮天钟。"

贾岛作诗十分注重锤炼语句，以"苦吟"著称，号称"两句三年得，一吟双泪流"。他本为僧人，名无本，后还俗，屡试不第，只做过一个无足轻重的小官。

孟郊和贾岛的性格、人生际遇，作诗的风格、体裁以及作诗的方式都十分相似。二人又都特别爱好诗歌，加上仕途不得志，诗的内容多为穷愁悲苦，格调悲凉，哀怨清切。二人作诗刻意追求诗的格调，不喜浮艳，搜索枯肠，穷思冥想，沉重凝滞。因此，宋代文学家苏轼评论他们为"郊寒岛瘦"，意谓二人诗风清峭瘦硬，低沉苦涩。

后来，"郊寒岛瘦"这一典故，用来形容诗人苦吟，或指诗人命运多舛，穷困潦倒。

◎ 经典范例

使其更悲；而其气仍壮，故能异于郊寒岛瘦，而与酸馅蔬笋者远矣。

——清 《杜诗言志》

○ 品画鉴宝
镶金牛首玛瑙杯（唐） 红色，晶莹透明，温润可爱。据称此杯造型似为中亚一带之物。

接舆歌凤

春秋时，楚国有一个高士名叫陆通，字接舆。他虽然学识渊博，但喜欢修身养性，自耕自食，不愿出去做官。

一天，孔子带着一批学生游历楚国。楚昭王早就仰慕孔子的大名，知道他是一个很有学问的人，很隆重地接待了他，让他住在很好的驿馆里，并打算封给孔子一块土地。可是楚国的令尹子西认为孔子不是甘居人下的人，劝楚昭王别给孔子封地。楚昭王听了子西的话，便对孔子冷淡起来。

接舆得知孔子来到楚国的消息，认为孔子是不识时务。一次，他趁孔子乘车外出，在驿馆门口高声唱道："凤凰呀凤凰，你的德行是如此的高尚，为什么飞往乱糟糟的地方？过去的已经过去，你应该把它遗忘；至于将来，你也不必抱什么希望……生不逢时，你快去林中潜藏，乱世没有明主，你快飞回你应去的地方……"

孔子听了，知道唱歌的人是把自己比作凤凰，以歌讽喻自己，劝自己回国归隐。孔子知道这个人一定是楚国的高士，连忙下车，想与他交谈一番。但接舆不愿再与孔子说什么，很快就走远了。

楚昭王早就听说接舆品德高尚，才能出众。当他听说孔子这位大名人也想下车和他交谈时，便派使者带了重礼去请接舆出来做官。接舆不肯答应，使者只好灰溜溜地回去向昭王禀报。

昭王大怒，要使者再去，一定要把接舆请出来。接舆知道楚王会再派使者来的，便披头散发，假装疯疯癫癫的。使者见了，以为接舆真的疯了，便无可奈何地走了。接舆怕使者再来，过了几天，便到峨眉山中隐居去了。

后来，"接舆歌凤"这一典故，用来形容政治腐败无望，表示隐避、傲世之意。

◎ **经典范例**

我本楚狂人，凤歌笑孔丘。

——唐·李白 《庐山谣寄卢侍御虚舟》

136

西汉文帝时，太子刘启和他的同胞兄弟梁王刘武有一次同车入朝。根据当时的律令，不管是什么人，在进入司马门时，都必须下车而行。可是，太子刘启和梁王刘武自恃身份特殊，驱车直入。当时任公车令、负责管理司马门的张释之见了，追上前去阻止，不准他们驱车入殿。并马上向文帝弹劾太子和梁王的不敬之罪。后由太后下诏赦免了太子和梁王的罪，张释之才放他俩进宫。

汉文帝见张释之执法如此严格，便十分赏识他，任命他为廷尉，执掌朝廷的法律。

文帝死后，太子刘启即位，是为汉景帝。张释之害怕汉景帝为司马门之事对自己进行报复，担心汉景帝会借故诛杀自己。

当时，有个德高望重的隐士，名叫王生。王生已年逾古稀，白发苍苍。他对《老子》《庄子》极有研究，很受时人的尊重。他虽然以年高为由，不肯出仕，却经常奉诏入朝，和公卿大臣混得很熟。

王生知道张释之的忧虑后，对他说："你别担心，我来为你设法，务使你躲过此劫。"

于是，王生在一次奉诏入朝时，看到朝中的文武百官都已分班站立，他步履蹒跚地走到张释之面前，忽然说："哎哟，我的袜带掉下来了！"

接着，他望望张释之说："喂！廷尉大人，请替我把袜带结好！"

张释之一声不响地走到王生跟前，跪下身去，为王生结好袜带，才站起来回班站立。满朝的文武大臣见了，都注视着张释之，很为他受辱不平。

事后，有人问王生："满朝这么多文武官员，你为什么独独要羞辱张廷尉，让他跪着为你结袜带呢？"

汉景帝刘启（公元前188—前141年）

汉文帝刘恒长子，母亲窦姬。谥号"孝景皇帝"。他继承和发展了其父汉文帝的事业，与父亲一起开创了"文景之治"；又为儿子刘彻的"汉武盛世"奠定了基础，完成了从文帝到武帝的过渡。

王生回答说：“我已年老，而且没什么地位，感到自己对张廷尉没有什么助益。张廷尉执法如山，名望很高，可谓当今名臣。我在朝殿中故意当众羞辱他，让他跪下为我结袜带，是为了让天下人更尊重他呀！”

大臣们听到了，大家都称赞王生的贤德，同时也更敬重张释之的人品了。

汉景帝本来的确对当年司马门之事耿耿于怀，想寻机对张释之进行报复。经过张释之为王生结袜之事，他看到张释之如此受朝臣敬重，便也不好意思对张释之进行报复了。但过了一年多，汉景帝便将张释之调任为淮南王刘安的国相。张释之知道，汉景帝对当年之事还是不能忘怀，让自己去当淮南王的国相已算是够宽宏大量的了，这都是王生为自己谋划的结果，不然自己早已被杀了。

张释之最终得以善终，死在淮南王国相的任上。

后来，“结袜王生”这一典故，用来形容人的贤能和德行。

◎ 经典范例

　祖豆庚桑真过矣，凭君说与南荣。愿闻吴越报丰登。君王如有问，结袜赖王生。

——宋·苏轼
《临江仙·辛未离杭至润，别张弼秉道》

结缨而死

孔子的弟子仲由,字子路,比孔子小九岁。与孔门弟子儒雅的气质不同,子路原本粗野尚武,桀骜不驯,并曾对孔子不礼貌。但他性格耿直,讲究义气。他对孔子不敬,孔子对他反而以礼相待。他佩服孔子的为人,于是投到孔门之下,为孔子的弟子。孔子对他也很赞赏,教以礼义。

子路学成后,当了卫国大夫孔悝的邑宰。不久,孔悝与太子蒯聩作乱,蒯聩做了卫国的国君,即卫庄公。孔悝与蒯聩在国都作乱时,子路在外地,当听到内乱的消息后,他不顾一切地回到国都,反对孔悝及蒯聩的所作所为。

在回国都的途中,子路遇见熟人,熟人告诉他不要回去自找麻烦,殃及自身。子路正气凛然地说:"我既然是国君的臣子,就不能袖手旁观,逃避灾难。"于是冲进都城。孔悝与蒯聩害怕子路,站在高台上与他相见,子路不能接近他们,欲放火烧台。蒯聩非常害怕,派手下的两员猛将与子路搏斗。厮杀过程中,子路的冠带被击断,帽子也就戴不稳了,子路说:"君子死,帽子不能不戴好。"在结冠带时,子路被对方刺死。

后来,"结缨而死"这一典故,用来形容慷慨献身。

◎ 经典范例

疾风知劲草,世乱识忠臣。哀哀独孤公,临死乃结缨。

——唐·临淄县主 《与独孤穆冥会诗》

140

秦朝末年，群雄并起。项羽、刘邦为争夺皇位进行了长达四年的楚汉战争。

　　项羽的势力原本比刘邦强大得多。项羽围攻刘邦占领的荥阳，刘邦很担心，与儒生郦食其商议削弱项羽的办法。郦食其对刘邦说："现在项羽矛头只对准你一人，所以你的压力很大。你可以分封六国国君的后人为王，这样六国国君的后人都很感激你，必然拥护你，共同对付项羽。这样你就可以安心称王了。"

　　刘邦听了之后，说："很好。你立即去镌刻封王的印章，然后送到各王手中。"

　　郦食其还未出发，张良从外地回来，刘邦正准备吃饭，见到张良招呼说："子房，有人为我出了个削弱项羽的好主意。"然后将郦食其的话一五一十地告诉了张良，问道："你以为怎样呢？"

　　张良问道："谁为你出的这个主意？如果这样做一切都完了。"

　　刘邦很诧异，反问道："为什么？"

　　张良说："把你的筷子拿来作为筹码，我讲给你听。现在天下的人远离家乡，抛妻弃子，跟着你出生入死，就是希望将来能封个一官半职，惠及后代。你如果封韩、魏、燕、赵、齐、楚国君的后代，原来各国的谋士武将都将各效其主，一方面你的手下没有人了，另一方面又重新冒出许多新的对手，你将如何应付？你还能成大业吗？"张良一口气说出那样做的八种严重后果，说一条放下一根筷子。

　　刘邦听了张良的分析，胆战心惊，越听越觉得问题严重，以至饭都不吃了。听完之后，刘邦吐出口中的饭，大骂郦食其说："这个可恨的儒生，差点坏了我的大事。"赶忙派人通知郦食其，让他销毁已刻好的印。

　　后来，"借箸前筹"这一典故，用来形容出谋划策。

◎ 经典范例

　　哎！你要俺戴南冠，学楚囚；戴南冠，学楚囚，分明是蓦神龙，烹走狗。饶着他灭项兴刘，钓渭兴周，借箸前筹，拜将封侯，这都是擎天妙手！则落得灞桥边吊衰柳。

——明·梅鼎祚　《昆仑奴》

春秋时的晋文公重耳在成为国君之前，曾在国外流亡了十九年，他手下的一批智能之士赵衰、狐毛、介子推等也随他历尽了艰辛。

重耳在流亡到卫国的时候，有一次在一个名叫五鹿的地方，饿得连路也走不动了。介子推眼见着重耳再不吃东西要饿出事来，便悄悄离开大家，在自己的大腿上割了一块肉，煮熟了端给重耳吃。

重耳早已饿慌了，又因为这肉闻起来很香，便狼吞虎咽，几口便把那碗肉吃得精光。吃完了，他似乎想起了什么，问："你这肉是从哪里弄来的？"

介子推回答说："是我从自己的大腿上割下来的。"

左右的人听了，都十分敬佩介子推为主人勇于牺牲的精神。重耳听了，流着眼泪说："这……我怎么对得起你呢？"

介子推说："但愿公子能回国，做一番事业就是了。我忍受这一点疼痛算得了什么呢？"

后来，重耳在秦穆公的帮助下，终于回晋国做了国君。晋文公把跟随他流亡的人都封了大官，可就是忘了介子推。

介子推是一个贤人，他不去向晋文公争功求赏，而是带着母亲回家乡隐居去了。

介子推手下的人很为他不平，就在宫门上贴了一首诗：

有一条龙，奔西逃东；好几条蛇，帮他成功。

龙飞上天，蛇钻入洞；剩下一条，流落山中。

晋文公见了，知道是介子推的手下贴的，不由脸红地说："介子推是有大功的人，我怎么竟把他忘了呢？"

于是，他立刻派人去找介子推，但介子推早已离开了都城。晋文公是个要脸面的人，他不能让别人说他忘恩负义，便亲自到介子推的家乡介山去找。一个百姓告诉他，介子推前些日子背着母亲到山上去了。晋文公带人上山去找，可是找来找去，就是找不到。

有人出主意说，一放火烧山，介子推肯定会自己跑出来。晋文公便下令放火烧山。火烧了三天三夜，介子推仍然没有出来。等火灭了，人们才在一棵烧焦的大树下找到了介子推和他母亲的尸体。

晋文公十分伤心，将介子推母子厚葬之后，才快快不乐地回国都去了。

后来，"介推焚死"这一典故，用来形容贤人注重名节，不肯轻易求取封赏。

◎ 经典范例

　　祸首遂人氏，厉阶董狐笔。君看灯烛张，转使飞蛾密。放神八极外，俯仰俱萧瑟。终契如往还，得匪合仙术。

——唐·杜甫 《写怀》

〇 品画鉴宝
晋文公复国图部分（南宋） 图绘春秋晋文公重耳历经十九年磨难，回国夺得王位的故事。图中所绘人物各具神态，车马仪仗的刻画准确生动，细致入微。

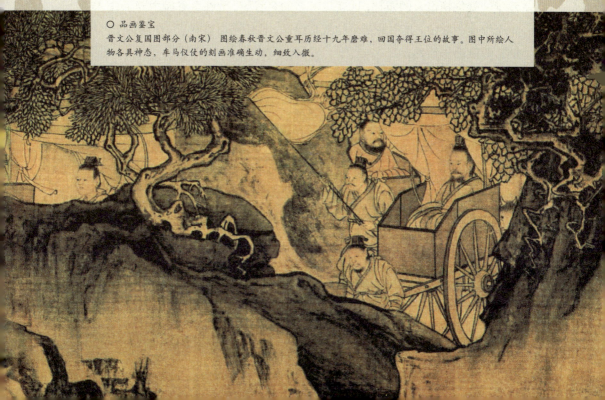

金谷堕楼

西晋著名富豪石崇是渤海南皮人，二十多岁便踏入仕途，后来因平吴有功，进封安阳乡侯。惠帝元康年间，石崇被调离京城，到荆州担任刺史。

荆州原是吴国的领土，吴国灭亡后，局势很不太平。石崇就指使手下的差役打扮成强盗，在官道上打劫来往客商的财物，很快成为一个腰缠万贯的富翁。

在南方的双角山下住着一位姓梁的姑娘，她不但天生丽质，而且能歌善舞。当地的居民历来以珍珠为最珍贵的宝物，他们都把这位姑娘称为绿珠。有一年，石崇到南方视察，在双角山下发现了这位绝代佳人，被她的美丽所深深吸引，当即用三十斗珍珠把她买下来充当自己的歌伎。

不久，石崇被免去官职，回到了京城。他在洛阳西北的金谷涧旁兴建了一处规模很大的园林，这就是著名的金谷园。他在金谷园中养了几十个美丽的歌伎，其中最宠爱的就是绿珠。他还亲自谱写了《明君》《懊恼》等歌曲送给她。

为了重新做官，石崇投靠贾皇后的侄子贾谧，极尽阿谀拍马之能事，常常选送美女和珍宝上门，还亲自写文章歌颂贾谧。不久，石崇就当上了卫尉。

永康元年（公元300年）四月，右军将军司马伦在心腹谋士孙秀的策划下，攻进了皇宫，杀死了皇后、贾谧和张华等大臣，掌握了朝廷大权。他还进一步排除异己，滥杀无辜，京城洛阳陷入一片恐怖之中。

孙秀是个贪财好色的阴险之徒，他早就对石崇的财富和那群美丽的歌伎虎视眈眈，一心想占为己有。于是，他特地派了一名使者到金谷园去，要石崇将绿珠送给自己当小妾。

石崇怎肯答应，说："绿珠是我最宠爱的人，孙大人为什么一定要夺人所爱呢？"

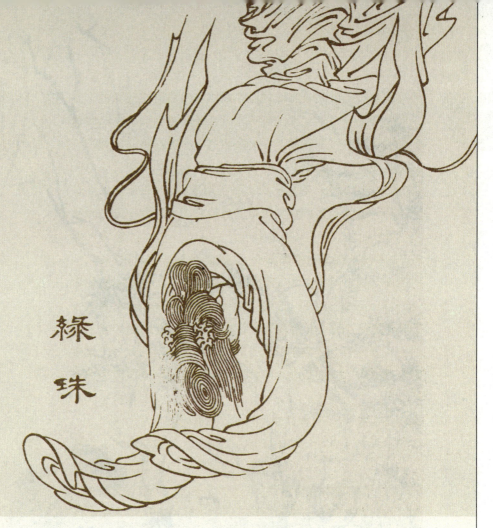

绿珠

　　孙秀听了使者的回报，大怒，立即在赵王司马伦面前诬告石崇和其外甥欧阳建等人密谋造反，并假传圣旨，派军队前往河阳捉拿石崇。

　　当全副武装的士兵冲到金谷园时，石崇正和绿珠一起在清凉台上饮酒作乐。石崇听见士兵们的喊声后，明白噩运将至，便放下酒杯，对绿珠说："我是为了你才得罪孙秀的。"

　　绿珠眼含热泪，说："妾不愿被贼奴抓去后受辱，今日将为你而死。"

　　绿珠说完，就从十丈多高的清凉台上纵身往下一跃。等那些士兵惊呼着奔到她身边时，这位红颜薄命的佳人早已香消玉殒。

　　后来，"金谷堕楼"这一典故，用来比喻薄命的美人。

◎ 经典范例

　　细腰宫里露桃新，脉脉无言度几春。
　　至竟息亡缘底事，可怜金谷坠楼人。

　　　　　　　　　　　　——唐·杜牧 《题桃花夫人庙》

壬午小春写于研香馆
之东窗寄尘道人八五

　　春秋时期，卫灵公有一次到晋国去拜访晋平公。晋平公为了对卫灵公的来访表示欢迎，在一个叫施夷的楼台上设宴招待。出席宴会的有随同卫灵公来访的卫国大臣，也有出席作陪的晋国大臣。

　　卫灵公很爱好音乐。席间，卫灵公对晋平公说："听说贵国有不少新的乐曲，不知能否让我一饱耳福？"

　　晋平公满口答应，说："行！没问题。"

　　原来，晋平公也是个音乐爱好者，他手下的两个乐师师旷和师涓都名闻天下。于是，晋平公把师旷和师涓召来，要他俩为卫灵公演奏新曲。师旷弹奏了一首清商的乐曲，师涓则弹奏了一曲清徵的乐曲。两人弹奏得非常出色，卫灵公和在场的人听了都非常满意。

　　晋平公问师旷："还有比这更好的乐曲吗？"

　　师旷回答说："有。清角比清商、清徵更好。"

　　晋平公满脸高兴，说："那好极了。我从来没听过清角这一乐曲，你快弹奏一曲。"

　　师旷拒绝说："这清角不能随便演奏。从前黄帝和蚩尤等人在泰山顶上聚会，作了清角的乐曲。大王的德行不及黄帝，如果听了这清角之曲，恐怕会招来灾祸。"

　　晋平公不信，硬要师旷弹奏。他对师旷说："我已经老了，一生爱好乐曲。你就勉为其难，弹给我听一下吧！"

　　师旷无奈，只得整理一下琴弦，开始弹奏起来。

不料，师旷刚一弹奏，大片的黑云就从西北方向涌来，顿时整个天空一片昏暗。师旷继续弹奏，刹时刮起了一股巨风，下起了倾盆大雨。猛烈的飓风撕碎了楼台中的窗帘，掀翻了摆满酒食的桌子，连屋上的瓦片也被掀落满地。宴会上的人们吓得四散乱窜，晋平公和卫灵公也吓得浑身发抖。

晋平公大叫："别……别弹了！"

师旷停止演奏，一切才恢复过来。晋平公叹气说："看来，清角这样的乐曲，我确实是无福消受的。"

而师旷要发生灾祸的预言也很快得到了应验。此后，晋国一连三年大旱，赤地千里，民不聊生，晋平公也得了重病，差一点一命呜呼。

后来，"晋君听琴"这一典故，用来形容音乐惊天动地。

◎ 经典范例

折杨皇华合流俗，晋君听琴枉清角。巴人谁肯和阳春，楚地由来贱奇璞。

——唐·李白 《答王十二寒夜独酌有怀》

○品画鉴宝

听琴图（明）张路／绘 张路善画人物，以绘人物成名。此图取材"伯牙为钟子期弹琴"，表现文人的雅逸生活。

荆棘铜驼

晋武帝时，索靖被举为贤良方正，经过金殿对策，被放为外任，戍守边疆。后来晋武帝将索靖召回朝廷，担任尚书郎。由于索靖很有才能，所以很得晋武帝赏识。

晋武帝死后，他的儿子司马衷即位，就是晋惠帝。晋惠帝是个低能儿，根本不懂朝政。晋惠帝即位后，由皇太后杨氏执政，太后之父杨骏辅政。国事日非，索靖非常担忧。一天，他经过洛阳宫门，见到宫门前的铜驼，长叹一声，说："唉！天下将要大乱，铜驼呀铜驼，我再看到你时，你恐怕已经淹没在荒草荆棘中了。"

晋惠帝虽然是个白痴，但他的皇后贾南风却是个十分厉害的女人。贾南风不满杨骏的专权，与汝南王司马亮、楚王司马玮合谋，杀了杨骏，并把皇太后杨氏废为庶人。接着，她又将司马亮和司马玮杀死。她自己没有儿子，担心大权旁落，又设计毒死了太子，结果导致"八王之乱"。北方的生产遭到极大的摧残，人民遭受极大的痛苦，贾皇后在混战中被杀，晋惠帝也被毒死。

过了两年，北方边境的匈奴贵族刘渊在平阳称帝，随即派兵攻打洛阳。晋怀帝出逃被俘，繁华的都城洛阳被洗劫一空。昔日威武地站在宫门口的铜驼便淹没在荒草荆棘之中了。

后来，"荆棘铜驼"这一典故，用来形容亡国后的悲凉景象或表示对时事不安定的忧伤感叹。

◎ 经典范例

只愁又踏关河路，荆棘铜驼使我悲！

——宋·陆游 《醉题》

九方皋相马

伯乐本名叫孙阳,他是春秋时期秦穆公的相马能手。因为在中国神话传说中掌管天马的星官名叫伯乐,而孙阳也有一套奇特的识马本领,所以人们都称他为伯乐。

一天,秦穆公召见伯乐,对他说:"你的年纪已经很老了,你的子孙中有没有可以派出去寻找千里马的人呢?"

伯乐回答说:"我的子孙们才能低下,但我有一个曾一起担柴挑菜的朋友,名叫九方皋。他的相马本领,不在我之下,大王可以召见他,派他出去为大王找寻千里马。"

秦穆公听了很高兴,马上派人去把九方皋请来,让他去访求千里马。

仅仅过了三天,九方皋就回来向秦穆公复命说:"大王,千里马已经找到。"

"在什么地方找到的?"秦穆公问。

"在一个名叫沙丘的地方。"九方皋回答说。

秦穆公欣喜异常,又问:"那是一匹什么样的马?"

"是一匹黄颜色的公马。"九方皋回答。

穆公马上派人到沙丘去把那马取来。不料取回来的却是一匹纯黑色的母马。

秦穆公闻报,十分生气,把伯乐召来,责备说:"伯乐,你所推荐的那个什么九方皋,把一匹黑色的母马说成是黄色的公马,他连马的颜色和雌雄都分不清楚,又怎么能识别千里马呢?"

伯乐听了,长叹一声说:"难道他竟达到这样的境界了吗?这正是他胜过我千万倍的原因呀!他对马的观察,已达到只看他所应当看到的,而不看他不需要看到的。而他看到的是马的本质,忽视的是马的表象。像九方皋这样相马的人,才是真正有本领的人呀!"

秦穆公听伯乐这样一说,便立刻吩咐手下人把那匹黑色的母马牵来。大家一看,果真是一匹天下少有的千里马。

后来,"九方皋相马"这一典故,用来比喻善于识别良马、识别人才的人,或比喻看问题能舍弃表面现象,抓住事物的本质。

◎ **经典范例**

瘦马如束薪,寒沙粘绿发。我非九方皋,谓有大宛骨。

——宋·郑獬 《瘦马》

○品画鉴宝 三马图轴（清）钱沣／绘 中国画马有较早的历史传统，唐代曹霸、韦偃、韩干，北宋赵孟頫，清初张穆等人，均是蓄养名马以写生的能人。钱沣继承传统，善用干笔皴擦，墨气浓郁。

酒浇垒块

东晋时，王恭和王忱同为名士，两人十分友好，并经常在一起评论古今人物。

有一次，王恭对王忱说："司马相如是西汉时的才子，而阮籍是当世的才子，你看他们两人有何不同之处？"

王忱想了一下，回答说："两人不同之处在于，司马相如仕途虽不是一帆风顺，却也风光过一阵。他因《子虚赋》而得到汉武帝的赏识，拜为郎中，后又官拜中郎将，抚平了西南少数民族的叛乱，受到褒奖。他后来虽然遭谗被贬，却还能终老于茂陵。而阮籍虽有才学，但胸中却郁积着巨大的垒块。他本是著名的'竹林七贤'之一，眼见七贤中有的成了朝廷高官，有的却惨遭杀害，心中不平之气积聚成块，无法自解，只得整日以酒浇愁，不问世事。从这一点来说，两人的差异还是很大的。"

王恭听了王忱的回答，认为王忱分析得很对。司马相如和阮籍的差异正在这里。

当时，王恭是东晋孝武帝皇后的兄长。东晋孝武帝还是司马氏，因此王忱还不敢直言司马氏的不是。而从史实来看，阮籍生活的年代，正是司马昭把持魏国朝政和司马炎篡魏建立晋朝这一段时间。阮籍之所以整日酒浇垒块，喝得昏昏沉沉，是因为对司马氏的专权跋扈心怀不满。但他为了防止招来杀身之祸，才采取这种特殊的明哲保身之法。也正因为如此，他才能在那时复杂的政治斗争中保全自己，活到五十四岁而"善终"。

后来，"酒浇垒块"这一典故，用来形容有才不得施展，无可奈何，借酒浇愁，而以"垒块"来形容胸中郁积的不平之气。

◎ 经典范例

　　夷甫诸人骨作尘，至今黄屋尚东巡。度兵大岘非无策，收泣新亭要有人。薄酿不浇胸垒块，壮图空负胆轮囷。危楼插斗山衔月，徙倚长歌一怆神！

——宋·陆游 《夜登千峰榭》

东汉末年，曹操手下有一位参军名叫徐邈。曹操见他很有才能，便让他出任奉高县令，不久又升迁为东曹议令史。曹操进爵为魏王后，徐邈被封为尚书郎。

有一段时间，曹操曾发布禁酒令。可徐邈平生嗜酒，一天不喝就十分难过。于是，他只能偷偷地喝酒，以解酒瘾。有一次，他喝得忘乎所以，竟然酩酊大醉。

事有凑巧，他手下的校尉赵达正好在他喝醉时去向徐邈请示一件事情，徐邈醉醺醺地说："我中了圣人，慢慢再说吧！"

赵达马上去向曹操禀告说："徐邈违反禁酒令，喝得大醉，还说什么中了圣人。"

曹操听了，不懂"中了圣人"是什么意思，便问在旁的度辽将军鲜于辅。鲜于辅回答道："平日那帮酒鬼把酒清者说成圣人，把酒浊者称为贤人。徐邈一向谨慎，这次只是偶然喝醉了，才说醉话。"

曹操听到醉客们竟然把酒比作圣贤，也不由笑了起来。他想起自己也曾嗜酒，并写下了"何以解忧，惟有杜康"的诗句，便不再追究徐邈饮酒之罪。

不久以后，曹操任命徐邈为陇西太守，随即调任南安太守。

魏文帝曹丕废汉建魏后，徐邈又先后被任命为平阳、安平太守、颍川典农中郎将，因政绩卓著，被赐爵关内侯。有一次，魏文帝在许昌碰到徐邈，问他说："你现在还常常中圣人吗？"

徐邈回答说："我一生嗜酒，想戒也戒不了，所以也经常中圣人，但宿瘤因丑而见传，我却因醉酒而受到赏识。"

魏文帝听了哈哈大笑，对左右说："这人真名不虚传！"

于是，魏文帝升迁徐邈为抚军大将军军师。魏明帝时，徐邈任凉州刺史，因讨伐羌柯有功，封都亭侯，食邑三百户，并加建威将军。魏少帝时，任大司农，光禄大夫，一直官至司空。

徐邈虽嗜酒，却历仕四朝，官至三公；他忠诚清廉，忧国忘私，七十八岁无疾而终时，家无余财，在历史上留下美名。

后来，"酒喻圣贤"这一典故，用来形容人酒醉。

◎ 经典范例

钟鼓馔玉不足贵，但愿长醉不复醒。古来圣贤皆寂寞，惟有饮者留其名。

——唐·李白 《将进酒》

孔子是春秋末期的大思想家、大政治家、大教育家，儒家学派的创始人，名丘，字仲尼。他是鲁国人，祖先是宋国的贵族，年轻时家中很穷，曾经担任过管理畜牧的小官。五十岁时，曾经担任过鲁国的司寇。

孔子晚年致力于教育，相传他的学生先后有三千人，其中最著名的有子路、子由等七十二人。孔子五十四岁那年，为了宣传他的政治主张，带着一批学生周游了宋、卫、陈、蔡、齐、楚等国。各国诸侯虽然敬慕他的名声，但都不愿采纳他的政治主张。他带学生周游列国共十四年，一事无成，只好失望地回到了鲁国。

孔子回到鲁国以后，一面整理《书》《诗》等古代文献，一面整理修订鲁国史官编撰的史书《春秋》。鲁哀公十四年（公元前481年）春，鲁哀公到大野狩猎，大夫叔孙氏的车夫鉏商猎获了一只独角牛尾、全身有鳞的怪兽。鉏商把这只怪兽献给了鲁哀公，鲁哀公认为这只怪兽不吉祥，就把它赐给了一位管山林的小官吏。

那位小官吏把怪兽杀了，带来见孔子，问："夫子，你认识这是什么怪兽吗？"

孔子看了，惊奇地回答说："这是麒麟呀！它的出现，应该是一种祥瑞的征兆。它只有在圣王的年代才出现，现在它的出现实在不是时候。"

孔子看着已被小官吏宰杀的麒麟，想起了自

○ 品画鉴宝　累丝镶嵌金辟邪（东汉）

己一生的遭遇，不由得流下了热泪，哭着说："唉！像我这样的人，就好像是野兽中的麒麟。麒麟出现，竟遭杀戮之灾。我的死期也不远了！"

孔子让那小官吏把麒麟留下，吩咐弟子把它埋了。从此以后，孔子心情一直十分悲痛，再也无心著述，无心对《春秋》作修订了。由于孔子是在钼商捕获麒麟后封笔的，所以后人说："孔子作《春秋》，绝笔于获麟。"

过了两年，孔子终于谢世而去。

后来，"绝麟"这一典故，用来悲叹生不逢时，理想抱负得不到实现，或表示不再著述。

◎ 经典范例

　　误落世网中，俗物愁我神。先生忽扣户，夜呼祁孔宾。便欲随子去，著书未绝麟。愿挂神武冠，往卜饮马邻。

　　　　　　　　　　　　　　——宋·苏轼《次王定国韵书丹元子宁极斋》

〇 品画鉴宝
孔子圣迹图之一（清）改琦／绘　此图题为"退休诗书"，记孔子四十二岁那年，因政治原因，他不愿为官，退居家中从事著作。

　　楚庄王是春秋时期很有作为的一位国君，一度成为各诸侯国的霸主，是著名的春秋五霸之一。

　　楚庄王执政以后，经过几年的艰苦努力，平定了南方的各弱小部族，粉碎了国内令尹斗越椒的叛乱，大大提高了他在国内外的威望，并受到国内官吏和百姓的一致拥戴。

　　楚庄王粉碎了斗越椒的叛乱以后，举行了一次大规模的庆功宴会。楚庄王高擎酒杯，对所有出席宴会的文臣、武将说："我已经六年没喝酒了，也没听到钟鼓的声音。今天就破例，大家都喝个痛快，不醉不休！"

　　这场庆功宴，从午宴接连晚宴，一直喝到黄昏。天色渐渐地暗了下来，外面刮着大风，像是要下雨的样子。

　　楚庄王兴致正高，下令点起蜡烛，让乐队奏起军乐，还让舞女们跳舞助兴。君臣有说有笑，喧哗不绝，不少人醉态毕露，热闹的声音把外面的风声全压住了。

　　楚庄王喝得痛快极了，让最宠爱的妃子许姬出来给各位臣僚敬酒。这位仙女般的许姬一出来，宴会上顿时鸦雀无声，仿佛有星星的夜空里，现出一轮明月，连粗鲁的将领们也不由得老实起来。

　　许姬正一个个地为各位功臣们斟酒，忽然一阵狂风把大厅上的蜡烛全吹灭了。黑暗中，有人拉住许姬的袖子，去捏她的手。许姬见竟有人敢在暗中不守规矩，十分气愤，连忙挣脱了他的手，伸手把他帽子上的缨子揪了下来。

　　那时，管蜡烛的人还没有把火种取来，大伙儿静静地等着。许姬拿着帽缨子摸到楚庄王跟前，悄声说："大王，有人趁暗不轨，拉我的袖子，捏我的手，我揪下了他的帽缨，请赶快点灯查问，把那个不轨者找出来！"

　　楚庄王听了，扯着大嗓门叫道："蜡烛慢一点儿点燃，今晚咱们君臣同乐，要痛痛快快，别再那么拘束。我命令你们，把你们头上的帽缨子全摘下来丢在地上，就把这个庆功宴会叫作'绝缨会'。"

　　所有的文臣武将都以为楚庄王是别出心裁，哄然叫好，纷纷把帽缨子摘下来丢在地上。

　　不一会儿，蜡烛点亮了，大家更是尽欢喝酒，一醉方休。

　　散席之后，许姬陪楚庄王回寝宫，问楚庄王为什么要放过那个不轨

者。楚庄王说："大家喝了这么多酒，都有些醉了，看到了你这样的绝世美人，谁不心动？如果当场追查起来，大煞风景，整个庆功宴便索然无趣，那岂不扫兴？"

过了几年，楚庄王伐郑，命连尹襄老作前部先锋，杀奔郑国的都城荥阳。襄老的副将唐狡自请率部属数百人先走一天，为三军开路。襄老觉得他很有勇气，答应了他。

唐狡领命后，直入郑境。每到一地，他都身先士卒，奋勇杀敌，杀得郑军节节溃退，使楚庄王率领的中军十分顺利地到达荥阳郊外。

楚庄王见进兵如此神速，要嘉奖唐狡。唐狡说："臣已受过大王厚赐。现在臣奋勇杀敌，是对大王的报答。"

楚庄王想了想说："我过去没赏过你什么呀！"

唐狡躬身答道："当初在'绝缨会'上，拉美人衣袖的是我。蒙大王不计较，所以今日舍命相报！"

楚庄王暗自感叹："当时要是点烛追查，今天便会失去一员大将。"后来，"绝缨会"这一典故，用来形容人宽宏大量。

◎ 经典范例

儒曰："恩相差矣。昔楚庄王绝缨之会，不究戏爱姬之蒋雄，后为秦兵所困，得其死力相救。今貂蝉不过一女子，而吕布乃太师心腹猛将也。太师若就此机会，以蝉赐布，布感大恩，必以死报太师。太师请自三思。"

——明·罗贯中 《三国演义》

东汉时期，有个名叫蔡邕的人，他是当时著名的文学家、书法家、音乐家，精通天文地理、诗词韵律。汉灵帝见他才华出众，就封他为议郎。

一次，汉灵帝下令让蔡邕书写"五经"的标准字体。蔡邕就把"五经"文字用古文体、篆体、隶书三种字体写出来，刻在四十六块石碑上，立在太学门外。这样一来，每天都有很多人在石碑前临摹和校对，石碑前车水马龙，把整个街道都堵住了。

不久，蔡邕因为几次上书议论朝政，触犯了掌权宦官的利益。宦官在皇帝面前大进蔡邕的谗言。结果汉灵帝一怒之下，把蔡邕关进了大牢，定了死罪。多亏宦官中有个名叫吕强的，知道蔡邕是被人冤枉，就在汉灵帝面前极力为他说情，才算免去了他的死罪，改判他充军朔方。

蔡邕充军到朔方后，没过多久就遇到朝廷大赦。被释放后，蔡邕担心回到京城做官又会遭到宦官的迫害，就四处流浪，前后十余年，足迹遍及吴、越等地。

有一次，蔡邕来到会稽柯亭，看到那里人家的屋顶都用竹子做椽子。蔡邕抬起头，斜着眼睛打量着一根根的竹子，感叹说："这些竹子，可都是做笛子的上好材料啊！"

蔡邕与主人商量了一番，换下了其中一根竹子，把它做成了一支笛子。吹奏起来，音域宽广、声音嘹亮，传得很远。

还有一种说法是这样的。蔡邕曾对一个苏州人说："我从前经过会稽柯亭的时候，看到那屋东间的第十六根竹椽是做笛子的好材料，就取下来做成笛子，吹奏起来声音非常悦耳动听。"

后来，"柯亭笛"这一典故，用来比喻良材不得其用。

◎ 经典范例

伊都督豫州诸军事，进号右军将军。伊性谦素，虽有大功而始终不替。善音乐，尽一时之妙，为江左第一。有邕柯亭笛，常自吹之。

——唐·房玄龄等 《晋书》

159

柯烂忘归

西晋时，信安有个樵夫名叫王质。当地有座石室山，山势高峻，山上草木葱葱。王质天天上山砍柴，然后把柴挑到城里卖了，维持生活。

一天，秋高气爽，王质带了一柄斧头，又上石室山去砍柴。但近处的柴都给被他砍光了，他只好向杳无人迹的深山走去，希望能多砍到一些好柴。

他走呀走，山路越来越崎岖。终于，他来到一大片松林前，见到松林中枯枝不少，便挥斧砍了起来。

他砍着砍着，来到松林深处，见到一个巨大的石室。石室前，有几个童子正一面下棋，一面唱歌，十分逍遥自在。

王质没想到深山中会有人居住，十分惊奇。他对下棋一向也很有兴趣，平时村中邻居下棋，他也常去观战。于是，他把斧头放在地上，潜心地观看起来。

那几个童子下的棋十分高明，王质被深深地吸引住了。他一站就站了很长时间，甚至忘了饥饿。

过了一会儿，一个童子笑嘻嘻地走到他面前，说："你大概是山外来的稀客吧！你肚子饿了吧，我给你吃一枚枣子充饥吧！"

于是，这个童子取出一枚大枣，递给王质。王质吃了，果然马上就不觉得饿了。

等两个童子把一局棋下完。又有一个童子朝王质看了一眼，说："山中方一日，世间已千年，你看我们下棋已有一个多时辰了，快回去吧！"

王质听了，想取斧下山，可一看，木头斧柄已经烂尽了，铁斧也锈迹斑斑。他再看那几个童子，已全部隐入石室不见了。

王质这才知道自己碰到了传说中的神仙。他下山回到村里，村里已没人认识他了。不要说与他同一辈，就是比他小一辈的人也全都去世了。

后来，"柯烂忘归"这一典故，用来形容世事变迁或时代久远；也用来形容凡人遇仙，忘归家乡。

不知谁氏子，炼魄家洞天。鹤待成丹日，人寻种杏田。灵山含道气，物性皆自然。白鹿顾瑞草，骊龙蟠玉泉。得兹象外趣，便割区中缘。石窦采云母，霞堂陪列仙。主人善止客，柯烂忘归年。

——唐·钱起 《过瑞龙观道士》

○ 品画鉴宝
重屏会棋图卷（五代）周文矩／绘　此图描绘南唐中主李璟与其弟会棋的情景。
人物容貌写实，个性迥异。衣纹细劲曲折，略带顿挫抖动。

战国末期，位于西部边陲的秦国经过几代人的努力，实力渐渐强大起来，一心想灭掉其他六国，一统华夏。而赵、楚、燕、韩、魏、齐六国不甘被秦国各个击破，联合起来，抗击秦国的侵略。

一天，赵国派使臣魏加来到楚国，和楚相春申君一起商议抗秦主将的人选。春申君说："我想让临武君作主将，你看怎么样？"

魏加不置可否，说："我先给你说个故事，怎么样？"

春申君说："好吧！"

于是，魏加就讲了下面的故事：

从前，魏国有一个叫更羸的神箭手，他的箭术十分高明。有一次，他和魏王一起在一个高台上散步。这时，有一群大雁鸣叫着从空中飞过，另有一只大雁远远地落在后面。更羸对魏王说："大王，我只要拉开弓，虚发一箭，就能把离队的那只大雁射下来。"

魏王听了，惊奇地说，"你的箭术已经到了这种神奇莫测的地步了吗？"

更羸神秘地笑笑，说："大王看着就知道了。"

不一会儿，那只离队的大雁飞近了。更羸拉满弓，并不搭箭，空弦一拉，一声弦响，那只大雁果真从空中摔了下来。

魏王不由十分钦佩，赞叹说："你的箭术出神入化，令人击节赞叹！"

更羸笑了笑，说："大王，你真的以为这只大雁是我空弦射下来的吗？其实，这是一只受了伤的大雁，它离了队，飞得低而慢，叫声凄厉。飞得低而慢，是因为它受了箭伤；叫声凄厉，是因为失群而惊慌。当它听到我的弓弦响，便想飞高逃命。而这样一来，它必定伤口迸裂，掉下来了。而我，也正好表演了一套空弦落雁的把戏。"

魏加说完故事，接着说："临武君和秦军交战刚吃过败仗，就像那只受伤的大雁一样，怎么能担当起抗秦主将的重任呢？"

听了魏加的话，春申君便打消了用临武君作主将的打算。

后来，"空弦落雁"这一典故，用来比喻判断正确或箭术高明。

◎ 经典范例

长安故人问我，道寻常、泥酒只依然。目断秋霄落雁，醉来时响空弦。

——宋·辛弃疾 《木兰花慢》

○ 品画鉴宝　骑射图（南宋）落笔简劲，设色朗润，当为"马夏"一派院体画家所作。

孔鲤是孔子的儿子，跟着孔子的弟子们一起学习。

一天，孔子独自一个人站在庭院里，正好孔鲤走过来，孔子便问道："鲤儿，你学了《诗经》没有？"

"还没有。"孔鲤回答。

"那你应该好好去学，不学好《诗经》，就不善于表达自己的思想。"孔子说。

孔鲤听了，就回去苦读《诗经》。

又有一天，孔鲤又碰到独自站在庭院中的父亲。孔子问："鲤儿，你学《礼记》了吗？"

"还没有。"孔鲤老老实实地回答。

"那你回去好好地读《礼记》，不学好《礼记》，就不懂得立身做人的道理。"孔子说。

于是，孔鲤又回去认真研读《礼记》。

孔子有个名叫陈亢的弟子，两次都看到孔鲤和孔子在一起的情形，怀疑孔子对儿子有些什么特别的传授，便问孔鲤说："你在你父亲那儿，得到过什么别人不知道的教导吗？"

"没有。有两次我单独遇到父亲，一次要我好好读《诗经》，一次要我好好学《礼记》。"孔鲤回答说。

陈亢听了，高兴地说："我问你一件事，却知道了三件事，一是要读《诗经》，二是要学《礼记》，三是君子对自己的儿子并没有什么偏爱。"

后来，"孔鲤过庭"这一典故，用来指子女、学生接受家长、老师的教诲。

◎ **经典范例**

自惜身薄祜，夙贱罹孤苦。既无三徙教，不闻过庭语。

——东汉·曹操 《善哉行》

胯下之辱

韩信是淮阴人，小时候读过书，拜过老师，学得文武双全。后来，父母双亡，家中越来越穷，只好流落街头。

他虽然很穷，但也像武士、侠客一样，身上总佩带着一把宝剑。淮阴城里的一班少年看了很不顺眼，常取笑他，他也不跟他们计较。一次，他们又在街上相遇，这班少年要捉弄一下韩信，拦住他说："韩信，你文不文、武不武的，像个什么呀？我们看你还是摘下身上的剑扔了吧！"

这班少年中，有个屠夫的儿子特别刻薄，冲着韩信说："你身上老是带着剑，好像很有两下子似的。但我知道你是个胆小鬼。你敢跟我拼一下吗？敢，就拿剑来刺我；不敢，就从我的裤裆下钻过去！"

说着，这屠夫的儿子撑开两条腿，在大街上来了个骑马蹲。韩信盯着他看了一会儿，趴下去，从他的裤裆底下爬了过去。这班少年见了，一个个都笑歪了嘴，给韩信起了个外号叫"胯夫"，认为韩信是个无用的懦夫。

可就是这个"胯夫"韩信，在楚汉战争中被刘邦拜为大将，立下了赫赫战功。西汉王朝建立后，韩信被汉高祖封为楚王，以下邳为都城。韩信便捧着楚王大印，衣锦还乡。

淮阴也属于楚地。韩信到了下邳，就派人到淮阴把那个屠夫的儿子找来。那屠夫的儿子吓得直哆嗦，以为韩信要报"胯下之辱"的仇。不料韩信对他说："你不必害怕，闹着玩的事有的是，何必这么认真呢？你当时倒是挺勇敢的，就在我这儿做个校尉吧！"

那屠夫的儿子没想到韩信这么宽厚，不由连连叩谢。韩信对手下的将士说："他也算是个勇士。当初他侮辱我的时候，我难道不能把他杀了吗？可那有什么意思？就因为我能忍辱负重，才有今天。因此，也可以说他是督促我上进、去建功立业的人。"

手下的将士听了，都十分钦佩。

后来，"胯下之辱"这一典故，用来形容有才能的人在未成功前忍受别人的鄙视、嘲笑、羞辱。

◎ 经典范例

宁受胯下辱，不为天下先。升平已有期，上道化日躔。

——清·顾嗣立 《元诗选初集·乙集》

昆池劫灰

西汉汉武帝年间，在今天云南省一带有个昆明国。这些昆明国人凭借金沙江、澜沧江而生，惯于水战。他们常常袭击汉朝的西南边境，使汉武帝感到十分头疼。

汉武帝考虑许久，决定训练一支水军，以备远征昆明国之用。京都长安虽然靠近洛水，但洛水河面不够宽阔，无法训练水军，因此，汉武帝便决定在离都城不远的斗门镇开凿一个昆明池。

所谓池，实际上是一个巨大的人工湖，周长达四十里。因为要训练水军，所以开掘得很深。然而，怪事出现了，民工们挖到数米深时，下面不再是泥土，而是厚厚的像墨一样黑的灰。

负责监工的官吏马上去向汉武帝禀报，汉武帝便带着几个大臣一起到现场来察看，见到池底确实全是墨黑的灰。汉武帝问随行的大臣为什么会出现这种情况，没有一个大臣能解释这种现象。

当时，朝中有个以诙谐滑稽而又博学著称的官员，名叫东方朔。汉武帝便下令把东方朔召来，问他知不知道为什么昆明池底挖出来的是墨灰而不是泥土。东方朔回答说："臣很愚钝，无法回答这个问题。但臣知道，这个问题可以问西域来的高僧。"

汉武帝以为东方朔回答不出来，就没有追问下去。

没多久，昆明池凿成，池水清澈，水面宽阔。汉武帝一面在池中训练水军，一面又下令修筑昆明渠，以利长安的给水以及关东和长安间的漕运。到东汉明帝年间，西域高僧法兰来到东都洛阳，有人想起东方朔当年说过的话，便问法兰，昆明池底挖出的是墨灰而不是泥土是怎么回事。法兰说："根据佛教教义，天地自形成到毁灭称为一劫，这是世界将尽时劫火洞烧所遗的灰烬。"

这时，人们才知道东方朔当年的回答是有深意的。他不是回答不出，而是无法正面回答，因为当着汉武帝的面回答"世界将尽……"那是要杀头的呀！

后来，"昆池劫灰"这一典故，用来指世界将尽的遗迹，也比喻灾难的遗迹。

◎ **经典范例**

全溪不可到，况复尽余酲。汉苑生春水，昆池换劫灰。战蒲知雁唼，皱月觉鱼来。清兴恭闻命，言诗未散回。

——唐·李商隐 《子初全溪作》

兰亭会

晋穆帝永和九年（公元 353 年）三月初三，王羲之与谢安、孙绰等达官贵人、文士骚客四十一人相约，来到会稽郡的山阴县附近的兰亭集会。

兰亭那里有一条曲折的小溪，溪水旁安置着许多小杌，小杌上放着笔墨纸砚和美酒佳肴。四十多人就坐在溪水旁，让仆人把羽觞斟满酒，轻轻地浮放在水面上。那羽觞就随着流水，曲曲弯弯地向下漂去。羽觞停在谁面前，谁就得把酒饮下去。也可在羽觞流过面前时，自己拿起来饮。不过，饮完一杯酒必须吟诗一首，如果诗作不成，就要受罚饮酒。这就是"流觞曲水"。

这种饮宴游乐式的集会，显然很符合这班文人雅士的身份和爱好。大家欢聚了一天，最后数了数，共写了三十七首诗。为了纪念这次集会，便嘱托王羲之把诗汇集起来。

王羲之很快把这三十七首诗汇集起来，编成一个集子，取名为《兰亭集》。自己又写了一篇序，并且用鼠须笔写在蚕茧纸上。这就是后来成为稀世之宝的《兰亭集序》。

序文的内容，当然与兰亭会有关，但也引发了一些议论和感慨，能够使读者有所联想。大概的意思是这样的：

永和九年三月初三那天，在会稽郡山阴县的兰亭集会。为了过修禊（古代民俗），三月三日到水边嬉游，以便驱除不祥，许多贤士来了。

兰亭附近有崇山峻岭、茂密的树林和高耸的绿竹，又有清流急水。大家列坐在曲水之旁，一面饮酒，一面吟咏，虽然没有热闹的音乐，但却可以抒发内心深处的情感。这天天气晴朗，春风和煦，仰观宇宙的广阔，俯视万物的繁盛，纵目游观，舒展胸怀，尽情地享受视听的乐趣，使人感到快慰。

人在相处之中，很快度过一生。有人在屋宇之内，把自己的胸怀抱负与别人面谈；有人不拘形迹，纵情放荡。虽然人的志趣不同，性情不一，但接触到事物时，由于暂时得到了满足，也就高兴了。心情一变化，感慨也随之而生。寿命长短，只能听凭造化的驱使，但终究要归于死亡。

把死和生等同起来是虚妄的，把长寿和短命等同起来是妄造。后来的人看现在，也正像现在的人看过去一样，可悲啊！所以在此一一记下与会的人，写下他们所作的诗。

○ 品画鉴宝　兰亭修禊图部分（清）高岑／绘　图中描绘各位文人雅士正在进行"曲水流觞"。

《兰亭集序》是一篇对人生充满深情的序文。它情调激越，感情真挚，真实地反映了兰亭集会的情景和诗人们的深情。

后来，人们就把"兰亭会"指高朋聚首、饮宴游乐。

◎ 经典范例

春堤杨柳发，忆与故人期。草木本无意，荣枯自有时。山阴定远近，江上日相思。不及兰亭会，空吟被禊诗。

——唐·孟浩然　《江上寄山阴崔少府国辅》

◎ 经典范例

　　红梨千叶爱者谁，白发郎官心好奇。徘徊绕树不忍折，一日千匝看无时。

——宋·欧阳修 《千叶红梨花》

颜驷是汉朝江都人，他从小就长得膀大腰圆，对读书一点也不感兴趣，只喜欢舞刀弄棍。当时虽然汉朝已经一统天下，但北方的匈奴还是经常骚扰汉朝的边境，颜驷希望将来有一天能凭借自己的武艺报效祖国，光宗耀祖。

到了汉文帝的时候，颜驷已经长大成人。他离开家乡，来到京城长安，在朝廷当了一名郎官。郎官是一种较低的职务，平时只是在宫中担任警戒。颜驷兢兢业业，忠于职守，在他当值的二十多年中，从未发生过任何差错。

但由于文帝信奉黄老思想，主张以德治国，不喜欢与武夫接近，因此颜驷虽然长期保护着他的安全，却得不到任何升迁的机会。

文帝去世后，他的儿子景帝即位。颜驷又把希望寄托在这位新君身上。但景帝十分相信德高望重的老臣，颜驷当时四十多岁，自然又得不到重用。好不容易又挨了十五年，颜驷已经年近花甲。正当他急切地盼望景帝能对自己予以重用的时候，景帝却不幸因病去世。即位的是年方十七岁的武帝刘彻。他与父亲的做法正好相反，喜欢起用有进取心的年轻人，很少提拔碌碌无为的老臣。这对于颜驷来说，无疑又是一个沉重的打击。从此，颜驷心灰意冷，对自己的晋升不再抱什么希望了。

有一天，武帝退朝之后，偶然来到郎中令官署，看到里面坐着一位须发皆白的老郎官，不由奇怪地问："你是什么时候担任郎官的？为什么年纪这么大了还没有得到升迁？"

"臣姓颜名驷，在文帝的时候就入宫为郎，至今已经经历了三朝了。因为文帝喜欢文，而臣喜欢武，景帝爱用老臣，而当时臣还年轻，陛下又喜欢起用年轻后生，而臣年已迟暮，所以臣只好终老于郎官了。这恐怕都是命中注定的吧！"

武帝听了颜驷一番心酸的陈述，不由对他深表同情。武帝了解到颜驷这几十年来一直恪尽职守，尽心尽力，就特地下诏提拔他为会稽都尉，表示对他的关怀和嘉奖。

后来，"郎潜白发"这一典故，用来慨叹终身际遇不佳，无法出人头地。

李广射虎

李广是西汉时期的著名将领。汉文帝十四年（公元前166年），北方的匈奴大举入侵萧关，李广以清白人家子弟的身份前去投军。因他是射箭世家出身，骑术和箭术都十分高明，杀死和俘虏了不少敌人，被选拔出来做了汉文帝的侍从武官。

汉武帝时，李广又受命担任右北平太守，防御匈奴入侵。原先匈奴不断派兵对右北平的边境进行骚扰，李广来此任太守后，匈奴便偃旗息鼓，不敢再来进犯。

右北平一带老虎很多，时常出来害人。于是李广就经常出去打老虎。老虎只要碰到李广，没有不被射死的。

有一天，他带着几个随从外出，回营时天色已晚，月色朦胧，正是老虎出来觅食的时候。李广行到一座山脚下，忽然看到有一只老虎蹲在草丛中。他连忙挽弓搭箭，"飕"的一箭射了过去。凭他百发百中的箭法，当然一箭中的。然而令人奇怪的是，老虎中箭，竟没有发出垂死的吼声。因为天已经黑了，他们就先行返回。

第二天，李广带着几个随从又来到这里。他们走近一瞧，才发现中箭的不是老虎，而是一块虎形的大石头。箭已深入石中，想拔也拔不出来。

李广简直不敢相信自己的箭力竟然这么大，他退回到原来的地方，想再试试自己的神力，又射出一箭。结果那箭碰到大石头，迸出火星，掉落到地上。接着他又连射两箭，结果箭头都折了，也没能射到石头里去。

可就是那么一箭已经够了，人们都说李广的箭能射穿石头。这个消息传开后，匈奴就更不敢来侵犯右北平了。

后来，"李广射虎"这一典故，用来形容一个人箭法高明。

◎ 经典范例

林暗草惊风，将军夜引弓。平明寻白羽，没在石棱中。

——唐·卢纶 《塞下曲》

李斯黄犬叹

　　李斯是秦朝著名的政治家。他原是楚国上蔡人，年轻时曾担任乡里掌管文书的小吏，后拜荀子为师，学成后西行入秦，先在秦相吕不韦门下当舍人，后经吕不韦推荐，被秦王嬴政任命为客卿。在秦国贵族议论驱逐客卿时，他写下了著名的《谏逐客书》呈给秦王，结果被秦王采纳。不久后，他被任命为廷尉。

　　在秦国统一天下的战争中，他建议采取各个击破的政策，结果取得成功。秦始皇因李斯功大，任命他为丞相。

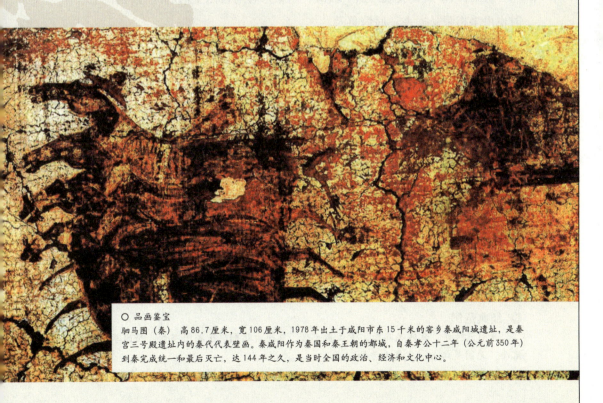

○ 品画鉴宝

驷马图（秦） 高86.7厘米，宽106厘米，1978年出土于咸阳市东15千米的窑乡秦咸阳城遗址，是秦宫三号殿遗址内的秦代代表壁画。秦咸阳作为秦国和秦王朝的都城，自秦孝公十二年（公元前350年）到秦完成统一和最后灭亡，达144年之久，是当时全国的政治、经济和文化中心。

公元前210年，秦始皇出游会稽，李斯和中车府令赵高，以及秦始皇宠爱的次子胡亥随行。途中，秦始皇病故，赵高胁迫李斯一起篡改遗诏，将胡亥立为二世皇帝，而将秦始皇的长子扶苏赐死。

赵高处心积虑，离间秦二世和李斯的关系，使秦二世不再信任李斯。接着又向秦二世进谗言，诬陷李斯的大儿子李由在三川与起义军项梁、项羽私通谋反。秦二世信以为真，下令将李斯逮捕下狱。

李斯被逮捕后，赵高天天派人去严刑逼供，要李斯承认和儿子李由一起通敌谋反。李斯忍受不了拷打，只好屈打成招。秦二世见了李斯的供状，信以为真，当即下令将李斯腰斩处死，并诛灭三族。

秦二世二年（公元前208年）七月的一天，李斯和他的第二个儿子一起被押往刑场。李斯回想起一生的所作所为，对自己屈从赵高，和赵高合谋立胡亥为帝十分后悔，但已悔之晚矣。

李斯又想到自己曾和儿子们一起在上蔡围猎的事，回头对二儿子凄惨地叹息说："唉！我们再也没有机会一起牵着黄犬，到上蔡的东门外去追猎野兔了！"于是，父子相视而泣。

后来，"李斯黄犬叹"这一典故，用来形容对自由生活的向往，有时也用来指蒙受祸害，后悔莫及。

○ 品画鉴宝
黑漆朱绘单凤双鱼纹洗（秦） 此器内底中部黑漆地上用朱漆绘双鱼一凤。色彩艳丽，富有情趣。

◎ 经典范例
　　身用已时危，衰残况病欺。竟成黄犬叹，莫逐白鸥期。东阁图书散，西园草露垂。无因莫江上，应负十年知。

——明·钱谦益《列朝诗集》

刘邦建立西汉后，仿效西周的制度分封诸王，封同父异母的小弟弟刘交到楚地为王，即楚元王。

楚元王通晓诗书，注重礼义，礼贤下士，与长年跟随他的申公、穆生、白生等人交情甚厚，并封他们为大夫。他常请三人到宫中饮酒，畅谈诗书及天下政事，但穆生不善饮酒，楚元王也不勉强，每次设宴时特地为穆生准备醴酒，以示对他的尊重。

刘交死后，其子刘戊继位，开始尚能继承乃父的做法，召集三人时还为穆生准备醴酒。可是，过了一段时间，情形发生了变化，他不再为穆生准备醴酒了。穆生归来后，与申公、白生等人说："我们可以离去了。醴酒不设，说明今王不再尊重我们，我们是多余的了。如果此时不离开，将来楚人在街市上看到负钳刑以铁束颈的刑罚的人必是我们。"于是穆生称病，不再进宫。

申公、白生见此情形，到穆生家去劝说他："你怎么不念及先王的恩德呢？先王对我们恩惠有加，如今新王只不过礼节不周，你何必如此计较呢？"

穆生回答说："《易经》上说，看出事物的征兆太重要了，因为微小的征兆预示着吉凶。君子看到征兆就采取行动，等到事情发生一切都迟了。先王之所以对我们礼敬，是因为他是有道之主；今王忽视我们，是他失去了道。你能与无道之人相处吗？所以，我不进宫，决不是因为礼节不周的问题。"

于是，穆生远远地离开都城，但申公、白生仍然留下。

果不出所料，刘戊逐渐淫暴，不理政事，又不安本分，参与"七国之乱"。申公、白生见此情景，屡次进谏，结果触怒刘戊，判他们有罪，罚他们穿上囚徒的衣服，在市上舂米。而穆生早已辞官，自然安然无恙。

后来，"醴酒不设"这个典故，用来形容一个人善于明察时务，能够保全自己。

◎ 经典范例

待人礼貌衰曰"醴酒不设"。

——宋·胡继宗 《书言故事·延接类》

醴酒不设

力士脱靴

　　李白是唐朝最伟大的诗人之一。天宝初年，他被唐玄宗封为翰林供奉，在朝廷任职。李白性格十分豪放，常常醉酒后蔑视权贵。当时，唐玄宗身边有两个最有权势的人：一个是杨贵妃的弟弟杨国忠，一个是唐玄宗的近臣高力士。两人是小人得志，平日专横跋扈，举朝上下，谁也不敢得罪他们。然而李白却不把他们放在眼里。

　　有一次，北方一个番邦来向唐玄宗进献国书，用的是番邦的文字，朝中无人能识。有人向玄宗推荐李白，李白进宫后译读了番文。唐玄宗十分高兴，令李白当场撰写回书。李白说自己只有喝醉了酒才写得出，玄宗立即赐酒让李白畅饮。

　　李白喝得醉醺醺的，又提出要让杨国忠为他磨墨，高力士为他脱靴，他才能写得出。玄宗对李白十分迁就，当即命杨国忠为李白磨墨，高力士为李白脱靴。杨国忠和高力士见是玄宗之命，不敢不从，只得乖乖遵命。

　　李白立刻乘着醉意一挥而就，写好了"吓蛮书"。那番邦使节见大唐有如此人才，惊为天人。

　　后来，"力士脱靴"这一典故，用来形容文人任性放纵，不畏权贵。

◎ 经典范例

　　近闻以脱靴捧砚之故，内侍怀恨，宫妃进谗。

　　　　　　　　　　　　——明·屠隆 《彩毫记》

○ 品画鉴宝

太白醉酒（清）　李白斗酒诗百篇，长安市上酒家眠。天子呼之不上船，自称臣是酒中仙。

○品画鉴宝 清平调图（清）苏六朋／绘

此画写唐天宝年间，唐玄宗召李白作《清平调》的故事。画面构图完整，有开合之意，人物呼应紧凑，神态自然，各具表情。

莲幕

王俭是南朝齐的著作家、目录学家。他刚出生就失去了父亲，由叔父王僧虔抚养。他从小聪明好学，宾客们经常当着僧虔的面称赞他。僧虔说："我倒不担心这孩子将来默默无闻，就怕他的名声太盛！"

果然，王俭长大后很有出息，十八岁那年就被朝廷任命为秘书郎，后来又历任太子舍人、秘书丞等职。右仆射兼卫将军袁粲对他的才能十分器重，准备请他到府中担任长史。王俭非常感激，但由于他母亲突然病故，他必须守丧三年，才没有去就职。

南朝宋末年，由于宋废帝凶暴无道，被齐王萧道成的部下所杀。王俭全力支持萧道成迫使年幼的宋顺帝禅位，协助萧道成建立了南齐王朝。

王俭因为有功，被齐高宗萧道成先后任命为尚书左仆射、宰相等职务，这时他的年龄还不到三十岁。

王俭手下有一位才德出众的部属名叫庾杲之，担任尚书左丞的职务。庾杲之为人清贫刻苦，平时吃饭时的菜肴只有韭菹、瀹韭、生韭三种韭菜，有人开玩笑地说："谁说庾郎贫穷？吃菜可有二十七种呢！"（韭九谐音，三九为二十七）

王俭对庾杲之的人品和才学非常器重。公元483年，王俭被封为卫将军。他很有感触地对别人说："从前袁公做卫将军时，提拔我做长史，这种知遇之恩终生难忘。现在我也要向他学习，聘有才德的人做长史。"

于是，王俭任命庾杲之为他的幕府长史。当时，人们出于对王俭的尊敬，把他的官署比作清丽脱俗的莲花池。庾杲之被任命为长史后，安陆侯萧缅特地给王俭写信说："贵府的幕僚是很难入选的。庾杲之能够在莲花池中泛绿水，依芙蓉，这是多么风光啊！"

后来，"莲幕"这一典故，用来称大官的僚属和幕宾。

◎ 经典范例

桂林真重德，莲幕藉殊才。直气自消痒，远心无暂灰。剑棱丛石险，箭激乱流回。莫说雁不到，长江鱼尽来。

——唐·张祜《走笔赠许玖赴桂州命》

邹阳是西汉时著名的文学家。年轻时，他与庄忌、枚乘等人一起在吴王刘濞手下任职。当时，刘濞在诸侯王中年龄最大，资格也最老。他依仗封疆辽阔，物产丰饶，实力雄厚，早就怀有野心，想取汉景帝而代之。邹阳看到刘濞妄图叛乱，认为那是自取灭亡之道，就写了《上吴王书》，劝刘濞不要起兵叛汉。但刘濞刚愎自用，哪里肯听。

邹阳见劝说无效，想离开吴国。他听说汉景帝的同母弟弟梁孝王刘武礼贤下士，便和庄忌、枚乘等人一起投奔了梁孝王。梁孝王很赏识邹阳的才华，把他奉为座上宾。

在梁孝王的宾客中，有两个善于用权谋而取得梁孝王信任的人，一个叫羊胜，一个叫公孙诡。他们知道梁孝王和朝廷中的大臣袁盎有私仇，便出谋划策，怂恿梁孝王派刺客去暗杀袁盎。邹阳知道后，对羊胜和公孙诡的做法非常不满，他严肃地对他俩说："你们怂恿王爷派人去刺杀袁盎，这是违法的。你们这样做，是在害王爷，把他引向毁灭的道路！我希望你们改弦更张，不要去做这样的蠢事。"

羊胜和公孙诡都是目光短浅、心胸狭窄的小人，他们对于邹阳的批评不但不接受，而且怀恨在心。他们在梁孝王面前诽谤邹阳，说了他许多坏话。梁孝王听信谗言，立即下令把邹阳逮捕入狱，准备把他杀掉。

狱中，邹阳写了一篇《狱中上梁王书》，为自己申诉冤屈，并列举了历史上许多忠臣义士因遭到谗言而惨遭杀害的事实，对梁孝王进行劝谏。梁孝王看了《狱中上梁王书》，被邹阳诚挚和恳切的言辞所打动，下令把邹阳释放出狱，重新把他奉为座上宾。

后来，"梁狱上书"这一典故，用来指申诉遭谗害而被遗弃的冤屈。

◎ **经典范例**

苏武元还汉，黄公岂事秦？楚筵辞醴日，梁狱上书辰。

——唐·杜甫 《寄李十二白二十韵》

梁孝王刘武是汉景帝同母所生的弟弟。因为他得到母亲窦太后和景帝的宠爱，所以他的地位比其他诸侯王高，每次奉召回到长安，都能住个一年半载的，权势十分显赫。

梁孝王看到京城的宫殿宏伟，园林秀丽，便也在梁国的都城睢阳建造了规模宏大的曜华宫和珍奇荟萃的梁园。蜿蜒的宫墙环绕着无数金碧辉煌的楼阁，园中有百灵山、落猿岩、雁池、鹤州等著名景观。

梁孝王平时酷爱诗文词赋，喜欢结交当时著名的文士，因此，当时著名的文学家邹阳、枚乘、司马相如都成了梁孝王的座上宾。梁孝王和他们一起谈诗论文，感到非常愉快。在一个冬末的黄昏，朔风凛冽，黑云压城，梁孝王眼看一场大雪即将降临，便穿着狐裘、披着鹤氅，召集了邹阳、枚乘、司马相如等人一起来到梁园，摆下酒宴，准备一边饮酒，一边赏雪。

宾主刚刚依次坐定，那鹅毛般的大雪便随着寒风纷纷扬扬地飘洒下来，把园林染成一片白色。酒过三巡，梁孝王先吟咏了《诗经》咏雪的名句，然后对司马相如说："你是写赋的能手，对着这样的雪景，请你写一篇《雪赋》为大家助兴，怎么样？"

说完，便命人取来了竹简和笔墨。司马相如没有推辞，说："好！那我就献丑了！"

他接过笔墨竹简，乘着酒兴，挥笔写了一篇《雪赋》，写完后又即席吟咏一遍。梁孝王、枚乘、邹阳等人听了，感到文采斐然、声情并茂，齐声喝彩。

接着，邹阳和枚乘也赋了两首短歌，把整个赏雪的酒宴推向高潮，大家开怀畅饮，一直喝得尽欢而散。

后来，"梁园宴雪"这一典故，用来描写文人在一起饮酒赏雪，吟诗作赋，风流儒雅，也用来描写雪景。

◎ 经典范例

嵩云秦树久离居，双鲤迢迢一纸书。休问梁园旧宾客，茂陵秋雨病相如。

——唐·李商隐 《寄令狐郎中》

林宗巾

郭泰是东汉人，字林宗。在他很小的时候，父亲就去世了，家里很穷，他和母亲相依为命。

林宗长大后，母亲托人替他在县府找了个差事，林宗却不肯去，他说："大丈夫岂能为几斗米屈膝？"

于是，林宗告别了相依为命的母亲，到成皋拜屈伯彦为师。三年后，林宗尽得屈伯彦真传，他不但学识渊博，而且对音律也十分精通。

后来，林宗到京都洛阳游学，结识了河南府尹李膺。李膺在当时很有名望，一般的书生能和他结交，就好像登了龙门。李膺认为林宗是一个奇才，很乐意和他交往。不久，两人的密切来往就震动了京师。

然而林宗对做官却没有什么兴趣，不久就返回故乡。临行那天，许多士人送他到黄河边。李膺和林宗手拉着手上船，驶向黄河对岸。岸上的人们看着他俩，好像是两位神仙一般。

林宗身材高大，相貌堂堂，经常穿着一件大袍子。因为他每到一地，都显示出过人的智慧，所以不少人都暗中仿效他的言谈举止。

一日，林宗在陈梁等地游学，天上下雨，又没有地方躲雨。林宗就摘下头巾，折起一角盖在头上，希望能挡住一些雨水。不料，这一无意之间的举动，竟引来无数人的仿效。不管下不下雨，总有很多人把头巾折起一角戴在头上，并称之为"林宗巾"，可见人们对林宗的喜爱。

不久以后，李膺因为得罪了宦官，遭到灭门之祸。林宗于是闭门不出，开了个学馆，课徒授业，学生达到数千人。建宁二年（公元169年）春天，林宗在家中去世，时年四十二岁。

后来，"林宗巾"这一典故，用来形容文士的名望之重，或用来指风流倜傥之人。

◎ 经典范例

雨垫林宗巾，风落孟嘉帽。

——宋·陆游 《幽居记今昔事十首》

东汉建安三年，刘备兵败于吕布。他没有别的路可走，只得去投靠"挟天子以令诸侯"的丞相曹操。曹操把刘备引荐给汉献帝。汉献帝派人查了查皇室谱牒，才知道刘备是中山靖王的后代，还比自己长一辈，便尊他为皇叔，封为左将军。

当时，汉献帝因为曹操弄权，国家大事自己做不得主，心中十分怨恨。一天，汉献帝给自己的丈人、车骑将军董承下了一道诛杀曹操的密诏。董承和几个心腹一起商量后，认为刘备很重义气，又是皇叔，可以请他相助。于是，董承把刘备请到家里，给他看了密诏。刘备欣然同意和他们一起想办法诛杀曹操。

刘备知道曹操虽然把自己推荐给献帝，但肯定对自己有所猜忌，便施出韬晦之计，每天在后园种菜，亲自挑水浇灌。关羽和张飞见了都很不理解，问道："大哥，你为什么不留心天下大事，却种起菜来？"

刘备说："我难道是种菜的人吗？我是要使曹操感到我胸无大志，解除对我的戒心呀！"

一天，曹操把刘备邀进后园的一座亭子，喝酒聊天。

曹操吩咐端上酒菜，和刘备边喝边聊。聊着聊着，聊到天下大势和四方豪杰上来了。曹操向刘备说："你到过的地方很多，遇到的人也不少。你说说，谁是当今天下的英雄？"

刘备说："淮南袁术，兵多粮足；河北袁绍，虎踞冀州，他俩都可算是当世的英雄了。"

曹操笑着说："袁术已是坟里的枯骨，而袁绍好谋无断，都不能算是什么英雄。"

刘备又说了荆州刘表、江东孙策等人，曹操都摇头否认。刘备见了，问道："那丞相认为谁是英雄呢？"

曹操举起酒杯，望着刘备说："当今天下英雄，就是你和我两个人罢了！"

刘备听曹操说自己是英雄，吓得魂都出了窍，不由得打了一个寒战，连手里的筷子也掉到了地上。他刚想去拾筷，突然，满天乌云的空中，"轰隆隆"一声响雷，慌得他连汤勺也失手落地。

在这紧要关头，刘备机灵地借着雷响，拾起筷子和汤勺，说："这雷响得可怕，把我的筷子和汤勺都震落了。"

这样一来，就把他害怕曹操猜中自己心事的惊慌劲儿瞒了过去。

后来，"刘备失箸"这一典故，用来指受惊后举止失措的神态。

◎ 经典范例

已外浮名更外身，区区雷电若为神。山头只作婴儿看，无限人间失箸人。

——宋·苏轼 《唐道人言天目山上俯视雷雨每大雷电但闻云中如婴儿声殊
不闻雷震也》

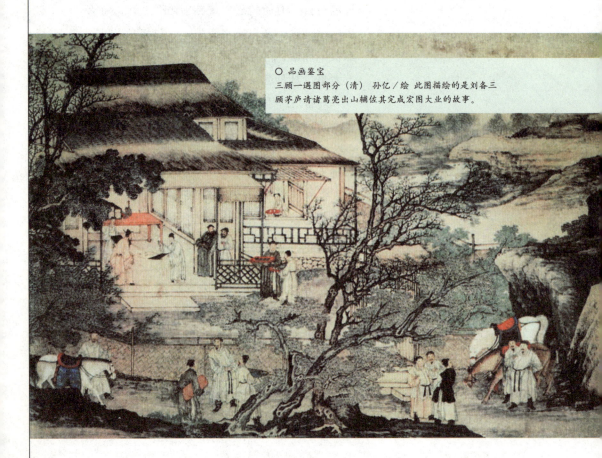

○ 品画鉴宝
三顾一遇图部分（清） 孙亿／绘 此图描绘的是刘备三
顾茅庐请诸葛亮出山辅佐其完成宏图大业的故事。

○ 品画鉴宝　象牙雕松荫高士图笔筒（清）

　　刘伶是东晋时著名的"竹林七贤"之一，曾经做过建威参军等小官，后来因为不满现实政治而隐居山林。

　　刘伶平生最爱喝酒，喝起酒来，往往一醉方休。平时，他常驾着车，带着酒，没有目的地在外面到处乱跑。他让一个仆人拿着铲子跟在后面，吩咐他说："如果我醉死了，你就随地把我埋掉好了！"

　　有一天，刘伶从外面回家，酒瘾大发，大叫大喊，非要妻子快点拿酒给他喝。妻子看到他骨瘦如柴的样子，实在忍不住了，气得把家中的酒全部倒掉，把酒壶、酒盅等器具也全部摔得粉碎，哭着劝他说："你喝酒喝得太过分了，再这样喝下去你的命也要没了，以后不能再喝了！"

　　刘伶一看苗头不对，眉头一皱，计上心来，说："夫人讲得有理！我也一直想戒酒，但下不了决心，你今天先备一些酒肉，在神像面前供一供，我也好向神起誓戒酒。"

　　"好！那就这样办！"妻子破涕为笑道。

　　于是，她向邻居借来好酒，又烧了几样好菜，毕恭毕敬地供在神像前，并让刘伶在神像前跪着发誓戒酒。刘伶无可奈何，装模作样地跪下，口中念念有词。妻子见了，以为他真的在发誓，喜滋滋地离开了。

　　刘伶一见妻子离开，大声念道："天生刘伶，以酒为名。一饮一斛，五斗解醒。妇人之言，慎不可听！"

　　说完，他拿起酒壶，夹起肉，把神像前的供品吃得一干二净，那壶好酒也喝得一点不剩。等妻子回来，他已经醉倒在地上了。

　　后来，"刘伶病酒"这一典故，用来形容嗜酒成癖，或纵酒过度。

◎ 经典范例

　　卯时偶饮斋时卧，林下高桥桥上亭。松影过窗眠始觉，竹风吹雨醉初醒。就荷叶上包鱼鲊，当石渠中浸酒瓶。生计悠悠身兀兀，甘从妻唤作刘伶。

——唐·白居易 《桥亭卯饮》

○ 品画鉴宝：幽居乐事图册之七 （明）陆治／绘

陈平是汉朝初年著名的政治家，阳武户牖乡人。他年轻时家里贫穷，但喜欢读书，胸怀大志，愿意结交天下朋友。

陈胜起义后，陈平先投奔魏王。陈平曾向魏王献过几条计策，但魏王一条也不肯听，于是陈平改投楚王项羽，但项羽也不识人才，陈平又弃楚投汉，归附汉王刘邦。刘邦任命陈平为都尉。陈平归汉以后，和张良一起，成为刘邦的主要谋士，在平定天下的斗争中，他曾六次为刘邦出谋划策。

有一次，楚军切断了汉军运输粮草的通道，把汉王包围在荥阳城。汉王很长时间不能突围，忧心忡忡。陈平献计说："项羽为人能恭敬爱人，那些廉节好礼之士大多都愿意归附他。但到了论功行赏、封官授邑的时候，他却吝惜钱财，因此楚军中存在有可能分裂混乱的因素。大王只要能拿出几万斤黄金，用反间计离间他们的君臣，使他们互不信任，他们内部一定会自相残杀。借此机会汉军发兵进攻，就一定能够击破楚军。"

汉王听从了陈平的意见，让他用大量黄金在楚军中进行离间活动，终于离间了项王与大臣们之间的关系，从内部削弱了楚军的力量。汉军集中兵力，突出重围，荥阳之围得解。

第二年，汉王又采用了陈平的奇计，逼得项羽在乌江自刎。汉高祖六年（公元前200年），陈平巧施妙计，协助高祖刘邦平定了齐王韩信的谋反。

汉高祖七年（公元前199年），陈平以护军中尉的身份跟随汉高祖刘邦出击匈奴，在平城被匈奴包围，一连七天都困在那里，连饭都吃不上。刘邦采用了陈平的妙计，派人向单于的阏氏行贿，才得以解围。高祖脱险以后，对陈平的计策秘而不宣，世上没有人知道计策的内容。回军途中，刘邦为嘉奖陈平，改封他为曲逆侯。

在辅佐刘邦建立汉朝、壮大汉朝的全过程中，陈平先后献过六次奇计，每次都获得成功。有的计谋相当秘密，世人无法知道其具体内容。

后来，"六出奇计"这一典故，用来形容人足智多谋，善于在复杂和困难的环境中克敌制胜。

龙盘虎踞

东汉末年，曹操、刘备、孙权三个统治集团割据称雄，他们三家都想消灭对方，以武力统一中国，结果导致战争连年不断。

公元208年，曹操率领大军挥师南下，图谋统一天下。刘表的儿子刘琮向曹操投降，献出了军事和经济价值都很重要的荆州。刘备在撤军途中败于当阳长坂坡，只剩下关羽的水军一万多人，力量大为削弱。

曹操打败了刘备，夺取了荆州以后，就率领大军八十余万，号称百万，浩浩荡荡地从江陵沿江东下，想一举扫平江东。他自信以如此强大的兵力，必定能够击败孙权，消灭东吴政权。

面对曹操优势兵力的进攻，究竟采取什么样的对策，孙权集团内部意见很不一致。以文臣张昭为首的一派，认为曹操兵强马壮，如今又新破荆州，锐气正盛，凭东吴之实力肯定抵挡不住，所以主张不战而降。而以鲁肃、周瑜、黄盖为首的一些人，则认为东吴地势险固，而且有训练有素的十万精兵，且曹兵远道而来早已疲惫，正是强弩之末，坚决主张抵抗。

这时，刘备派军师诸葛亮出使东吴，商讨联吴抗曹大计。诸葛亮在鲁肃的陪同下得以观看建邺的山川形势，他感叹道："钟山像龙一样盘卧在城的东边，石头城像虎一样蹲踞在西边，这真是帝王居住的地方啊！"

见鲁肃听此言后颇有自得之意，诸葛亮手捻胡须，意味深长地说："曹操已驻军江北，虎视眈眈，江东危如累卵，可惜你们主公仍然犹豫不决，拿不定主意。如果不抵抗江北曹军，眼看这帝王之都就要拱手让与别人了。"

鲁肃点头称是，极为佩服诸葛亮的眼光深邃，想得透彻。他们共同商定了联盟抗敌的战略方针，同去会见屯兵柴桑的孙权。

诸葛亮到柴桑见到孙权后，向他指陈了当时的严峻形势，以其三寸不烂之舌，终于说服了孙权，促成了孙刘联盟，在赤壁之战中击败了曹操。

后来，"龙盘虎踞"这一典故，用来比喻某地的地势雄峻。

◎ 经典范例

钟山风雨起苍黄，百万雄师过大江。虎踞龙盘今胜昔，天翻地覆慨而慷。宜将剩勇追穷寇，不可沽名学霸王。天若有情天亦老，人间正道是沧桑。

——毛泽东 《七律·人民解放军占领南京》

190

卢前王后

在中国文学史上，王勃、杨炯、卢照邻、骆宾王被称为"初唐四杰"。

王勃是隋代末年学者王通的孙子，从小才思敏捷，六岁便能写文章。沛王李贤很赏识他，聘他为王府侍读。由于他才华卓著，尤其是在二十五岁时路过洪州，在都督阎伯屿办的宴会上，写下了流芳百世的佳作《滕王阁序》及"落霞与孤鹜齐飞，秋水共长天一色"这样的千古名句，为当时的名士所推崇，所以在"王杨卢骆"四杰的排名中名列首位。

然而，四杰中处于"卢前王后"的杨炯对此很不满意。杨炯成名也很早，他十二岁就能作诗，被誉为神童，并跻身于长安士林。他的边塞诗写得很有气势，受到宰相张说的高度赞扬。

杨炯一向对比自己年长的卢照邻十分敬佩，而对与自己同龄的王勃则有些瞧不起，因此对"王杨卢骆"的排名耿耿于怀，扬言说："我对自己的名字排在卢照邻之前感到惭愧，但对排在王勃之后感到羞耻！"

这里需要说明的是，这仅是杨炯"文人相轻"的一时之见。不久，王勃不幸在赴南方探父途中溺死，杨炯在收集和阅读了王勃的全部诗文后改变了自己的看法。他在为王勃诗文集作的序中，对王勃作了极高的评价，称赞王勃"神机若助，日新其业，西南洪笔，咸出其词，每有一文，海内惊瞻"，并承认王勃之名排在他的前面是当之无愧的，自己确实不如王勃。

后来，"卢前王后"这一典故，用来表示排列的名次，或表示同为诗文之友。

◎ 经典范例

河岳精灵绝代夸，耻居王后论诗家。瓣香一脉才如愿，蛛网梁尘拜绛纱。

——清·金农 《游午亭山邨陈文贞公居里》

王勃（公元649—675年）唐代诗人。字子安。绛州龙门（今山西河津）人。王勃与杨炯、卢照邻、骆宾王以诗文齐名，并称『王杨卢骆』，亦称『初唐四杰』。

公元前260年，秦军在长平大破赵军以后，继续东进，不久便包围了赵国的都城邯郸。赵孝成王见危在旦夕，派人向魏、楚等国求救。魏王派大将晋鄙率兵救赵，楚王也派春申君领兵救赵。秦王知道后，亲临邯郸督战，并派人对魏王说："邯郸即将攻下，谁出兵救赵，我就先攻打谁！"

魏王听了，十分害怕，便派使者通知晋鄙停止前进。春申君知道了，便也停兵不进。

赵王见救兵不至，又再次派人向魏王求救。魏将辛垣衍向魏王献计说："秦国攻打赵国，目的不只是征服赵国，而是显示实力称帝。如果赵国尊秦昭王为帝，秦国一定会退兵。"

魏王听了，便派辛垣衍来到赵国，劝赵王和赵相平原君尊秦昭王为帝。赵王和群臣一起商议，犹豫未决。平原君一时也不知怎么办才好。

这时，齐人鲁仲连正巧在邯郸，他是一个能言善辩，但又不愿做官的高士。他听说辛垣衍要赵国尊秦昭王为帝，心中很不高兴，便前往相府求见平原君，问："听说赵国将尊秦昭王为帝，有这样的事吗？"

"我已经是惊弓之鸟，丧魂落魄了，哪里还敢出这样的主意，这是魏王派将军辛垣衍来说的。"平原君说。

鲁仲连要求见见辛垣衍，平原君答应了，便带着鲁仲连来到辛垣衍住的公馆。

鲁仲连见了辛垣衍，激昂慷慨地说："秦国是个不讲礼仪的虎狼之国，恃强称霸，挟强欺诈，屠戮生灵。如果一旦称帝，那肯定比现在还要残暴十倍。我宁愿跳进东海自杀，也决不做它的臣民！而魏王和将军难道甘做它的臣民吗？"

"不是我们愿意，而是我们害怕，没有办法！"辛垣衍说。

"如果这样，魏王被秦王剁成肉酱的日子不远了。你想，秦昭王一旦称帝，肯定比商纣王还要残暴。当初商纣王屠杀诸侯如同儿戏。如秦王称帝，召魏王入朝，魏王就会像九侯一样，被秦王剁成肉酱。魏王一旦被害，将军又怎能保住自己的爵禄呢？"鲁仲连说。

辛垣衍听了，感到鲁仲连的话很有道理，拜谢说："先生真是天下高士。我回去告诉我们国君，不再说尊秦昭王为帝的事！"

于是，辛垣衍告辞回国。而秦王得知邯郸城内有鲁仲连这样的能人，也退到汾水驻扎。不久，魏公子无忌设计取得了兵符，出兵救赵，解了邯郸之围。平原君很感激鲁仲连，要封他高官，鲁仲连坚决不肯接受，说："天下之士所难能可贵的，是为人排忧解难而无所索取。如果有所索取，那就是商贾的行为了，我决不做这样的人！"鲁仲连离开了赵国，走了。

后来，"鲁连蹈海"这一典故，用来表示宁死而不屈的气节和情操。

◎ 经典范例

　　弃礼义而尚有功，鲁连蹈海；堕名城以杀豪杰，李耳出关。

——明·许时泉 《武陵春》

○ 品画鉴宝
错银云纹樽（战国） 此图由三十六条龙、二十四只凤纹于器上，是迄今发现楚国酒具中最精美的一件。

春秋时，鲁国漆室地方有个姑娘，已过了嫁人的年龄，但还没有嫁人。当时，鲁国的国君是鲁穆公，穆公已经年老，但太子还很幼小。而且穆公办事十分糊涂，太子则是个低能儿。这个老姑娘听说这些情况后，非常担忧。

有一天，她靠在大门口的柱子上唱歌，来发泄自己心中的悲伤情绪。她的歌唱得非常好，歌声凄惨感人，过路的人听了，也都不由自主地悲伤起来。

一位老大娘平常跟这姑娘比较要好，对她说："你的歌声为什么这么悲惨？是不是年龄大了，担心嫁不出去？让我来给你找个婆家吧！"

姑娘长长地叹息一声，说："唉！我本来以为你是个很有见识的人，现在看来并不是这样。我难道是因为嫁不出去才这么悲哀吗？我是担忧国君年老，太子幼小，这样下去，我们的国家就危险了啊！"

老大娘听了，不由大笑，说："原来你竟为这事这么悲伤啊！可这是鲁国大夫们考虑的事呀！跟我们这种平民百姓又有什么关系呢？"

○ 品画鉴宝　修竹仕女图局部 (明) 仇英／绘

195

这个姑娘说:"怎么会没有关系呢？举个例子,从前有个客人来我家借宿,我很担心菜园中的冬葵,你一定认为我的担忧是多余的,因为客人和冬葵没什么关系,对吗？"

"是的。没什么关系。"老大娘说。

"可是,那客人是骑着马来的,并把马拴在菜园里。不料马的缰绳断了,那马在菜园里到处乱奔,把菜园中的冬葵全踩烂了,害得我家整整一个冬天没有冬葵吃。怎么能说客人和冬葵没关系呢？又怎么能说我的担心是多余的呢？"

姑娘接着说:"现在鲁国国君年老昏庸,太子年幼笨拙,政治一天天腐败,过不了多久,就会有祸乱。而一旦发生祸乱,国君臣子受辱,老百姓就要遭到祸殃,又怎么会和我们无关呢？所以,我才对此忧心忡忡啊！"

老大娘说:"你说得很对！这样看来,你的担忧确实是很有道理的。"

过了几年,外敌入侵,鲁国连年陷入战乱,男子都上前线去打仗,女子们也受到战乱的影响,生活苦不堪言,鲁女的担忧变成了现实。

后来,"鲁女忧葵"这一典故,用来形容女子对国家大事的忧虑和关心。

◎ 范例运用

他笑道:"着什么急？天塌下来自有人抗,何必发这鲁女之叹呢？"

——编者

陆绩是东汉末年庐江太守陆康的儿子。孙坚、孙策父子在江东起兵，年轻的陆绩便追随孙策，成为孙策的部属。陆绩身材高大，武艺出众而又博学多才，精通天文、数学，很受孙策信用。

孙策死后，他的弟弟孙权执掌东吴大权。孙权任命陆绩担任奏曹掾的官职。奏曹掾担负的是监察职责。陆绩正直无私，每逢孙权处理公事不当时，他便当面直谏，弄得孙权有时下不了台。

但孙权是个明君，他知道陆绩一心为国，刚正不阿，因此也就不怪罪他。但孙权不想再让陆绩当面指责他的不是，就加封他为偏将军，率领两千军士去镇守郁林，并担任郁林太守。

陆绩知道孙权的用意，也知道镇守郁林是一个重任，便愉快地前去郁林上任。到了郁林以后，他除了处理日常政务、军务以外，集中精力埋头著述，绘制了《浑天图》，注释了《周易》等书。

陆绩在任上爱民如子，两袖清风，深受郁林百姓的爱戴。但由于水土不服，陆绩的身体状况却不尽如人意，患上了风湿等疾病。孙权知道后，便下令免去他的职务，让他回乡休养。

陆绩等接任的官员来后，便带着妻子儿女准备乘船渡海回故乡吴县。他因为为官清廉，因此财物很少，行李十分简单，但海船要有一定的载重，才能经得起风浪。陆绩为防止意外，让人搬了不少大石块压舱。

海船平安回到吴县。陆绩为了激励自己的子孙后代也能清廉守正，就让船夫把所有石块运回家中，并挑选一块最大的石头安置在自己的大门前。

吴县的百姓见陆太守离任回乡，运回的都是普通的大石块，都称赞陆绩的清廉，并把陆绩家门口的大石块称为廉石。

三国之后，经历了魏、晋、南北朝、隋、唐，陆家宗嗣延续了六百多年，传到唐朝著名诗人陆龟蒙，那块廉石仍屹立在陆家的大门前，警示着陆家的子孙后代。

后来，"陆绩廉石"这一典故，用来形容官员为官清廉，两袖清风。

◎ 经典范例

郁林何为石亦传，太守廉明善政全。

——清·周锡 《郁林石歌》

罗含梦鸟

罗含，西晋时桂阳人，他的父亲罗绥曾做过荥阳太守。但罗含父母早逝，由叔母朱氏抚养长大。

罗含少年时很有志向。有一次，他睡午觉时做了一个梦，梦见一只文彩异常的鸟飞入自己的口中，不由惊醒。他把梦境告诉了叔母朱氏，朱氏说："鸟有文彩，你长大后一定很善于写文章。"

自此以后，罗含果然文思大进，文章写得越来越好，不久便被称为州中之冠。郡守几次征召他去做官，他都不肯去。

罗含的父亲曾做过新涂县令，后来新涂人杨羡做了桂阳太守，聘罗含去当主簿。罗含推辞了几次，实在无法推辞，只得就任。杨羡离职时，罗含送杨羡回新涂。新涂的一些官吏和望族见罗含是前县令的儿子，送给他很多钱财、礼物。罗含盛情难却，只得先收下，但他走的时候全部封置在驿馆中，丝毫不取。

罗含以文章著称于当世。有一次，大将军桓温设宴与下属共饮，当时罗含是桓温的属下，任职征西参军，罗含因事迟到了。

桓温问："你们认为罗含是怎样的人？"有人回答说："他是荆楚之地的才子。"桓温笑着说："他是江左出类拔萃的大才子，哪里仅仅是荆楚的才子呢？"

桓温对罗含十分赏识，不久就推荐他担任宜都太守。罗含很快又被朝廷封为南郡公，升任散骑常侍、侍中等官职。罗含非常讲究德行操守，当他退休回家时，家中的兰花、菊花突然盛开相迎，附近的人都说这是罗含的操守德行所致。

后来，"罗含梦鸟"这一典故，用来指人的文采斐然、德行出众。

◎ **经典范例**

日驭难淹蜀，星旄要定秦。人心诚未去，天道亦无亲。锦水湔云浪，黄山扫地春。斯文虚梦鸟，吾道欲悲麟。

——唐·李商隐 《送从翁东川弘农尚书幕》

汉朝初年，有一个人叫陆贾，是汉高祖刘邦身边的谋士。在西汉建立之前，他以门客的身份跟随刘邦征战天下。

陆贾口才很好，能言善辩，成为当时有名的"舌辩之士"。刘邦十分欣赏他的才能，经常派他出使各诸侯国，并且让他常居于自己左右，一起讨论国家大事。陆贾勇于直谏，敢对一些问题发表自己的见解。

陆贾和刘邦在一起交谈时，经常引用《诗经》《尚书》等典籍中的话。刘邦本就读书不多，一向就反对儒士的学说。陆贾这样做，一次两次刘邦还不在意，次数多了，刘邦就有些反感了。有一次，陆贾又一次在刘邦面前提起《诗经》《尚书》的作用，刘邦不耐烦地挥挥手，责骂他说："老子的天下是骑在马上征战得来的，哪还用得着谈什么《诗经》《尚书》呢？"

陆贾听了刘邦的责骂，不急不慌，沉着冷静地回答说："陛下骑在马上得来的天下，难道还要骑在马上治理它吗？商汤周武都是以武力夺得天下而以文治来管理天下，文武并用，才是长治久安的策略。秦朝滥用残酷的刑法，导致了人民起义而灭亡。假使秦在统一天下之后，推行仁政，以道义来规范臣民的行为，效法先圣们的统治政策，宽厚地对待老百姓，那么秦朝的江山就一定会很牢固，那陛下您还怎么能推翻秦朝而夺得天下呢？"

刘邦听了陆贾的这番话，面带愧色，对陆贾说："我要你为我写些文章，论述一下秦为什么失去天下，我为什么能夺取天下，以及古往今来各个国家成败得失的经验教训。"

于是，陆贾写了十二篇文章，试图阐明古今政权存亡之道。他每奏上一篇，刘邦都赞不绝口，并把陆贾写的书命名为《新语》。

汉代初年一直奉行与民休息的统治政策，这与陆贾向刘邦所提的建议是分不开的。

后来，"马上得天下"这一典故，用来表示通过征战、拼杀夺得政权。

◎ **经典范例**

五年马上得天下，富贵乐在归故乡。

——元·萨都剌 《登歌风台》

199

唐玄宗最宠爱的妃子杨贵妃，名玉环。她幼年时父母双亡，由叔父抚养，长大后许配给玄宗之子寿王李瑁为妃。

开元二十四年，玄宗宠幸的武惠妃去世，玄宗整日思念她，闷闷不乐，后宫佳丽没有称他心意的。为了取悦皇上，宫中的宦官侍从多方寻求美女。他们听说寿王妃的美貌倾国倾城，就向玄宗推荐，说杨玉环冰肌玉骨、资质聪颖、身材挺拔、容貌秀美，应该纳入后宫伴驾。

玄宗开始不信，就宣召杨玉环入宫。见到她后，玄宗被她的美貌和气质所倾倒，决心把她纳为己有。于是先将杨玉环送入道观修行，赐号"太真"，又为寿王另聘韦诏训的女儿为妃。之后，玄宗便名正言顺地将杨玉环接入宫中，封为贵妃。

杨贵妃不但姿容秀美，仪态万方，而且擅长歌舞，通晓音律，又聪颖机智，惯会曲意逢迎，故深受玄宗宠爱。他们整日欢歌宴饮，纵情声色。唐玄宗特意为杨贵妃修建了华清池，供她洗浴、玩耍。杨贵妃喜欢吃荔枝，玄宗就命人快马加鞭、昼夜不停地从遥远的岭南运回荔枝。杨贵妃每次和玄宗出游，都带着大队人马，声势浩大，十分排场。

杨贵妃得宠，她的亲族也受到封赏，荣耀显赫。杨贵妃的三个姐姐分别被册封为韩国夫人、虢国夫人、秦国夫人，赏赐给豪华的住宅和奇珍异宝。她们频频出入宫闱，声威显赫，公主都对她们礼让三分。其堂兄杨国忠屡屡升官，做到宰相之位，把持朝政，大权在握。各地的豪门

望族争相巴结奉承，谄媚行贿，以求进升。杨家门户生辉，来往的客人络绎不绝。

玄宗自从纳杨玉环为贵妃后，专以声色自娱，不理朝政，任由奸臣外戚掌权，政治腐败。地方边镇的军事力量不断扩大，虎视眈眈地窥视中央政权。

天宝十四年（公元755年），身兼三镇节度使的安禄山在范阳发动叛乱，叛军攻入长安，玄宗只好仓皇出逃。

随行士兵怨声载道，对玄宗宠爱杨贵妃不理朝政以及杨国忠执政导致藩镇叛乱极为不满。军队行到马嵬驿，随行将士发生哗变，杀死杨国忠，又迫使玄宗缢死杨贵妃。玄宗开始不忍杀死杨贵妃，无奈军士逼迫，为了保全自己只好如此。

杨贵妃凄惨地死后，玄宗悲伤不已，令人用紫色绢帛裹住杨贵妃的尸体，埋在路旁。这一年，杨贵妃年仅三十八岁。

后来，"马嵬血"这一典故，用来指杨贵妃之死，或借指一些宠妃的悲惨下场。

◎ 经典范例

鲸鲵掀东海，胡牙揭上阳。喧呼马嵬血，零落羽林枪。倾国留无路，还魂怨有香。蜀峰横惨澹，秦树远微茫。

——唐·杜牧《华清宫三十韵》

○ 品画鉴宝

杨贵妃上马图（元）钱选／绘　此图绘唐玄宗与贵妃杨玉环上马的情形。图中共绘十四人，皆着唐装，人物身形饱满，姿态动作各不相同，形象刻画细微生动。

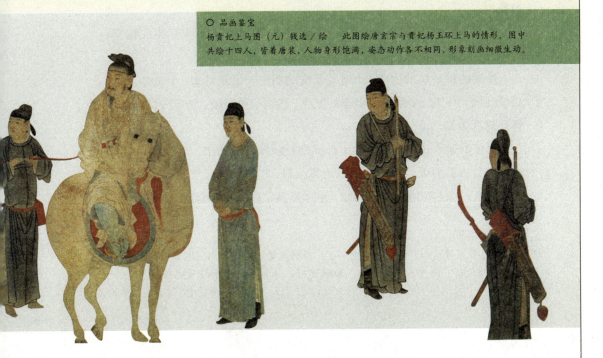

卖饼北海

赵岐是东汉桓帝时人，清正廉明，疾恶如仇。他的岳父是外戚马融的哥哥，赵岐并不因此攀附马融，相反却常常鄙视他，故意避免与他见面。

宦官中常侍唐衡的哥哥唐玹为京兆虎牙都尉，官高爵显。但郡里的人因为他不是凭着德才得到官职，而是凭借弟弟的势力居官，所以都看不起他。赵岐多次贬低讽刺他，唐玹一直怀恨在心。

延熹元年，唐玹担任京兆尹一职，赵岐怕他报复自己，避祸逃走，漂流四方，走遍了江、淮、海、岱等地。赵岐隐匿姓名，在北海市上以卖饼为生。后来得知，唐玹果然杀了赵岐的家属宗亲，赵岐更不敢返回京师。

当时安丘人孙嵩，字宾石，刚二十多岁，在北海市内游玩时遇见了赵岐。孙嵩看这个人生得一表人材，相貌不俗，不像是寻常百姓，就停住车马，掀开车帘，喊道："这位大哥，请和我一同乘车叙谈吧！"

赵岐听到有人喊他，大惊失色，不知如何回答。看到这种情况，孙嵩急忙下车，让卫士将行人轰走，走到赵岐面前低声说："我看你并非卖饼之人，而且我一呼你，你就惊慌失色。我想你要么是有什么深重的冤仇，要么是逃亡之人。我是北海的孙宾石，全家百余口人，能够周济你。如果你信任我，就请上车叙谈。"

赵岐早就听说过孙嵩的名字，又看他言语恳切，不像坏人，就随他上了车。在车上把自己的实情告诉了孙嵩，两个人一见如故，谈得很投机。

到了孙嵩家，孙嵩先进门禀告母亲说："我出门，遇见了生死相交的朋友，于是将他带回家来。"

孙嵩的母亲知书达理，知道儿子交的朋友一定是贤士，于是命人将赵岐迎接到厅堂上，摆下了丰厚的宴席，热情招待赵岐。赵岐深受感动，将孙嵩视为知己。

为了躲避唐玹的追捕搜查，孙嵩把赵岐藏在夹壁中。几年后，唐衡一族的势力被消灭，赵岐才得以重见天日。

后来，"卖饼北海"这一典故，用来形容亡命天涯，或形容故友交谊。

◎ 经典范例

惆怅平生莫我知，美人香草寄幽思。南冠濡滞吹箫客，北海飘零卖饼师。门内有谁怜阮籍，曲中久分失王维。杜鹃不解人潦倒，常向东风唱别离。

——清·吴世晋 《壬戌述怀》

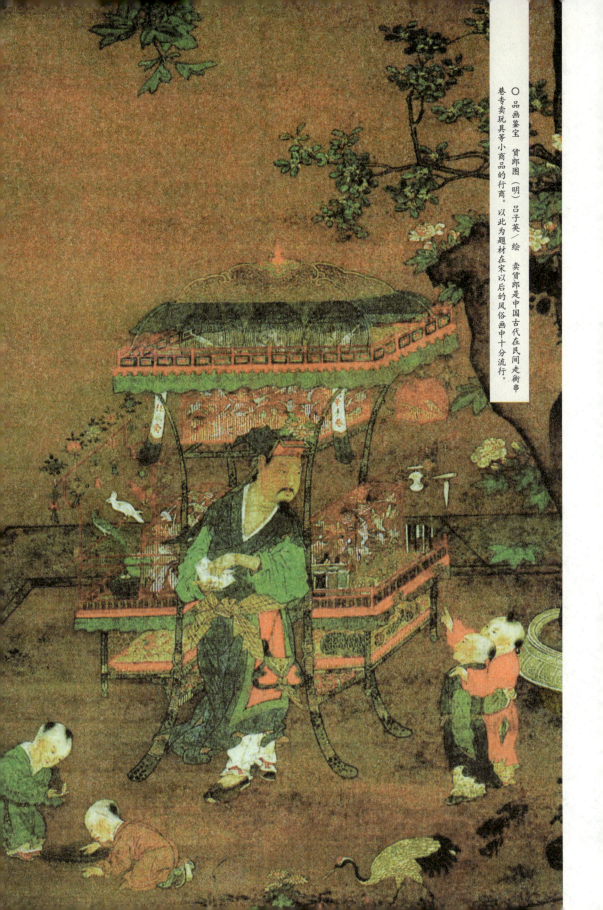

茅君骑鹤

　　句曲山，秦朝时叫句金之坛，因洞天内有一个高百丈的金坛而得名。汉朝时有姓茅的三个神仙兄弟来到这里，所以当时人们又把这里称作茅君之山。

　　这三个神仙是幽州人，大哥叫茅盈，字叔申。他小时候就对道学很感兴趣，十八岁时，离开了父母亲友，来到恒山潜心学道。他读了《道德经》《周易经》等书籍，参透了书中蕴含的玄妙机理。在修行的过程中，他的足迹遍及恒山各处，采山中的灵气以补充自己的元气，并且服食山中的仙食。二十年后，茅盈终于学成，成了一位仙人，可以化为白鹤。于是，他下恒山来到了句曲山，当地人就将此山改名为茅君之山。

　　当时，茅盈的两个弟弟都做了高官。一个叫茅固，一个叫茅衷。他们虽然过着富裕的日子，但经常被烦恼的事务缠绕。后来听人们传言，说自己的哥哥已经得道成仙，来无影去无踪，可以乘着清风飞行，二人十分羡慕。

　　过了一段时间，他们厌弃了官场中钩心斗角的生活，弃官不做，回家过太平舒适的日子去了。可是，又觉得这样的生活很空虚，百无聊赖。于是，兄弟两人商量后，决定去寻找自己的哥哥。

○ 品画鉴宝
神仙图（明） 蒋贵/绘 图中人物或为禅师或为神仙。宋代以后由于佛道糅合，禅师像和神仙像有时难以区分。

汉元帝永光五年，茅固和茅衷经过长途跋涉，克服了路上的种种困难，终于渡过长江，找到了哥哥茅盈。

二人见到茅盈，十分高兴，向哥哥诉说了自己的苦恼，请求他指点迷津。

茅盈听了弟弟们的诉说，深深地叹了一口气，流下了几行热泪。他悲伤地对两个弟弟说："你们为什么这么晚才来呀？"

两个兄弟看见哥哥伤心的样子，不知所措，急忙跪到地上，请求哥哥原谅，说道："哥哥，你的两个兄弟悟性低下，不明白道家的原理。我们以前的生活空虚无聊，但身处世俗之中，不能自拔。现在我们只能寄希望于哥哥您了，请您为我们指点方向，赐予长生之道，恢复我们旺盛的生命力。"

听了两个弟弟的话，茅盈感慨地说："并不是我不想帮你们，只是你们的年纪大了，难以补救，只能做个地上仙人了。"

于是，茅盈教给两个弟弟炼气之术。茅固与茅衷认真学习，仔细领会道家的原理，经过多年的修炼，也成了仙人。

自此以后，茅氏三兄弟就定居在茅君山上。三人经常乘着白鹤往来，谈论道家玄妙高深的原理，修身养性，过着逍遥自在的神仙生活。

后来，"茅君骑鹤"这一典故，用来形容求仙学道，得道成仙。

◎ 经典范例

我爱李峨嵋，梦寻寻不见。忽闻海上骑鹤人，云白正陪王母宴。须臾不醉下碧虚，摇头逆浪鞭赤鱼。

——唐·张祜 《梦李白》

○品画鉴宝 雪梅双鹤图（明）边景昭/绘 此图笔墨工致，设色明丽，具有典型的明代画院派风格。

宋朝时，临安有个诗人名叫林逋。他幼年时死了父亲，家境十分贫寒，但他读书十分用功。林逋成年后，以学识渊博闻名于世，但他不慕名利，不愿为官，在西湖旁的小孤山上盖了几间茅屋隐居起来。虽然小孤山离临安城不远，但他一连二十多年没进过城。

林逋一生有三个爱好：诗、梅和鹤。他觉得梅花高雅，傲霜斗雪，和自己的性格很像，因此他在房前屋后，遍植梅树。待到腊梅开放之时，阵阵花香，沁人心脾，令他十分陶醉。

而他爱鹤就像爱自己的儿子一样。在他的家里，养了好几只白鹤。他常常把白鹤放出去，任它们在云霄间翻腾盘旋，林逋就坐在屋前仰头欣赏。白鹤飞累了或饿了，就会再飞回来。

天长日久，白鹤和林逋结下了深厚的感情。有时林逋出游，家里的童子将白鹤放出，白鹤在飞翔中看到林逋，就会到他的身边盘旋，久久不肯离去。

林逋常常驾着小舟到西湖的各个寺庙去玩，而在他出游的时候家中却经常有客人来。林逋就同家里的童子讲好，待有客来，就把白鹤放出，让白鹤来叫他回家。

一天，林逋正在西湖中荡舟，家里来了两个客人。童子开门迎客，先请客人坐下来，然后："请稍等片刻，我叫白鹤去请主人回来。"说完，他唤来两只白鹤，说："快去找主人，说有贵客到。"

白鹤听了，振翅飞去。两个客人正将信将疑，林逋驾着小船回来了，两只白鹤也不停地在他的船边盘旋。两个客人见了，称赞这两只白鹤是鹤仙。

其实，倒不是白鹤有灵，而是白鹤跟林逋产生了感情，喜欢追踪林逋的足迹，如此而已。

后来，"梅妻鹤子"这一典故，用来表示隐居或清高。

◎ 范例运用

他过的是梅妻鹤子的神仙生活，又怎么会为这镭铢小事分心？

——编者

孟公惊座

汉代的陈遵，字孟公，杜陵人氏，是当时著名的侠义之士。他身材高大，文武双全，又为国家屡立战功，因此一时名重京师。

当时列侯中有一个与陈遵同姓同字的人，但是没有陈遵那样的才能。为了抬高自己的身价，他常常见人就说自己是陈孟公。许多没见过陈遵的人都被他蒙骗，对他十分尊敬。

有一次，这个列侯去参加一个宴会。到了门口，他十分傲慢地对家人说："你去告诉众位宾客，就说陈孟公来了。"

家人听说大名鼎鼎的陈遵到了，急忙跑到厅堂向客人们报告。听了家人的报告，宾客们都很激动，认为可以亲眼看到这位大人物了。有的人高兴地站了起来，还有的人准备离座去迎接"陈遵"。

正在这时，那位列侯大摇大摆地踱着方步走进了客厅，故意做出潇洒豪放的样子。他一边走，一边向人们挥手致意，说："众位朋友，大家好，我陈孟公这厢有礼了。"

有些没见过陈遵的人，认为这个列侯就是名满京都的大人物，急忙迎上前去，恭敬地施礼问安，表现出一副虔诚的样子。那列侯摇头晃脑，与众人寒暄，大厅内一时热闹非常。

正在这时，突然听见一个人大声说道："大家请安静，这个人不是陈遵。我见过真陈遵，他长得相貌堂堂，身材伟岸，哪像这个人？我们不要受他蒙骗。"

这个人的话好像晴朗的天空中打了一个惊雷，惊得在座的人目瞪口呆，一齐把眼光投向了那个列侯。

列侯的骗局被当众揭穿，羞得面红耳赤，赶忙解释说："大家误会了，我不是陈遵，但我叫陈孟公，与他同名同字。"

听了他的话，人们如梦方醒，大笑起来，有人戏称他为"陈惊座"。

后来，"孟公惊座"这一典故，用来形容人有盛名，受人仰慕，也用来形容人徒有虚名。

◎ **经典范例**

孟公好饮宁论斗，醉后关门防客走。不妨闲过左阿君，百谪终为贤太守。老居闾里自浮沉，笑问伯松何苦心。忽然载酒从陌巷，为爱扬雄作酒箴。长安富儿求一过，千金寿君君笑唾。汝家安得客孟公，从来只识陈惊座。

——宋·苏轼 《陈季常自岐亭见访郡中及旧州诸豪争欲邀致之戏作陈孟公诗一首》

孟母择邻

战国时期著名的思想家、教育家孟子，曾系统地学习了孔子的学问。但他小时候却很贪玩。孟轲三岁时失去了父亲，由母亲一手抚养成人。孟母很重视教育，一心想把孟轲培养成有学问的人。

孟家附近有一块墓地，经常会有出殡、送葬的人群经过，他们不是吹吹打打，就是哭哭啼啼。因为贪玩，孟轲经常与伙伴们一起模仿他们。孟母见了很生气，对儿子说："你父亲是一位有学问的人，但他英年早逝不能来教你。我们家境又不好，若你不认真读好书，将来怎会有出息？"

为了孩子的学习，孟母把家迁到城里。她以为这下孟轲可以专心读书了。但孟轲的新家离闹市很近，嘈杂的声音使孟轲无法认真读书。孟轲和他的新伙伴模仿起卖货的、打铁的、杀猪的。孟母见了更为生气，于是决心再次搬家。

这一次，孟母把家迁到了学宫附近。学宫是读书胜地，许多读书人在那里学习，还在那里演练礼仪。孟轲受到了感染，每日在家中专心读书，也渐渐模仿起宫中演练礼仪的举止来。

不久，孟母把孟轲送入学宫，使孟轲受益匪浅，也为他后来的成功奠定了基础。

后来，"孟母择邻"这一典故，用来表示慈母希望子女成才，选择良好的学习环境。

◎ 经典范例

　　昔孟母，择邻处；子不学，断机杼。

——宋·王应麟 《三字经》

209

孟母断织

　　孟轲的母亲是一位十分有教养的妇女，她重视对孩子的教育，盼望他能成为一个有作为的人。因此尽管家中生活贫苦，她却仍设法把孟轲送入学宫读书。

　　初到学宫，孟轲的学习兴趣很浓，也很用功。但年幼的孟子并不懂得母亲望子成龙的良苦用心，他在学宫里读了一段时间后，便开始整天只知玩耍。他爱上了射鸟，并自制了一套非常精致的弓箭用来射鸟。

　　有一日，孟轲正在上课，人在课堂，心思却早已不在了。他突然想起了村东湖中的天鹅，想射一只来玩玩，于是就再也坐不住了。趁老师不注意，他偷偷地溜出了学宫，跑回了家。

　　正在家中苦苦地织布的孟母见孟轲又逃学回来，随手抄起身旁的一把利刀，猛地几下把织机上已经织成的一块布拦腰割断了。

　　孟轲从未见过母亲如此生气，吓得不知如何是好。母亲严厉地问道："这布匹断了还能再接起来吗？"

　　"不能。"孟轲怯声答道。

　　孟母又说："你不专心读书，半途而废，将来也会像这断了的布匹一样，成为没用的废物。"说罢，伤心痛哭。

　　孟轲看看伤心的母亲，又看看被母亲割断的布，恍然大悟，一下跪在母亲面前，说："母亲，原谅孩儿吧，今后我一定不再逃学，好好念书。"

　　从此以后，孟轲发奋学习，长大以后，又著书立说，积极传播孔子的学说，对儒家学派的形成和发展起了重大作用。

　　后来，"孟母断织"这一典故，用来形容母亲对子女的有益教导。

◎ **经典范例**

　　鲁褒钱神，崔烈铜臭。梁竦庙食，赵温雄飞。枚乘蒲轮，郑均白衣。陵母伏剑，轲亲断机。

——唐·李瀚 《蒙求》

孟母断织教子图

邹孟轲之母也號孟母其舍近墓孟子之少也嬉遊為墓間之事踴躍築埋孟母曰此非吾所以居處子也乃去舍市傍其嬉戲為賈人衒賣之事孟母人曰此非吾所以居處子也復徙居學宮之傍其嬉遊乃設俎豆揖讓進退孟母曰真可以居吾子矣遂居之至孟子長學六藝卒成大儒之名君子謂孟母善以漸化孟子之少也既學而歸孟母方織問曰學何所至矣孟子曰自若也孟母以刀斷其織孟子懼而問其故孟母曰子之廢學若吾斷斯織也夫君子學以立名問則廣知是以居則安寧動則遠害今而廢之是不免於斯役而無以離於禍患也何以異於織績而食中道廢而不為寧能衣其夫子而長不乏糧食哉女則廢其所食男則墮於脩德不為竊盜則為虜役矣孟子懼旦夕勤學不息師事子思遂成天下之名儒君子謂孟母知為人母之道詩云彼姝者子何以告之此之謂也 乾隆二十八年歲次昭陽協洽暮月晚濟生畫於西子湖頭謹識 徐耀

孟宗泣笋

　　孟宗是三国时期江夏人，是一个出名的孝子。他年少的时候，在南阳的名儒李肃的门下求学。孟宗日夜苦读、孜孜不倦的精神令李肃感到十分惊讶，认为他将来是当宰相的材料。

　　孟宗的母亲十分贤惠，儿子在外求学，她就特地赶缝了一条很大的被子，给儿子送去。人们看到这么大的一条被子，都觉得很奇怪。孟宗的母亲却说："小儿拿不出其他的好东西与学子们交朋友。学子们大都家境贫寒，这条大被子正好给他们一起遮身御寒，这样大家相处起来就更觉得温暖亲切。"

　　孟宗学成之后，担任了东吴的盐城司马，主要掌管渔盐。他自己结网，自己捕鱼，腌制后托人带回家乡，孝敬自己的母亲。但母亲并不接受，叫人带话说："你自己担任渔官，为什么不避嫌呢？"

　　孟宗见母亲怪罪，连忙伏地谢罪，把装鱼的坛子沉入池中。

　　孟宗对母亲非常孝顺，每当母亲生病，他都要赶回家中，亲自给老母煎药，服侍母亲。

　　一次，孟宗的母亲病后初愈。老人家很喜欢吃竹笋，想要几根嫩笋尝尝鲜。孟宗便挎着篮子、拿着锄头到竹林找笋。当时正是冬天，竹林里怎么也找不到竹笋。孟宗焦急万分，想到不能遂了母亲的心愿，不由对着竹林伤心地哭泣。

　　传说经他这样一哭，那些深埋在土里的笋芽纷纷破土而出。孟宗破涕为笑，铲了数支嫩笋，回家孝敬母亲。这件事很快就传开了，人们都说这是孟宗尽心尽孝，感动了天地。

　　后来，"孟宗泣笋"这一典故，用来比喻孝敬父母，事亲尽孝，至诚动天。

◎ 经典范例

　　南入华阳洞，无人古树寒。吟诗开旧帙，带缓上荒坛。因病求归易，沾恩更隐难。孟宗应献鲊，家近守渔官。

——唐·李端《送吉中孚拜官归业》

孟宗哭竹生笋图（清）王素／绘 此图取材孟宗泣笋这一典故，画中截取的是孟宗正对着竹林伤心地哭泣这一情景。

南八男儿

唐代发生安史之乱时，御史中丞张巡和太守许远坚守睢阳，抵抗叛军。叛军人多势众，把睢阳城团团围困，形势非常危急。

当时，河南节度使贺兰进明驻守临淮，御史大夫许叔冀驻守彭城，两人虽有不少军队，却都在观望形势，谁也不进行支援。

于是，张巡派自己的部下勇将南霁云到许叔冀那儿讨救兵。许叔冀不肯出兵，只答应给布数千匹。南霁云把许叔冀痛骂一顿，回到了睢阳。

接着，张巡又派南霁云去向贺兰进明讨救兵。南霁云见了贺兰进明，要求他发兵救援。贺兰进明拒绝说："睢阳陷落已在眼前，再出兵前去，还有什么用呢？"

南霁云说："睢阳或许还没有陷落。如果救兵去了，睢阳已经陷落，我愿以一死相谢。"

贺兰进明本来就忌妒张巡的名声，再加上他和许叔冀有矛盾，怕出兵以后自己的地盘被许叔冀抢去，所以根本没有发兵的意思，只是说："现在再发兵，已经来不及了。"

贺兰进明见南霁云是个好汉，想把他留为己用。他特地举行盛大宴会，招待南霁云。宴会上，刚刚奏起乐曲，南霁云立起身来，哭着说："昨天我出睢阳时，将士已足足有一个月没有吃上一粒米了。如今你不发兵相救，却举行宴会，大奏乐曲，我怎么忍心一个人在这里享受呢？即使让我吃，我也咽不下去。我奉主将命令，前来讨救兵，既然无法完成任务，请让我留下一个手指，作为凭信，然后回去禀报中丞。"

说罢，他拔出佩刀，斩下一个手指。座中的人都很吃惊，有的人感动得流下了眼泪。宴会上的美酒佳肴，南霁云一口也没吃，就离开席位，上马回去了。

他临走时，抽出箭来，对着临淮的寺塔射了一箭，箭射中了塔砖。他愤怒地说："我如果破贼回来，一定灭掉贺兰进明，让这支箭作证！"

南霁云回到睢阳以后，叛军得到消息，知道睢阳已无救兵，更加紧围攻。睢阳因粮尽援绝，终于失陷了，张巡、南霁云等人全部被俘。叛军用刀胁迫张巡投降，张巡不肯屈服。叛军又用刀胁迫南霁云投降，南霁云想诈降，没有明确表示拒绝。因为南霁云排行第八，人们都称他为"南八"，张巡见状，大声喊道："南八，好男儿死便死，不可向不义的人屈服！"

　　南霁云笑着说："我本想有所作为，既然你这样说，怎么敢不死？"
说罢，他也表示誓不投降。最后，张巡、南霁云等人全部遇害了。
后来，"南八男儿"这个典故，用来形容将领坚守节操，慷慨就义。

◎ 经典范例
　　敢笑荆轲不丈夫，好呼南八是男儿。

——梁羽生 《大唐游侠传》

南冠楚囚

春秋后期，诸侯各国中以楚国和晋国最为强大。这两个国家为了称霸天下，经常进行战争，结果受苦的是介于两国之间的郑、宋、蔡、卫等小国，他们依附于楚、晋中的任何一个，都会招致另一个国家的攻击。

周简王二年（公元前 584 年），楚国兴兵讨伐郑国。晋景公为了自己国家的利益，联合齐、鲁、宋、卫、曹等共同出兵救郑。楚军寡不敌众，节节败退，郧公钟仪也被郑军活捉，送给了晋军。

晋军班师回朝，把钟仪也带回了晋国，关在存放兵器的库房内，这一关就是两年。

一天，晋景公视察武器库的时候看到钟仪，就问管仓库的官吏："这个带着楚国帽子的是什么人？"

"他就是郑国人所献的楚国的俘虏钟仪。"官吏回答说。

景公叫人把钟仪身上的刑具除去，并且安慰了他几句。钟仪再拜稽首，表示对晋景公的感谢。景公问钟仪："你们这个家族在楚国是干什么的？"

"我的祖上是做乐官的。"钟仪回答。

景公又问："那么你能演奏乐曲吗？"

钟仪回答说："奏乐是我们祖先的职业，我们怎敢放弃不干，去做别的事呢？"

景公便叫人拿来乐器，钟仪当着景公的面演奏了一段楚国的乐曲。演奏完后，景公问钟仪楚王为人怎样。钟仪说："这不是我应该知道的，我只知道他做太子的时候，对令尹公子婴齐和司马公子侧很尊敬，其他的我就不知道了。"

上卿范文子知道这件事后，对景公说："从钟仪的言行看，这个人是个君子。您不如送他回国，请他促成楚、晋两国化干戈为玉帛，以结束连年的战争，造福于民。"

景公听从了范文子的建议，对钟仪以礼相待，请他回国后促成两国和好。果然，钟仪回国后不久，楚王就派使者来到晋国，以修两国之好。

后来，"南冠楚囚"这一典故，用来表示被囚异国、不忘故国的意思。

◎ 经典范例

云物凄清拂曙流，汉家宫阙动高秋。残星几点雁横塞，长笛一声人倚楼。紫艳半开篱菊静，红衣落尽渚莲愁。鲈鱼正美不归去，空戴南冠学楚囚。

——唐·赵嘏 《长安秋望》

南郭吹竽

战国时，齐宣王喜欢听吹竽。但是，他不爱听独奏，认为许多人在一起吹奏出来的乐曲才优美动听。所以，每回都要三百个乐师齐奏，他听起来才过瘾。

齐宣王的这个嗜好很快传到百姓当中。有一位南郭先生，根本不会吹竽，但他到处冒充能手，夸耀自己。当他听到齐宣王喜欢听齐奏的消息后，十分高兴，心想："我可以混到王宫中为大王吹竽，不会被人察觉。这样可以享受优厚的待遇，又不费力气，何乐而不为？"

于是，南郭先生来到宫殿见齐宣王。他拍着胸脯说："听说大王喜爱听吹竽，我愿为大王效力。我吹的竽美妙动听，大王一定会满意的。"

齐宣王听后很高兴，让他加入吹竽的乐队中，给他的待遇同数百人一样。

从此以后，南郭先生便混迹于三百人的乐队之中，每回都参加演奏。演奏时，他装模作样，双手捧着竽，嘴唇微微地动。别人看来，他好像在吹，其实并没有吹出声来。这个冒充的乐师，就这样混了许多年，而且同其他乐师一样享受很高的待遇。

后来，齐宣王死了，他的儿子继承了王位，就是齐湣王。这个新任的国君，也爱听吹竽。但与他父亲不同的是，他爱听独奏，不喜欢听合奏。每次总是让三百个乐师一个一个地演奏。

真正有演奏技能的乐师们独奏时，镇定自若，奏出优美的乐曲，受到国君的赞赏。而此时的南郭先生开始心虚害怕了。他浑身瑟瑟发抖，心里七上八下。他想："这下可不好了。湣王好听独奏，乐师们一个一个地吹竽。如果叫到我，岂不是要露马脚？我本来就不会吹竽呀！以前可以哄骗齐宣王，现在恐怕无法蒙混过关了。一旦大王发现我不会吹竽，定会惩罚我的。不如趁早溜之大吉。"

南郭先生知道自己没法继续混下去了，只得悄悄溜走，再也不敢回来了。

后来，"南郭吹竽"这一典故，用来形容没有真才实学，不称其职。

◎ 经典范例

民建分会倒是有成绩，可不是我潘某人的，我不过是滥竽充数，挂个空名罢了。
                                                            ——周而复 《上海的早晨》

庾亮是东晋元帝、明帝、成帝时的三朝元老。成帝时，他任中书令，掌握朝政，权倾朝野。后来，他又任征西将军，驻兵武昌，掌握着东晋的兵权。

平时，庾亮对待属下很严格，他属下的官吏都有些怕他。一个秋夜，月朗星稀，景色宜人。他的手下殷浩、王胡子等几个年轻的僚属携着琵琶、笛子、二胡、锣鼓等乐器，来到武昌著名的南楼，一起弹奏玩乐。一时间，他们拉的拉，吹的吹，敲的敲，弹的弹，南楼上顿时乐声悠扬，热闹非凡。

正在这时，忽然听到楼下的过道里响起了一阵杂乱的脚步声，殷浩马上停止弹奏，说："不好！庾公来了！"大家听了，一起停止了演奏。不一会儿，果然看到庾亮带着十几个侍从走上楼来。殷浩、王胡子等上前见了礼，便准备下楼回避。庾亮连忙摆手阻止大家，缓缓地说："各位别走，请都坐下。你们以为我只会一本正经地谈公事，对你们很严肃，是不是？那是在公堂上。现在这里是游乐的地方，我也是很喜欢玩的呀！对于乐器，我也是很爱好的！我们在一起玩吧！"于是，庾亮在一张躺椅上坐了下来，叫大家继续弹唱，不必拘束。殷浩、王胡子等见了，便和同伴们继续吹奏玩乐起来。庾亮听了一会儿，便也加入了弹唱的行列。殷浩、王胡子等年轻人刚开始还有些拘束，过了一会儿，他们见庾亮确实真心诚意和他们一起玩乐，便打消顾虑，嘻嘻哈哈，纵情玩乐，欢谑之声此起彼伏。庾亮和年轻人在一起玩，好像自己也年轻多了。

这天晚上，他们一直玩到深夜才高高兴兴地结束。在这次聚会中，庾亮和他的年轻僚属加深了了解，增进了友谊，关系比以前融洽多了。

后来，"南楼咏谑"这一典故，用来称吟咏吹娱的场所，或咏谑游乐的雅兴。

◎ **经典范例**

清景南楼夜，风流在武昌。

——唐·李白 《陪宋中丞武昌夜饮怀古》

○ 品画鉴宝

斫琴图 (东晋) 顾恺之／绘　古琴为中国传统乐器，此图描绘了古代文人学士制琴的场景。

南楼咏谑

　　唐朝的太平公主是武则天的亲生女儿。她才智过人，经常参加宫廷斗争的密谋，为武则天确立统治地位起了重要的作用，深得武则天的欢心，成了显赫一时的掌权人物。

　　随着手中权力的逐渐增大，太平公主的财产也越来越多，到了武后长安三年（公元703年），她的封户已经猛增至五千户。在她的宅院周围，五步一岗、十步一哨，都是带刀的武士，与皇宫没有什么两样。她的庄园遍布长安近郊，几乎全是靠近河流的良田，灌溉十分方便，每年的粮食都是大丰收。她还派人从各地运来许许多多山珍海味和各种器皿，过着奢华的生活。

　　在长安东南的滴水边，有一座著名的兴教寺。寺里的一块香火田正好在太平公主的庄田旁边。僧徒们为了灌溉方便，在邻近的高坡上装了一架水车。太平公主的管家发现后，蛮横地要求僧徒们把这块地方让出来。僧徒们当然不答应，最后官司打到了雍州府。

　　负责承办这一案件的是专管民事纠纷的司户参军李元纮。因为官司的一方是权势显赫的太平公主，李元纮也不敢掉以轻心，亲自前往现场进行了多次勘查。

　　李元纮的上司、雍州长史窦怀贞是一个对权贵人物唯唯诺诺的小人。他也知道自己的这位下属为人刚正不阿，不会见风使舵。如果这件事处理得不好，触犯了太平公主，很有可能会丢掉自己头上的乌纱帽。因此他一再要求李元纮把坡地判给太平公主。

○ 品画鉴宝
莲瓣纹杯（唐）　俯视如莲花盛开，胎薄质润，琢工精细。

武则天（公元 624 — 705 年）

籍贯并州文水（今山西文水东），生于利州（今四川省广元市）。唐高宗李治的皇后，唐中宗李显、唐睿宗李旦之母，高宗去世后，武则天相继废掉两个儿子，自己做了皇帝，并改国号为"周"，史称"武周"。

李元纮经过周密的调查，认为这块坡地应该归寺庙所有，就判给了兴教寺。但太平公主的管家根本没把这小小的司户参军放在眼里。他狗仗人势，在公堂上大吵大闹，扬言要拆了水车，夺取坡地。李元纮非常生气，就命令衙役把他赶了出去。

窦怀贞看到李元纮的判决公文后，不由惊出一身冷汗。他找到李元纮，批评他说："你这样判，是在和太平公主作对，也是在和自己的前程开玩笑，要是公主怪罪下来，你我都要吃不了兜着走，赶快重新改判！"

李元纮轻蔑地看了窦怀贞一眼，在判词下写了两句话："南山可移，判不可摇也！"写完后，头也不回地走了。

判决结果传到了太平公主耳中，这位不可一世的公主被一个小小的司户参军不畏权势、秉公执法的精神所震动。她不敢承担迫害直吏的骂名，所以李元纮也没有受到打击，只是被调到离京城长安二百余里的地方去当县令。

后来，"南山铁案"这一典故，用来表示决不可更改的判决，亦借以称颂官员执法的公正无私。

◎ 经典范例

前之所断，不愧南山铁案，盖其情实可诛，则虽死而无怨也。

——清·薛福成 《庸庵笔记·轶闻·谳狱引律同而不同》

221

隗嚣是东汉初年天水成纪人。西汉末年王莽篡汉自立后，他因才能出众、很有名声而被当地豪强拥立为上将军，拥有天水、武都、金城等郡，起兵反对王莽。

绿林、赤眉等农民起义军拥立刘氏宗室刘玄为更始皇帝后，隗嚣曾一度依附更始皇帝。

光武帝刘秀定都洛阳，建立东汉王朝后不久，刘玄被部将所杀。光武帝为笼络隗嚣，封隗嚣为"西州大将军"。隗嚣虽然名义上接受了封号，还把儿子隗恂送到洛阳去侍奉光武帝，但实际上还是独霸一方。

当时，天下纷乱，除了光武帝刘秀，还有四个皇帝、四个王、两个大将军。四个皇帝是：东方皇帝刘永、蜀中皇帝公孙述、舒城皇帝李宪、匈奴立的皇帝刘文伯；四个王是：燕王彭宠、齐王张步、海西王董宪、楚黎王秦丰；两个大将军是：五郡大将军窦融和西州大将军隗嚣。

隗嚣雄据一方，虽然表面臣服于光武帝，但却野心勃勃，也想称帝，和光武帝分庭抗礼，但又感到力有不逮，踌躇未决。

他的部将王元劝他说："昔年更始皇帝定都长安，四方响应，天下英雄，莫不听命。更始皇帝死后，大王无所归属，才勉强接受了西州大将军的封号。现在江湖海岱，王公十数。大王如果真的去归附刘秀，那是自取灭亡之道。现今天水物产富饶，兵强马壮。大王正可北取西河，东收三辅之地，早日登基称帝。我愿意用一丸泥土，为大王封住函谷关，助大王成万世之业。"

隗嚣心中很赞同王元的意见，但考虑到儿子隗恂在光武帝处当人质，一直不敢轻举妄动。不久，光武帝平定中原，隗嚣被光武帝打败，第二年便忧郁而死。

后来，"泥封函谷"这一典故，用来比喻可以据险固守的勇士或能起重要作用的力量。

◎ **经典范例**

川原缭绕望中收，西映残阳旧戍楼。形势长连三辅壮，风云自涌大河流。泥封函谷无诸国，瓜种东陵有故侯。还忆繁台沦陷日，曾开玉帐控中州。

——清·梁熙 《潼关》

庄子是春秋战国时期著名的哲学家。他出生在宋国蒙地今河南商丘县东北，做过蒙地的漆园小吏，家中十分贫穷。

当时，儒家、道家、墨家、阴阳家、名家等百家争鸣，庄子继承了老子的道家学说，成为当时诸子百家中道家的代表人物，很有名气。

有一次，楚国的国君楚威王慕庄子之名，派了两名大夫，带着厚礼，来到庄子的住处，想聘请庄子到楚国去做官。那天，庄子恰好不在家中，而在濮水边垂钓。

于是，两位大夫来到濮水边，找到庄子，十分恭敬地说："我们大王听说你是位天下少有的贤才，特地让我们两人带了厚礼，前来聘任你到楚国去担任相国的职务。"

庄子听了，连头也没有回一下，仍端坐在河边，手持钓竿，目不转睛地注视着河面，慢条斯理地说："我听说你们楚国有一只神龟，据说已有三千岁了。你们大王一直把它装在透明的柜子里，供奉在楚国的宗庙中，有这么一回事吗？"

"有的。"两位大夫回答说。

"听说你们大王还用高级的丝巾把它包起来，每天派人喂它最高级的食物，是吗？"

"是的。"两位大夫又回答说。

庄子话锋一转，说："龟虽然是天地间的神物，但龟是生活在泥水中的。它最大的快乐，是身上沾着污泥，摇曳着尾巴，在泥水中自由自在地爬来爬去。你们说，你们大王供奉的神龟，是愿意一直被供奉到死呢，还是想回到泥水中爬来爬去呢？"

两位大夫想了想说："对于神龟来说，当然是在泥水中爬来爬去好了。"

庄子哈哈一笑，说："那你们回去告诉楚王，我很感谢他的好意，但我却情愿做一只'泥龟'。"

两位大夫明白了庄子说话的用意，无奈只得告辞。

后来，"泥龟"这一典故，用来比喻自由自在的隐逸生活。

◎ 经典范例

倾危嗟幕燕，隐晦讽泥龟。

——唐·钱起 《巨鱼纵大壑》

牛衣对泣

西汉时，山东泰安有一个读书人叫王章。他勤奋好学，学识渊博，年轻时在长安求学的时候，只有妻子和他住在一块，没有其他亲人和奴仆。有一次，天气寒冷，王章得了病。由于家境贫穷，拿不出钱请医生，家里连棉被也没有，王章只好拖着病重的身体，躲在乱麻编成的牛衣里御寒。他觉得自己好不起来了，将要离开人世了，悲感交集，伤心地对着妻子痛哭流涕，与她诀别。

王章的妻子看到丈夫如此颓废的样子，很是生气，便大声呵斥、激励他说："夫君，现在京师之地，有谁能比得上你的才学呢？男子汉大丈夫，应有坚忍不拔的意志。现在遇到一点疾病，你自己不振作精神，咬紧牙关坚持过去，反而哭哭啼啼，是多么没骨气啊！"

王章听后，觉得十分惭愧。在妻子的细心照顾和鼓励下，他终于战胜了疾病。

不久，王章的才学为汉元帝所知，被任命为大夫。当时宦官石显专权，王章屡次上书，弹劾石显，结果反被石显所害，罢了官。元帝死后，成帝即位，由国舅大将军王凤辅政。经王凤推荐，王章得以重新任用，被任命为京兆尹。

王凤在朝廷专横跋扈，王章很看不惯，又毅然弹劾王凤。他的妻子劝他说："夫君能有今日，都靠王凤，你应该知足，难道忘了在牛衣中对泣的日子了吗？"但王章不听，冒死向成帝进谏，劝成帝除掉王凤。结果被王凤得知，将王章下狱害死。

后来，"牛衣对泣"这一典故，用来形容士人生活贫困或疾病缠身，也用于形容夫妇二人同心，共渡艰苦生活。

牛渚燃犀

晋代的大臣温峤生性聪敏，有胆有识，博学多才。

有一次，他乘船来到牛渚矶。江水湍急，不时地翻腾着浪花，带来江底的浑水，激起一个个旋涡。温峤恐怕发生意外，急忙嘱咐驶船的人小心谨慎，安全行驶。

牛渚矶过往的舟船很少，到了夜间更漆黑寂静。温峤的船上点起了几盏灯笼，照着水面。江水哗哗地拍打船帮，有的人已经睡着了。

温峤在船舱内的灯下读书，突然听到一阵奇妙的音乐声，声音悦耳，若隐若现。

"牛渚矶人迹稀少，哪里来的音乐声？莫不是哪家官船路过此地，奏乐助兴？"温峤觉得音乐声来得奇怪，就披了件衣服走出船舱。

这时，仆人迎过来，说："老爷，您听见音乐声了吗？好奇怪呀！"

温峤向远处望去，四野漆黑一片。没有月亮，没有星星，天水相接，融为一体，也没有别的船只路过停留。好像诺大的天地间只有他们的船上点着几盏忽明忽灭的灯。

"是哪里发出的声音？"温峤忖度着、思索着。忽然他想起人们传说水下有鬼怪，"是不是水底发出的声音？"

想到这里温峤打了一个寒战，急忙侧耳细听。果然，音乐声是从水下传来的。江水很深，无法测量。

由于好奇，温峤命人点燃犀牛角，向水面照去。犀牛角很耐燃，火焰旺盛，顷刻间船四周亮如白昼。

一会儿，听见"呼"的一声，从水中窜出一个水怪，青面獠牙，十分可怕。人们惊恐万分，急忙向船舱逃去。这时，又从水中钻出许多鬼怪，奇形怪状，神态不一。有的头上长角，有的浑身青绿，有的龇牙咧嘴，有的嗷嗷怪叫，有的手执兵器，有的乘着马车，穿戴红衣帽。这些鬼怪跳到船上，冲向拿犀牛角的家人，奋力将灯火扑灭，然后又跳到水中。水面顿时又恢复了平静。

人们都被刚才的情景惊吓住了，纷纷挤进船舱。经过半夜的折腾，温峤很累，一会儿就睡着了。只见有个人来到他身边，对他说："我与你在人鬼两个不同的世界，你为什么点燃犀角来照呢？我今天特来向你索命。"温峤惊叫一声醒来，原来是一场梦。他回想梦中的情景以及夜晚发生的怪事，惊恐万分，第二天就病倒了，不久就死了。

　　后来，"牛渚燃犀"这个典故，用来形容鬼神怪异之事。

◎ 经典范例

　　故寻僻奥，以炫丑博，乍可潜形牛渚，终遭温峤燃犀。

——清·薛雪 《一瓢诗话》

弄獐宰相

公元736年，做了十五年皇帝的唐玄宗开始由一个开明的国君变成昏君。他罢免了著名的贤相张九龄，任命宗室李林甫为宰相。

李林甫是一个口蜜腹剑、善于玩弄权术的官场老手。他当了宰相以后，凭着他那一套奸佞的本领，摸透了唐玄宗骄奢淫逸的心理，取得了唐玄宗的绝对信任。

李林甫虽然权势熏天，却不学无术，不是读错字，就是写错字，经常闹笑话。但官员们慑于他的权势，不敢明说，只在暗中取笑。

有一次，李林甫掌管选拔官员的工作，在候补官员严迥的鉴定中，看到鉴定人把严迥比作"杕杜"——《诗经·唐风》的篇名，原意是孤生的赤棠树，比喻为孤立无援，他不认识"杕"字，也不知道"杕杜"的出典和意思，就问在场的吏部侍郎韦陟："这上面写的'杖杜'是什么意思？"

韦涉见李林甫竟把"杕"读成"杖"，"杕杜"变成了"杖杜"，心中暗暗好笑。他不敢正面说李林甫读错了字，便婉转地说："大人，你看错了。是'杕杜'，意思是严迥在同僚中很孤立！"

李林甫掩饰地说："原来是'杕杜'，这意思我知道，这鉴定上的字写得太不清楚了！"

又有一次，李林甫的小舅子、太常少卿姜度的妻子生了一个男孩，举家欢庆，祝贺者络绎不绝。李林甫作为姐夫，当然也前去祝贺。姜度取出纸笔，请李林甫题写贺词，李林甫便当着众宾客的面，写下了"弄獐之庆"四个大字。

宾客们见了，一个个掩口而笑。原来，李林甫想题写的是"弄璋之庆"，典出于《诗·小雅·斯干》："乃生男子，载寝之床，载衣之裳，载弄之璋。"意思是祝贺所生的男孩长大后能手执玉器为王侯，李林甫把"璋"误写成"獐"，使意思变成了祝贺孩子"与獐为伍"，闹了一个大笑话。

这件事传出去以后，人们便在背后嘲讽李林甫为"弄獐宰相"。

后来，"弄獐宰相"这一典故，用来泛指没有文化的权贵。

◎ 经典范例

　　郁葱佳气夜充间，始见徐卿第二雏。甚欲去为汤饼客，惟愁错写弄獐书。
参军新妇贤相敌，阿大中郎喜有馀。我亦从来识英物，试教啼看定何如。

——宋·苏轼　《贺陈述古弟章生子》

驽马恋栈

曹爽是三国时魏国的大将军，手中握有重权，统率三军。魏王曹芳封他为武安侯，给予特殊的荣誉。

正始十年（公元249年），曹芳出京城去高平陵参拜，曹爽兄弟随同前往。早有谋朝篡位之心的宣王司马懿趁此机会发动兵变。他先指挥军队占领了武器库，封锁城门，然后将军队屯驻在洛水浮桥，假称皇太后的诏令，命曹爽交出手中的大权，速来投降。

曹爽接到了司马懿的信，十分着急，不知如何是好。大司农桓范听说司马懿起兵的事，假传圣旨，打开平昌门，出城去寻找曹爽，为他出谋划策。

桓范是一个很有谋略的人，分析问题切中要害。司马懿听说他奔赴曹爽后很着急，怕他给曹爽出些奇谋妙策对付自己。于是召来了手下的谋士蒋济，忧心忡忡地说："蒋先生，我听说桓范到了曹爽军中。他是一个智囊啊！对我们不利，您有什么对付他的妙计吗？"

蒋济手摇折扇，微微一笑，说："您不必为此事担心，桓范虽然有智谋，但是驽马只知道贪恋马棚中的那点草料，曹爽一定不会采纳他的计谋。"

果然不出蒋济所料，曹爽对桓范的建议犹豫不决。桓范劝说曹爽将曹芳挟持到许昌，在许昌招集勤王之师，对付司马懿。曹氏兄弟未置可否。桓范又说："现在的形势下，你们兄弟想当贫贱的百姓都不行了。俗话说，匹夫持有一个人质，还希望在危险时以人质换自己性命。况且你们和天子在一起，挟天子以令诸侯，发布命令谁敢不听？谁敢不应和？"

曹爽兄弟仍不采纳桓范的建议。侍中许允、尚书陈泰等人给曹爽出谋划策，让他早日投降司马懿，向他请罪，或许可以留下性命。曹爽最终听取了他们的意见，给司马懿写信表示愿意领罪请死，听命于宣王的差遣。

司马懿得知曹爽未用桓范的计策，愿归降自己，十分高兴。为显示自己的宽宏大度，赦免了曹爽兄弟之罪。但从此以后，司马氏独掌魏国大权，魏国离灭亡已不远了。

后来，"驽马恋栈"这一典故，用来形容有权势的人只知贪恋禄位、不思进取。

洗心欲成游，王事相夺移。驽马恋栈豆，岂能辞紫缧。本无封侯骨，见事又重迟。徒能多著酒，大腹如鸱夷。

——宋·黄庭坚 《次韵寄李六弟济南郡城桥亭之诗》

女娟救父

春秋时，赵国的渡河小吏有个女儿名叫娟，历史上称为女娟。女娟长得国色天香，又有胆有谋。父亲视她为掌上明珠，决心为她选一个出类拔萃的人做丈夫。

赵国的执政大臣赵简子想南征楚国。征楚需要渡河，所以赵简子事先与渡河吏定下日期，让渡河吏准时接应。

到了约定的日子，赵简子率兵来到渡口，却找不到渡河吏。赵简子十分着急，派了许多兵士到处寻找，终于在船舱内找到了他。但是渡河吏已经喝醉了，神志不清，无法驾船。

赵简子看到渡河吏的醉态，气得怒发冲冠。说道："真气死我了。渡河吏言而无信，耽误我的大事，我一定要杀掉他。"说着，就命令手下人把渡河吏捆起来准备处斩。

正在这时，只听远处有人高声喊道："刀下留人！"

赵简子顺着声音望去，见远处急匆匆地跑来一个十八九岁的女子。女子来到近前，叩了一个头，说道："请大人暂且息怒，听我把其中的缘由讲一讲。我父亲听说您要渡过这大江，恐怕有风浪。如果路上遇到险情，轻则耽误您行军，重则会出人命。所以，我父向神灵祈祷平安，然后饮祭酒受福才醉倒。他的行为全是为了您好呀！如果您一定要杀他，我情愿以身代替父亲受死。"

女娟慷慨激昂地说完这一番话，神态镇定自若，不卑不亢。赵简子被女娟的机智善辩和胆识吸引住了。他仔细打量女娟，不由暗暗赞叹："这么年轻漂亮的姑娘，对父亲有这般孝心，真难得呀！她说出话来有理有据，令人无法反驳，可称得上女中豪杰。"

于是，赵简子将渡河吏释放。随后命令士兵登船渡河。但是由于渡河吏已经酒醉，缺少一人划桨。这可怎么办呢？赵简子急得来回踱步，始终找不到合适的替代人选。

这时，女娟从容地走上前，向赵简子施了一礼，说："大人，因我父之过而耽误您行军，我很过意不去。如果您信任我，我愿代替父亲去划桨。"

赵简子听了女娟的话，很惊讶。他又一次仔细端详这个女子。只见她的神态中透着自信，眼神中显露着真诚，赵简子相信女娟一定会出色地完成任务，于是答应了她的请求。

果然不出赵简子所料，女娟顺利地送军士渡过了大河。赵简子更佩服她的胆识了，心里也萌生了爱慕之情。征楚回来，赵简子就将女娟聘为夫人。

后来，"女娟救父"这一典故，用来形容女子机智善辩，有胆有识。

○ 品画鉴宝

交龙纹匜（春秋时期）盛物用器，盖上内饰细密蟠蛇纹，圈足上设四个凸起的兽首而无附足。

◎ **经典范例**

简子南渡河。津吏废舟船。执法将加刑。女娟拥棹前。妾父闻君来。将涉不测渊。畏惧风波起。祷祝祭名川。备礼飨神祇。为君求福先。不胜醮祀诚。至令犯罚愆。君必欲加诛。乞使知罪愆。妾愿以身代。至诚感苍天。国君高其义。其父用赦原。河激奏中流。简子知其贤。归聘为夫人。荣宠超后先。

——三国·魏·曹植《精微篇》

233

庖丁解牛

战国时有一位庖丁，他解牛的本领高超，闻名全国。梁惠王听说后，便召来庖丁，要他表演一次宰割技巧。

于是，庖丁就当着梁惠王的面表演起来。只见他手持一把明晃晃、锋利无比的尖刀，干净利落地将一头牛宰杀以后，便舞刀似风，去皮拆骨。当尖刀向牛身推进的时候，肉和骨头分离的声音随刀而响，而且很有节奏。而他的动作，又像舞姿一样优美。

不多一会儿，庖丁就把整头牛肢解开来：一大张牛皮，一大堆牛骨，一大堆牛肉。梁惠王见了，赞叹地说："好极了！你的技术高明极了。可我想知道，你的技术是怎么达到如此程度的呢？"

庖丁回答说："从不熟练到熟练，我花了整整三年时间。开始时，我看到的是一头整牛，但现在我已目无全牛。我看到的只是它可以肢解的各个部分。它的全身哪些地方有空隙可以进刀，我一目了然，只要随心所欲地挥刀而进就可以了。"

"那你的刀一定很锋利吧？"梁惠王问。

"是的。我的刀刀刃很薄，锋利无比。一般的宰牛人一年起码要换一把刀，但我却十九年来未换过刀。"

"那是什么原因呢？"梁惠王又问。

"这是因为我的技术高超。我的刀薄而锋利，而牛身上的骨节间都有一定的间隙。我用薄薄的刀刃插入有间隙的骨节之中，而不用刀去碰坚硬的骨头，那自然是游刃有余了。但是，如果遇到筋骨交错、难以肢解的部位，仍然要小心翼翼，全神贯注地进刀。只有这样，才能既将牛肢解开，又不会把刀弄坏。"

○ 品画鉴宝

庖丁剖鱼俑（三国）陶俑跪于俎前，左手按鱼，右手操刀，作除鳞剖鱼状，神情专注。

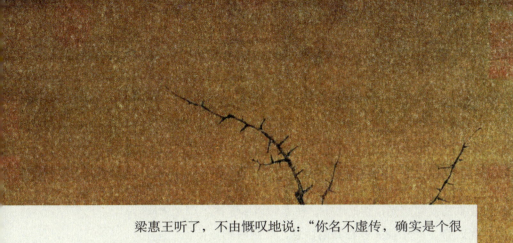

　　梁惠王听了，不由慨叹地说："你名不虚传，确实是个很了不起的人。"

　　后来，"庖丁解牛"这一典故，用来形容一个人技艺高超，做事得心应手。

◎ 经典范例

　　恶木人皆息，贪泉我独醒。轮辕无匠石，刀几有庖丁。

　　　　　　　　　　——唐·温庭筠 《过孔北海墓二十韵》

披裘钓泽

东汉的隐士严光，字子陵，又名严遵，是会稽余姚人。他年轻时曾与汉光武帝刘秀同窗求学。

后来刘秀即位为光武帝，严光就改换姓名，隐避不见。光武帝思其贤能，命人按照他的相貌四处访求。

齐国上奏说，有一个男子，披着羊裘在泽中垂钓，并详述他的举止相貌。光武帝怀疑此人就是严光，于是派人驾着华贵的马车，带着重礼找到严光，聘他出山。使者聘请了三次，严光才同意去见光武帝。严光被安顿在驿馆休息，受到殷勤招待。

司徒侯霸向来与严光关系亲密，听说严光到来，特派人送信给他说："我听说先生出山，本想登门拜望，迫于公事繁忙，不能前往。"除此之外，还说了许多恭维的话。

严光回信说："足下位极人臣，怀着仁爱之心辅佐君王匡复正义，就会受到天下人爱戴；若是阿谀奉承唯唯诺诺，不会得到好下场。"

侯霸看了严光的信后，很不高兴，就将书信拿给光武帝看。刘秀笑着说："这是严光一惯的狂态，不必计较。"

第二天，光武帝刘秀亲自到严光的下榻处看望严光。严光躺在床上不起来迎接，刘秀便到他睡觉的地方，抚摸着他的肚子说："子陵，你不愿助我治理国家吗？"

严光假装睡觉不答话，过了很久，才睁开眼睛，对刘秀说："昔日唐尧著德，巢父洗耳。人各有志，何必强求。"

光武帝惋惜地说道："子陵，我竟然不能说服你出仕。"于是叹息着乘车而去。

后来光武帝又把严光召进宫中，和他谈论从前在一起游学时的旧事，并对严光礼遇有加，百般劝说，以情动之，要拜他为谏议大夫。但严光始终不为所动，坚持回到富春山过耕种垂钓的隐逸生活。建武十七年，光武帝又征召他做官，仍不至。八十岁时，严光老死于家中。

后来，"披裘钓泽"这一典故，用来形容人不图富贵，隐居山泽。

◎ 经典范例

或为羊裘钓泽，或为鸾凤啸山，使物色及之而后为有道也？

——清·胡承诺 《读书说》

236

汉代的开国功臣韩信，本是淮阴人。韩信年轻时，由于父母去世得早，家里很穷，常常连饭都吃不上。人们认为他德行不好，因此也不推荐他做官，他又不懂得怎样谋生，只有投靠别人混口闲饭吃，弄得人们都很讨厌他。

韩信无所事事，只好跑到城下的河边去钓鱼。在那里，有几位老妇人在洗衣服。其中一位见到韩信饥肠辘辘的样子，心中有些可怜他，便把带来的饭分给韩信吃。一连十几天，天天如此。

韩信很高兴，也非常感动。他觉得人应该知恩图报，因此，他对那位洗衣服的老妇人说："我决不会忘记您老人家的恩德的，将来我发达了，一定会重重地报答您老人家。"

老妇人一听他这话，心中很生气，说："我是可怜你，才施舍一点吃的给你，哪里是希望你将来报答呀。再说，像你这样不务正业，游手好闲，年纪轻轻的却连自己都养不活，哪里能谈得上报答我！"

老妇人的一席话，让韩信满脸羞红。他左思右想，心中非常惭愧。从那以后，他逐渐开始自强起来。

后来，韩信投奔了刘邦。他身经百战，为刘邦攻破劲敌项羽立下了汗马功劳。刘邦当皇帝后，封韩信为楚王。

韩信来到楚地，衣锦还乡。他召见了曾分饭给他吃的那位洗衣老妇人，赐给她一千两黄金。

后来，"漂母恩"这一典故，用来表示知恩必报。

◎ **经典范例**

感子漂母恩，愧我非韩才。衔戢知何谢？冥报以相贻。

——晋·陶渊明 《乞食》

战国末年，魏国人范雎原先在魏国中大夫须贾手下做幕僚。一次，他随须贾出使齐国，因齐襄王很看重他的才能，想留他在齐国任客卿，给他送了很多贵重的礼物。范雎虽然没答应，可是由于齐襄王对他青眼有加，却让须贾怀疑范雎私通外国。结果范雎回国后便受到诬陷，差点被魏相魏齐处死。因此，范雎对魏齐恨之入骨。

后来，范雎改名张禄，逃到秦国，被秦昭王封为相国。范雎成为秦相之后，便准备发兵攻打魏国，以报魏齐当年迫害自己之仇。魏齐很害怕，赶紧逃到赵国，藏在赵相平原君的家中。

秦昭王也想替范雎报仇，听说魏齐已经逃到赵国平原君的家中，于是假意写信给平原君说："我听说了先生的高义，想与您结为布衣百姓那样的好朋友。请先生光临我这里，我要与您畅饮十天。"

平原君接到秦昭王的信，便把秦昭王的话当真，就来到秦国见昭王。昭王果然热情接待，与平原君畅饮了好几天。一天，两人正在饮酒时，秦昭王对平原君说："昔日周文王以姜尚为太公，齐桓公以管仲为仲父，现在范雎也是我的仲父。听说范雎的仇人魏齐在您家中，希望您派人回去取下他的人头，不然，我是不会放您回去的。"

平原君说："地位高贵的人结交朋友，是因为自己也有贫贱的时候；经济富裕的人结交朋友，是因为自己也有贫困的时候。魏齐是我的朋友，他投奔我是有求于我。若在我家，我也不会将他献出来，况且他现在不在我那里。"

秦昭王无法说服平原君，便写信给赵王说："您的弟弟平原君在我国，范雎的仇人魏齐在平原君家。您赶快派人提魏齐的人头来见我，不然，我就是发兵伐赵，也不会放平原君出关。"

赵王急忙派兵包围平原君的家。魏齐得知消息后，连夜逃走了，来到赵相虞卿家。虞卿知道赵王不会放过魏齐，就和魏齐逃到大梁，投奔魏国公子信陵君。信陵君害怕秦国，不敢收留魏齐。魏齐只好愤而自杀。赵王派人取了魏齐的人头送到秦国，平原君才得以回国。

后来，"平原十日饮"这一典故，用来形容宾朋满座，相聚欢饮。

◎ 经典范例

平原十日饮。中散千里游。渤海方淫滞。宜城谁献酬。屏居南山下。临此岁方秋。惜哉时不与。日暮无轻舟。

——南北朝·陆厥 《奉答内兄希叔诗》

曹植，字子建，是曹操与卞氏所生的第三个儿子。他从小聪明过人，十多岁时，就能够诵读《诗经》《论语》等经典著作。到了青年时代，他的文学才华更是充分显露，写下了《洛阳赋》《铜雀台赋》等传世名篇，曹操对他十分欣赏。

曹操的长子曹丕也是一个很有文学才能的人，但与曹植相比，还略逊一筹。曹操看到曹植才能在曹丕之上，曾好几次想立曹植为世子。曹丕得知后，心中非常恼火，从此埋下了与曹植之间的怨恨。

建安二十五年（公元220年），曹操病死，曹丕如愿以偿，继任魏王。曹丕怕当时任临淄侯的曹植日后养成势力，威胁他的宝座，便以父死不奔丧、醉酒侮辱他的使者为名，派许褚带兵把曹植逮住押到洛阳。

曹植的母亲卞太后得知消息，十分焦急。她赶到曹丕那里，对他说："你三弟曹植平生喜欢喝酒，脾气怪僻，性情疏狂，这都是我平时教养不严造成的。你要是能念手足之情，饶他一命，我就是死了，也可以瞑目了。"曹丕跪下说："母后放心，三弟的才学我也喜爱，我怎么会杀了他呢？我只是想让他受点教训，好把坏脾气改掉。"

第二天，曹丕升殿，命曹植进见。曹丕说："我和你虽是兄弟，可是照国法，我们是君臣。你怎么能狂妄自大，蔑视法令制度，违抗我的命令，侮辱我的使臣？"曹植听了，连连叩头，请求恕罪。

曹丕又说："父王在世时，常常夸奖你的文才，我怀疑你是请人代笔的。今天我要亲自考考你：限你走七步，作诗一首。如你真有才能，免你一死；如徒有虚名，足见你一向欺诈，决不宽容。"

曹植站起身来，说："请出题目。"

曹丕想了一想，说："我和你是兄弟，就以此为题，可是诗句中不准出现兄弟两字。"

曹植略加思索，一面迈步，一面念道：

煮豆持作羹，漉菽以为汁。其在釜下燃，豆在釜中泣。本自同根生，相煎何太急。

七步未完，诗已作成。在场的文武官员都叹服曹植的奇才，纷纷请求宽恕曹植。卞太后也从殿后出来，笑着说："做哥哥的别把兄弟逼得太紧了。"曹丕也不由惊佩曹植的才思，对卞太后说："母后放心，我会赦免他的。"

于是，曹丕下令说："植弟是我同胞兄弟，我对天下尚且无所不容，

何况兄弟？为了骨肉之情，我免他死罪，改封他为安乡侯！"

就这样，曹植以自己的诗才躲过了一场惨祸。然而曹丕后来仍不放过自己的三弟，把他贬东谪西，使他时时处于恐惧之中。曹植只活到四十一岁，就离世而去。

后来，"七步诗"这一典故，用来形容人文思敏捷，才气超群。

◎ 经典范例

夫子思何速，世人皆叹奇。万言不加点，七步犹嫌迟。

——唐·岑参 《送张直公归南郑拜省》

乞浆见女

唐代诗人崔护到京城参加进士科考试，结果没有考中。于是，他在城中租了一间房子，刻苦攻读，准备第二年再考。

到了清明时分，人们纷纷去郊外踏青。崔护暂时忘了考试落榜的不快，也兴致勃勃地往城南游览。崔护一边走，一边欣赏沿途的美景。他游玩了大半天，觉得口干舌燥，看到附近花木丛中有一幢房子，就上前敲门，想讨一杯水喝。

可是等了很久，却没有人开门。崔护心中不免很失望，正想离开，只见一个年轻的姑娘打开了门，瞧了崔护一眼，问："你是谁呀！为什么敲我家的门？"

崔护拱手说："我是来长安应试的举子，名叫崔护。今天出门踏青，口渴了，想向你讨一杯水喝。"

姑娘见崔护长得一表人才，举止彬彬有礼，便利索地搬了张椅子，请崔护坐下休息，然后端来一杯清茶递给崔护。

这户人家的庭院中种着不少桃树，桃花盛开，那姑娘倚在一棵桃树下，羞怯地注视着崔护。在桃花的映衬下，姑娘美丽的俏脸显得更加妩媚动人。崔护见了，顿生爱慕之心，与姑娘拉起了家常，向她表达了自己的爱慕之心。姑娘没正面回答他，但从她那含情脉脉的眼神中，崔护知道姑娘也很喜欢自己。

不知不觉，太阳快下山了，崔护见时光不早，便告别姑娘，动身回城。这以后，崔护忙于读书应考，没有再去。直到第二年清明节，他才又去寻访自己心爱的姑娘。他来到姑娘家的庭院前，不料铁锁把门，不见人影。他非常失望，就在门上题了一首诗："去年今日此门中，人面桃花相映红。人面不知何处去，桃花依旧笑春风。"并在诗后署上崔护之名，恋恋不舍地离去。

那么，这一天姑娘去哪儿了呢？原来，清明那天，姑娘跟她父亲到亲戚家去了。几天后，姑娘回到家中，看到了崔护的题诗，才知道崔护来访不遇。她感到再也见不到崔护了，不由失声痛哭。一连几天，她卧床不起，茶饭不思，精神恍惚，最后竟昏死过去。

过了几天，崔护又到南郊寻访。他刚来到姑娘家的门外，

乞浆见女

就听到门内有老人的哭声，不由非常惊异，忙上前敲门。一个老翁出来开门，问清他就是崔护，便把自己女儿因为思念他而死去的消息说了。

崔护悲痛欲绝，请求再见姑娘一面。老翁同意了，崔护来到姑娘房中，哭着说："姑娘，崔护来迟了！来迟了！"

他抱起姑娘的头，枕在自己的臂上，眼泪落到姑娘的脸上。突然，姑娘慢慢醒了过来。原来，她只是暂时昏迷，并未真正死去。崔护和老翁都喜出望外，老翁就把自己的女儿嫁给了崔护。一对有情人终成眷属。

后来，"乞浆见女"这一典故，用来指一个人有艳遇，或者表示未遇的惆怅和感叹。

◎ 经典范例

应帘空复小桃枝，乞浆不见应门女。

——宋·苏轼 《上巳日与二三子携酒出游》

○ 品画鉴宝 虢国夫人游春图卷局部 （唐）张萱／绘

243

千里莼羹

张翰是西晋时吴郡吴县人，他文思敏捷，写得一手好文章，但他视功名利禄如粪土，并不热衷于做官。

吴县邻近太湖，是一个物产丰富的江南水乡，盛产莼菜和鲈鱼。平时，张翰经常和朋友一起喝酒聊天，他最喜欢吃的两个菜，一个是红烧鲈鱼，一个是莼菜羹。有个朋友见他如此落拓不羁，便问他："你只图喝酒时喝得痛快，难道就不考虑身后的功名吗？"

"在我看来，那些所谓的功名利禄，还不如眼前的一杯酒呢！"张翰回答说。

有一年，武康令贺循接到朝廷征召的命令，从家乡山阴前往洛阳任职。船到吴县阊门时，他坐在舱中弹琴消闲。正巧张翰路过，循声上船拜访。两人虽然并不相识，却一见如故。张翰听说贺循要去洛阳，兴之所至，便搭船同贺循一起去了洛阳。

张翰到了洛阳不久，被掌握朝政的齐王司马冏召入大司马府，担任了东曹掾的小官。但张翰看到西晋诸王之间互相倾轧，朝政一片混乱，心中很不是滋味，知道这种地方不是自己的久留之地，便想回家去。

一天，张翰正在庭院中闲步，一阵秋风吹来，身上不由起了一阵凉意，他想起了家乡的莼菜羹和红烧鲈鱼，涌起了强烈的思乡愁绪，赋了一首诗："秋风起兮木叶飞，吴江水兮鲈鱼肥。三千里兮家未归，恨难禁兮仰天悲！"

赋完诗后，他又长长地叹息了一声，说："人活着就要活得自由自在一些，我怎么能为了做官而一直住在数千里之外的异乡呢？"

于是，他脱下官服，雇了一只船，悄悄离开洛阳，返回家乡去了。

后来，"千里莼羹"这一典故，用来比喻不慕名利，追求自由。

◎ 经典范例

百年莲幕关心切，千里莼羹与愿违。

——金·王渥 《驿口桥看白莲》

唐代天授三年（公元692年），有一位官员叫张镒。他原籍清河，因在衡州做官，所以定居衡州。张镒没有儿子，只有两个女儿。长女早亡，幼女名倩娘，生得端庄秀丽，风姿绰约。张镒对倩娘十分钟爱，视如掌上明珠。

张镒有一个外甥名王宙，长得儒雅俊秀，风流潇洒，小时候就很聪明，悟性高。张镒很器重他，常常对他说："王宙，你要勤学奋进，将来成就一番大事业。以后我将倩娘嫁给你。"

王宙与倩娘小时候经常在一起玩耍读书，青梅竹马，两小无猜。时光飞逝，岁月如梭，王宙和倩娘到了谈婚论嫁的年龄。由于倩娘风采迷人，美丽端庄，所以求婚的人络绎不绝。经过仔细挑选后，张镒便将倩娘许配给他人，没有履行当初的诺言。

王宙知道此事后，很伤心，割舍不下对倩娘的爱，但又无法使张镒回心转意。最后，只好忍痛割爱，流着眼泪拜别张镒，坐船离去。夜幕降临，到睡觉的时候了，而坐在船上的王宙却夜不能寐，辗转反侧。他干脆起身披衣，来到船头。突然，王宙发现远处有一个黑影急匆匆地向岸边走来，是谁呢？一问才知道，来人正是自己朝思暮想的倩娘。王宙见倩娘是如此一个痴情女子，十分感动。于是，二人连夜乘船赶路，一直来到蜀地住下。

王宙和倩娘在蜀地安了家，恩恩爱爱地生活了五年。在此期间，二人生了两个儿子，但与张镒也断绝了音信。时间长了，倩娘思念父母，经常暗自流泪。王宙看在眼里，疼在心上，心想："倩娘是因为我才抛家舍父的，五年没见父母的面，怎能不想念他们呢？我不如陪她回家探望父母，了却她的心愿。"

王宙对倩娘讲了自己的想法，倩娘很高兴。于是他们整顿行装，回到衡州。

到了衡州后，王宙先来到张家，向张镒赔罪。张镒很奇怪，不知王

宙在说些什么。便问道："倩娘一直在家中，她病了几年，怎么可能跟你成婚，生儿育女呢？你说的这是怎么回事呢？"王宙也糊涂了，说："倩娘就在船上，岳父大人去一看便知。"于是张镒派人去看，果然倩娘在船中端坐，和从前一样美丽，没有一丝病容。

家人惊讶极了，赶忙回去报告张镒。一家人不知如何是好，议论纷纷，惊叹不已。外面的嘈杂声传到内室，室中的倩娘听说后，起床梳妆更衣，面带微笑，却没有说话。当她走到门口时，正好与外边来的倩娘相遇，两者合为一体，连衣裳也合而为一。

原来，倩娘为了爱情，魂魄出窍，追随王宙，回到家中，她的魂体便又重新合一。

后来，"倩女离魂"这一典故，用来形容少女的痴情。

◎ 经典范例

屡别容华改，长愁意绪微。义将私爱隔，情与故人归。薄宦无时赏，劳生有事机。离魂今夕梦，先绕旧林飞。

——唐·张九龄 《通化门外送别》

阮籍和嵇康、向秀、山涛、阮咸、王戎、刘伶等是好朋友。他们经常在山阳的竹林之间游玩，人们把他们称为"竹林七贤"。

阮籍对世俗礼教十分憎恶，对待母亲却十分孝顺，但又与众不同。他母亲病死的时候，阮籍正在和别人下围棋。对手得知他母亲去世的消息，就劝他终止棋局，他却非要把棋下完为止。

阮籍回到家中，一口气喝下了两斗酒，之后便放声痛哭，吐血不止。服孝期间，阮籍日渐憔悴。裴楷前来吊丧，只见阮籍发如乱草，匍匐于地，一脸的醉意。于是，他便自顾自走入灵堂，在灵前哭祭。裴楷走的时候，也没有和阮籍打招呼。于是有人问他："吊丧的人总是等主人开始哭泣后才行哭拜的祭礼，然而现在阮籍都不哭，你为什么要哭？"裴楷回答说："阮籍厌恶名教礼法，而我却不然，自然要遵守世俗的礼仪。"

第二天，嵇喜来吊丧的时候，阮籍不但不打招呼，反而白眼相加。嵇喜见阮籍蔑视自己，心中不悦，在亡者灵前拜了一拜就走了。嵇喜回到家中，将此事告诉弟弟嵇康，认为阮籍太傲慢无礼。嵇康安慰他说："阮籍这个人就是这样，看不起热衷于功名利禄的人，凡是这种人，他都以白眼相对，你也不必放在心上。"

然后，嵇康便带着一坛酒和一张琴，前往阮籍家中吊唁。阮籍看到嵇康来了，神色缓和了很多，以青眼相对。嵇康看到阮籍骨瘦如柴，面色蜡黄，知道他是因为丧母之痛而哀伤过度，但却并不忙着安慰他，只是和他对饮抚琴，以此来缓解阮籍心中的悲痛。

由于阮籍常常白眼对人，使遵从礼法的人十分厌恶他，幸亏他常用喝醉的办法避免发生直接冲突，才得以善终。

后来，人们便用"青眼、垂青"表示对人的尊重或喜爱，用"白眼"表示对人的轻视或憎恶。

◎ 经典范例

　　青眼坐倾新岁酒，白头追诵少年文。因嗟涉世终无补，久使高材雍上闻。

　　　　　　　　　　　　　　　　——宋·王安石 《次韵酬宋妃六首》

嵇康（公元223－262年或者公元224－263年）
字叔夜，本姓奚，祖籍会稽（今浙江绍兴），其先人因避仇迁家谯国铚县（今安徽宿县西南），改姓嵇。"竹林七贤"的领袖人物。三国时魏末著名的诗人与音乐家，是当时玄学家的代表人物之一。

青牛紫气

老子是楚国苦县厉乡曲仁里（今河南鹿邑县）人，长得膀大腰圆，长耳垂肩，本是周朝管理书册的史官。

传说孔子到洛阳去游玩的时候，向老子请教。老子比孔子年长，见识丰富。他听说孔子前来，便亲自去城外守候。孔子以当时相当隆重的礼节，手捧大雁送给老子。

孔子在洛阳住了好些日子，时常向老子请教，并询问礼仪方面的知识。老子告诫他："执行礼仪的人已经死了，剩下的只是一些形式，没什么可说的。你应该去掉骄气和欲望，做到才德不外露。"

孔子走后，老子觉得社会上的各种矛盾还很多，诸侯之间的战争连年不断，周王朝摇摇欲坠，长期待在洛阳也不是办法，就骑了一头青牛，西行而去。

某一天的早晨，散关的守令尹喜，发现大片大片的紫色雾气在关口飘荡，久久不散。他十分高兴，因为在当时，紫气被认为是一种吉祥的象征。不一会儿，尹喜看到一个人骑着青牛而来，他凝神细看，发现是德高望重的老子，十分高兴，便上前与老子互致问候。尹喜劝老子说："您是一位很有智慧的人，又精通哲理，应该写一本书来宣传您的思想，循导后人。"老子觉得他说得很有道理，就接受了他的建议，在关上住了下来，专心编著《道德经》。《道德经》写成后，共有五千字，分上下两篇。老子在书中宣扬"无为而治"，要求人们保持"柔弱"的操守，认为"柔能胜刚"，并揭示了客观事物之间相互依存、相互转化的辩证关系。

后来，"青牛紫气"这一典故，用来描写仙道的隐逸生活，或表示吉祥来临。

◎ **经典范例**

随云步入青牛谷，青牛道士留我宿。
可怜夜久月明中，唯有坛边一枝竹。

——唐·杨衡 《宿青牛谷》

卿言复佳

　　东汉末年的名士司马徽是颍川阳翟人，字德操，人称水镜先生。他学识渊博，具有远见卓识，善于认识、鉴别和发现人才。刘备曾向他访求人才，他向刘备推荐了诸葛亮、庞统，这两位旷世奇才后来都成了刘备的重要谋士。

　　司马徽善于知人的声名远播，许多名士都想与他结交，听他品评人物，谈论时事。司马徽住在荆州时，他知道荆州的刺史刘表生性狡诈阴毒，忌妒心极强，一定会因忌恨而残害有才能的人，于是对当时的任何人才都不加以评论。有人来向他咨询某个人物如何时，司马徽总是不分辨那人品行德操的高低，也不谈论他的学识渊博与否，只是一概地说"好"。

　　久而久之，司马徽的妻子感到这样做不好，客人满怀希望来请教他，得到的却只是这一个字，就如同什么也没有得到一样。于是，她劝司马徽说："人家有不明白的地方，才来向你请教，希望听听你的见解看法，以作参考，这也是看得起你。你就应该根据自己的看法，区分一下他们所提到的人物的优劣、高下，并加以分析评论，也不枉人家登门一回。可是，不论谈到谁，你总是一味地说'好'，这岂不是辜负了人家的一片美意吗？"

　　听了妻子的话，司马徽没有直接回答，而是用婉转的措词，巧妙地回避了这个问题。他笑了笑，慢条斯理而又谦逊地说："贤妻所说的这番话，也很好。"

　　司马徽就是采取这种处事之道，才得以在乱世中明哲保身。

　　他待人宽厚，有容人之量，对小事从不斤斤计较。一次，一个人的猪丢了，错将司马徽家的猪认作自己的，气冲冲地来到司马徽家，说了许多难听的话。司马徽的妻子刚要辩驳，司马徽马上制止了她，并且让那个人牵走了自己家的猪。他的妻子对此十分不理解。

　　后来，那人的猪找到了，觉得很对不起司马徽，就登门还猪，叩头谢罪，深表歉意。司马徽不但没有抱怨他，反而说了许多好话表示感谢。那人对司马徽的人品钦佩不已。

　　后来，"卿言复佳"这一典故，用来指人韬光养晦，全身避祸，也用以指人一味附和他人意见。

◎ 经典范例

　　我们没来由今日为他得罪严老大，老虎头上扑苍蝇，怎的？落得做好好先生。

　　　　　　　　　　　　　　　　　　　——清·吴敬梓 《儒林外史》

东汉的荀粲，字奉倩，是名士荀彧的儿子，娶骠骑将军曹洪的女儿为妻，夫妻二人感情极好，夫唱妇随，举案齐眉。他们经常在一起把酒赏月、观花览景，以增进感情。在生活上互相关心，互敬互爱。

曹氏长得十分美貌，明眸皓齿，仪态万方。荀奉倩对妻子的容貌十分欣赏，认为只有华丽的衣裙、帷帐才能够配得上她。所以，他不惜花费重金为她添衣置物，把她打扮得更加雍容华贵。

有一年冬天，荀奉倩的妻子病了，高烧不退，请了许多医生，吃了许多药也不见好转。奉倩十分着急，守候在妻子病榻前彻夜难眠，思考着使妻子病愈的方法。

当他听到有人说寒冷的东西能够退热时，便不顾风雪交加、数九寒天，跑到庭院中冻冷身体。家人怕他冻坏身体，都劝他不要这样做，他不听，直到身体冻僵后才进屋，用自己的身体贴紧妻子，给她降温。

人们都被荀粲对妻子的真情挚爱所感动，十分羡慕他们。

后来，荀粲的妻子还是病死了。他十分伤心，痛哭过后呆呆地坐着发愣。傅嘏前来吊唁，安慰他说："又有才又有貌的妇人不容易寻，你的夫人容貌虽美，但才疏学浅。这样的美人还可以再找，请不要过于哀伤。"

荀粲却哭着说："佳人难再得！我的妻子虽说不是倾国倾城之貌，但也不是很容易就能遇到的。况且我怀念的是我们两人的深厚感情，这是别人不能替代的。"

无论别人怎样劝说，都不能冲淡荀粲对妻子的思念之情。他悲痛不能自已，整日痛哭，终因悲伤过度，不到一年也死了，年仅二十九岁。

后来，"情伤荀倩"这一典故，用来指夫妻情深，悼念亡妻。

◎ 经典范例

　　谁信无聊为伊，才减江淹，情伤荀倩。

——宋·周邦彦 《过秦楼》

○ 品画鉴宝　彩绘弹琴陶俑（东汉）　此俑头戴冠，腰系带，席地跽坐，双腿之上平放一长条形琴，俑双手作弹弦状。

情伤荀倩

求田问舍

蜀先主
字玄德，涿郡（今河北省涿县）人。汉景帝之子中山靖王刘胜的后代，为三国蜀汉开国君王。三顾茅庐始得诸葛亮辅佐。后与孙权联合大败曹操于赤壁，取得益州与汉中，自立为汉中王。221年，于成都即位称帝，国号汉，年号章武。伐东吴兵败，损失惨重，退回白帝城，因病崩逝，享年六十二，谥号昭烈帝。

　　三国时，有个名士叫许汜。他虽然是个读书人，但对天下大事并不关心，整天只知道置买田地，购买房产，平时夸夸其谈，因此很被人看不起。

　　有一次，许汜来到荆州，见了暂时投靠刘表的刘备。二人在荆州牧刘表那里，议论天下人物。谈到曾在徐州牧手下担任典农校尉的陈登，许汜说："陈登这个人，虽然是很有名望之士，但是性情粗野，不能礼贤下士。"刘备说："我在徐州住过，与陈登相熟。你说陈登性情粗野，不能礼贤下士，可有什么例证吗？"许汜回答说："以前我曾经遭受祸乱，四处奔走。有一次我路过下邳，拜见陈登。他见到我很不热情，没有一点主客之礼，很长时间不与我说话。到晚上睡觉的时候，他自己睡大床，让我睡下床，真是有些傲慢。"刘备拈须微笑着说："许先生虽有国士的名望，如今天下战乱不已，你本来应在此国难之时忧国忘家，济世救民，可你却只顾置买田舍，把国家大事抛在脑后，这正是陈登轻视你的原因啊。不用说不和你促膝长谈了，要是我呀，会自己睡在百尺高楼上，让你睡在地上。如果是那样，哪里会有什么上下床之分呢？"许汜听了，面色通红，低头不语，满脸羞惭。

　　后来，"求田问舍"这一典故，用来形容人无大志，只顾置办家业田产。

◎ 经典范例

　　休说鲈鱼堪脍，尽西风、季鹰归未。求田问舍，怕应羞见，刘郎才气。可惜流年，忧愁风雨，树犹如此！倩何人唤取，红巾翠袖，揾英雄泪！

　　　　　　　　　　——宋·辛弃疾《水龙吟·登建康赏心亭》

屈原是战国时期的楚国人，是中国历史上伟大的诗人、思想家和政治家。

在当时的七国之中，秦国的实力最强，其次是楚国。因此在楚国的上层中分为两派：一派主张与秦国结盟，以求太平；另一派主张与其他五国联合抗秦。屈原是抗秦派最坚决的支持者。楚怀王采纳了屈原的建议，联合了其他五国，并担任了纵约长。秦国的实力还未强大到能与六国抗衡的程度，因此也不敢轻举妄动。

屈原出众的才能和楚怀王对他的信任，招致了一些小人的忌妒，尤其是楚怀王的儿子公子子兰和上官大夫靳尚，对屈原恨之入骨，经常在楚怀王面前数落屈原的不是。楚怀王听信了他们的谗言，渐渐疏远了屈原。

屈原（约公元前340－前278年）
汉族，芈姓屈氏，名平，字原；又自云名正则，字灵均。中国战国末期楚国丹阳人。中国最伟大的浪漫主义诗人之一，也是我国已知最早的著名诗人和伟大的政治家。他创立了"楚辞"这种文体，也开创了"香草美人"的传统。《离骚》《九章》《九歌》《天问》是屈原最主要的代表作。

楚怀王十六年，屈原不得不辞去官职。他的雄心壮志化作了无限的悲愤。他写下了中国文学史上伟大的诗篇《离骚》，表达了对国家前途命运的忧虑和内心的愤恨。

这时，秦国派说客张仪来游说楚怀王，以给楚国六百里地为条件要楚国与齐国绝交。楚怀王只顾眼前的利益，中了秦国的离间之计，立即宣布与齐国绝交。

接着，楚怀王派使者到秦国接受土地，但张仪却说只答应给楚国六里地，而不是六百里地。楚怀王听后大怒，发兵攻打秦国，但却一败涂地。这时，齐国自然不会来支援了，魏、韩等国也被楚国的背叛所激怒，纷纷出兵逼近楚地，楚国的形势岌岌可危。楚怀王万般无奈，只得请屈原前往齐国，重修旧好。屈原不辱使命，千方百计说服了齐王，重新建立起抗秦的阵营。

不久，秦国假惺惺地要与楚怀王联姻，要楚怀王到武关去会面。屈原坚决主张不能去，但楚怀王听从了公子子兰的话，动身前往。楚怀王走后，屈原就被流放了。

楚怀王一进武关，秦兵就截断了他的后路，强行要他割让土地，楚怀王拒绝了，后来死在秦国。楚怀王死后，楚顷襄王即位，他任命自己的弟弟子兰为令尹。楚国人都痛恨子兰，因为就是他间接害死了楚怀王。流放中的屈原更是写了一篇题为《哀郢》的诗痛骂子兰。

诗作传到子兰耳中，子兰恼羞成怒，在顷襄王面前进谗，说屈原如何无礼，顷襄王就下令把屈原流放到更远的地方。

屈原不愿屈服，断然起程，沿湘水而行。他披头散发，脸色憔悴。虽然远离楚国，但他却时时刻刻牵挂着楚国的前途。然而，顷襄王二十一年，屈原被一个无情的事实击倒了：秦军攻占了楚国的都城郢都，楚国灭亡了！

屈原彻底绝望了！他来到汨罗江边，百感交集，决心用死来激发百姓的爱国热情。他抱起江边的大石头，紧紧绑在身上，满怀悲愤地跳了下去。

后来，"屈原沉湘"这一典故，用来形容为国为民而死。

◎ 经典范例

恭承嘉惠兮，俟罪长沙；侧闻屈原兮，自沉汨罗。造讬湘流兮，敬吊先生；遭世罔极兮，乃殒厥身。

——西汉·贾谊 《吊屈原赋》

春秋时，郑国的大夫子公和子家有一次一起去上朝。路上，子公的食指忽然跳动起来，他一面把手指伸过去给子家看，一面得意地说："以前我这食指跳动的时候，一定会吃到一种山珍海味。看来今天进宫，一定又能吃到什么好东西了。"子家听了，将信将疑地说："哪里会有这样的事情。我看你是信口开河，吹吹牛皮，今天决不会应验。"

两人走进宫中，正巧遇到宫中的厨师拎着几只大鳖去宰杀，一问，才知道这是南方的楚国派人送来的礼物，郑灵公今天准备以此招待大臣们。子公得意地说："怎么样？我没有瞎说吧！"子家不得不信，两人便一起哈哈大笑起来。

正在这时，郑灵公走了出来，见两人笑得前仰后合，便问："你俩为什么事笑得这么痛快？"子家指了指子公，回答说："刚才他的手指头直跳，说有美味到嘴，我还不信。刚才瞧见厨师拎着几只大甲鱼，又听说是大王赏给臣下吃的，才相信他的手指头真灵，所以笑了起来。"郑灵公平时有些小孩子脾气，而且和子公关系挺好，便故意开玩笑地说："依我看，手指头灵不灵还不一定呢！"

当天晚宴，郑灵公用甲鱼羹招待大臣们。郑灵公说："今天南方的楚国派人送来几只大甲鱼，以示友好。我吩咐宫厨做成了甲鱼羹，请大家一起来品尝这难得的美味。"大臣们听了，都向郑灵公表示谢意。

不一会儿，厨子端上甲鱼羹，每人一份，唯独子公没有。子公正感到奇怪，只听郑灵公对群臣说："今天子公告诉我，只要他的食指一动，就会吃到山珍海味。今天他的食指又动了，正巧楚王派人送来了罕见的大鳖，看来似乎很灵验。但我刚才吩咐厨子，让他别盛甲鱼羹给子公，这样，他就吃不到甲鱼羹了，他的手指跳动岂不是不灵了吗？"

子公听了，这才知道自己席上没有甲鱼羹的原因。他平常跟郑灵公关系甚密，可算是郑灵公最亲近的大臣，没想到郑灵公竟会这样对待自己，使自己在众多同僚面前大失面子，不由憋得满脸通红，心中充满了愤怒。他猛地跳起来，冲到郑灵公的桌前，把手指头戳到郑灵公的鼎里，蘸了一蘸，一边放在嘴里咂，一面大声说："谁说我的手指头不灵验？现在我已染指鼎中，尝到了甲鱼羹的味道，这就证明它是灵的！"说完，子公拂袖而去。

郑灵公气得半死，大骂子公，扬言要对子公进行惩治。宴席不欢而散。子公得知郑灵公要惩治自己，于是先下手为强，和子家合谋将郑灵

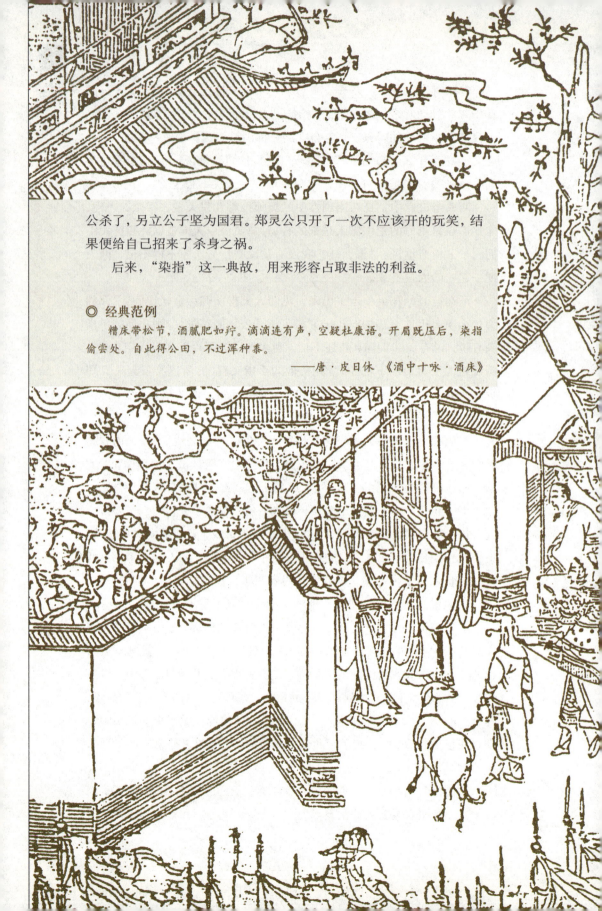

公杀了，另立公子坚为国君。郑灵公只开了一次不应该开的玩笑，结果便给自己招来了杀身之祸。

后来，"染指"这一典故，用来形容占取非法的利益。

◎ 经典范例

糟床带松节，酒腻肥如豣。滴滴连有声，空疑杜康语。开眉既压后，染指偷尝处。自此得公田，不过浑种黍。

——唐·皮日休《酒中十咏·酒床》

王徽之和王献之是东晋书法家王羲之的儿子，他们兄弟俩感情非常深厚。

少年时，兄弟俩同居一室，王徽之虽然是哥哥，但胆子却小得很。相反，弟弟王献之遇事沉着冷静，胆子很大。有一次，他们家中失火，王徽之吓得魂不附体，仓皇逃命。而王献之却毫不慌张，非常从容地走出府去。

还有一次，一个小偷半夜来他们家偷东西，打算把他们房间中值钱的东西全部盗走。王献之被小偷吵醒后，不慌不忙地说："偷儿，那块青毡是我们王家的祖传之物，请你留下它！"小偷一听，知道自己形迹败露，吓得马上逃走了。

成年之后，王献之继承了父亲的书法技艺，书画都十分精湛。当时人们把他和父亲王羲之并称为"二王"。而王徽之先是当上了车骑将军桓温的参军，后来又到朝廷当了黄门侍郎。

到了晚年，兄弟俩都得了重病。有个看相的人对王徽之说："人的寿命快要结束的时候，如果有个活人愿意替他去死，把自己的寿命给他，那个快要死的人就能活下去。"王徽之听了，说："我的才德比弟弟差远了，就把我余下的寿命给他吧！"看相的摇摇头说："代人去死，必须自己的寿命较长才行。现在你自己的寿命已经不长，怎么能代他去死呢？"

没过多久，王献之去世了。王徽之家中的人怕他悲伤，就没有把这个消息告诉他。王徽之有很长一段时间没有听到弟弟的消息，十分担心。有一天，他问家人："献之的病情怎么样？为什么我好久没听到他的消息了？"家人支支吾吾，不肯明说。王徽之明白了，说："看来，弟弟已经先走一步了。"

于是，王徽之强忍悲痛，从病榻上下来，叫人备了车辆，前往献之家吊丧。王徽之来到献之家中，拜祭完毕。他想到献之生前最喜欢弹琴，便吩咐把献之生前所用之琴取来。他焚了香，便在灵前弹奏起来。他一面弹，一面想起过去兄弟俩的情谊，越想越悲伤，怎么也弹不成曲，他举起琴，砸在地上，把琴摔得粉碎，长叹一声，说："献之，献之，人琴并绝！"说罢，他昏了过去，很久才醒来。王徽之回到家中，仅过了一个月，便也去世了。

后来，"人琴并绝"这一典故，用来形容睹物思情，或用来形容对去世亲友的悼念。

◎ 经典范例

所谓"人琴俱亡"者，大约也就是这模样的罢。

——鲁迅 《二心集·做古人和做好人的秘诀》

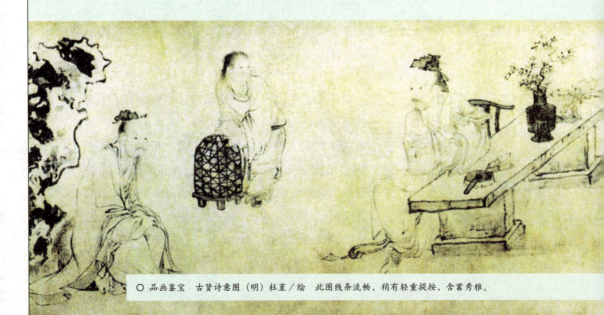

○ 品画鉴宝　古贤诗意图（明）杜堇／绘　此图线条流畅，稍有轻重提按，含蓄秀雅。

　　戚夫人是汉高祖刘邦的宠妃。汉高祖十年，刘邦看到太子刘盈天资平平，而戚夫人所生的儿子赵王如意却聪明伶俐，便打算废了太子刘盈，立赵王如意为太子。

　　皇后吕雉得知刘邦想废长立幼，十分惊骇。一旦太子被废，她的皇后地位也可能就保不住了，不由得对戚夫人恨之入骨，但刘邦正宠爱着戚夫人，她也无计可施，只得时刻提防，准备想尽一切办法来阻止刘邦废长立幼。

　　一天，刘邦召集群臣商议废掉太子的事，群臣一起力争，认为太子没有什么过失，不能无端废掉。御史大夫周昌更是冒死相谏，刘邦见了，只得作罢。

　　刘邦回到内宫，把群臣反对废长立幼的事告诉了戚夫人，戚夫人哭着说："陛下，我并不是要废去太子。我害怕的是皇后。我们母子的性命都捏在她的手里，她将来一定会设法害死我们母子的。"

　　刘邦安慰戚夫人说："你不要着急，我会想出办法来的，一定不让你们母子吃亏。"

　　不久，刘邦终于想出了一个办法，他委派御史大夫周昌为赵相，让他保护赵王如意。于是，周昌便带着十岁的赵王如意到赵国去了。

　　过了两年，汉高祖病逝，太子刘盈继位当了皇帝，历史上称为汉惠帝。皇后吕雉便成了皇太后。现在她大权在握，立即便把戚夫人罚作奴隶，关入后宫关押犯罪妃嫔和宫女的永巷，勒令戚夫人每天舂米。

　　戚夫人一向受汉高祖宠爱，哪儿干过这种苦活，受过这种罪。她一面舂米，一面哭着唱："儿子做了王，母亲做奴隶，相隔三千里，谁能告诉你！"

　　这歌不久传到吕后耳中，如同火上浇油。吕后恶狠狠地说："你想靠你儿子来救你，我先把他杀了，慢慢再来折磨你！"

　　于是，吕后三次派人去召赵王还朝，周昌知道吕后不怀好意，不让赵王回去。后来，吕后用调虎离山之计，先召周昌回朝，然后把赵王骗了回来。

259

　　这时，汉惠帝已十七岁，仁厚爱人。他看到戚夫人受罪舂米，已经感到母后这样做不对。赵王还朝后，他怕赵王被害，把赵王如意接到自己宫中，同吃同睡，时时加以防范。一天早晨，惠帝要去打猎。他看到天气很冷，赵王熟睡未醒，不忍叫醒他，便独自前去。

　　吕后见有机可乘，便派人把赵王毒死。等惠帝打猎回来，赵王已经死了，惠帝抱着尸首大哭一场。他明明知道是母后干的，但他生性软弱，怎敢说母后的不是，只好吩咐手下人把尸首用王礼安葬了。

　　吕后杀了赵王，还不解恨，她毫无人性地下令把戚夫人的手脚砍得跟猪的四蹄一样短，挖去双眼，熏聋两耳，药哑喉咙，弄成猪的模样，扔在猪圈里，起了个名字叫"人彘"。吕后对自己的杰作很得意，派人请惠帝前来观看。惠帝看到戚夫人的惨状，满腔悲愤，却又无可奈何，当天便害起病来。

　　后来，惠帝经御医诊治，病虽然好了些，但每每想起赵王母子，便又呜咽不止。他派人对吕后说："这不是人干的。我虽然做了皇帝，但没有能力治理天下，以后便请母后自行做主吧！"

　　吕后听了，并不后悔杀了赵王母子，只是对让惠帝去看"人彘"略有一些后悔而已。

　　后来，"人彘"这个典故，用来指遭受残酷迫害的人，或者指不被当人看待的妇女。

◎ 经典范例

　　不闻官祓悲人彘，肯使兵尘丧帝畿。

　　　　　　　　　　　　　　　　——清·赵翼 《土城怀古之二》

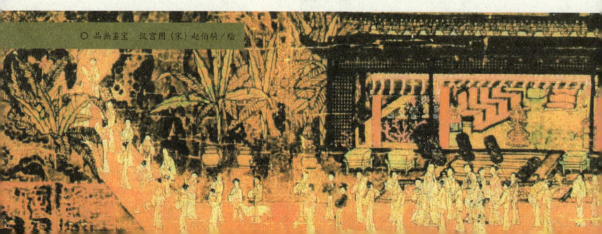

◎ 品画鉴宝　汉宫图 (宋) 赵伯驹／绘

汉代大将卫青出身卑微，母亲是平阳公主家的女奴。卫青少年时代负责给人放羊，受尽了屈辱。二十岁左右，他在平阳公主家做骑奴，后来由宫中骑郎公孙敖引荐，转入建章宫当差。卫青的姐姐卫子夫后来被汉武帝选召入宫，立为皇后。卫青因此成为贵戚，被拜为太中大夫。

汉武帝时，匈奴不断派兵侵扰汉朝边疆，危害百姓。而汉武帝时期，国力开始强盛，于是汉武帝发动了全面反击匈奴的大规模战争。卫青在与匈奴的战争中，多次建立奇功，显示出卓越的军事才能。汉武帝封他为长平侯，后来又拜他为大将军，让他统率所有抗击匈奴的汉军。卫青的地位显赫一时，无人可及。

霍去病是卫青的外甥，十六七岁的时候，就跟随卫青参加了扫除边患的战争，他勇敢善战，十八岁时便已崭露头角。他曾在卫青的部下，以八百精选骑兵，奔袭几百里，杀死匈奴单于的叔祖父，威震边关。因此，汉武帝提拔他为骠骑将军，委以领导进军河西的重任。过了几年，霍去病屡立战功，进一步得到汉武帝的宠信和重用。汉武帝增设大司马一职，将卫青和霍去病一同封为大司马。两人爵位虽然相等，但相比之下，汉武帝对霍去病的宠信更多一点。这样一来，卫青的权势就日渐衰落了。

在这种情况下，一些趋炎附势的人开始去巴结奉承霍去病，为自己谋利。原来卫青门下的门客也纷纷改换门庭，去侍奉霍去病，并经霍去病推荐，得到了很高的官爵。

卫青眼看门客一个个离去，深感世态炎凉，不由慨叹不已。这时门客任安走过来，劝说卫青不必在意那些不仁不义的小人。卫青问道："为什么你还不离我而去？侍奉霍去病可得高官，你何乐而不为？"

任安摇了摇头，深有感触地说："大将军，您为人宽和，诚实不欺，对待我们恭谦谨让，我看重的正是您的品格，才来到您的门下，并非仰慕您的高门权势。如今您权势虽衰，但高义仍在，我怎会弃您而去呢？那些趋炎附势之徒，走不足惜。"听了任安的一席话，卫青为他的忠义所感动。

后来，"任安独存"这一典故，用来指人讲信义，不趋炎附势。

◎ 经典范例

萧索郊埏晚，荒凉井径寒。谁当门下客，独见有任安。

——唐·骆宾王 《乐大夫挽词五首》

三户亡秦

秦朝末年，陈胜、吴广领导的农民起义爆发后，楚将项燕的后代项梁和他的侄子项羽也在会稽起兵反秦。各地起义此起彼伏，秦王朝的统治摇摇欲坠。不久，陈胜领导的起义军在战斗中失利，陈胜战死。而项梁率领的起义军在战争中势力发展很快，并逐步汇集各路起义军，屡破秦朝的城池，声威大振。

这时，年过七旬的居鄛人范增也投入了项梁的起义军，成为项梁的得力谋士。范增平时深居简出，喜好研读兵书，很有计谋。他给项梁分析了当时的形势，认为秦朝大势已去，推翻秦朝的统治，夺取天下的日子已经不远。他对项梁说："最近陈胜率领的起义军遭到大败，是理所当然的。因为他不拥立楚王的后代，却自立为王，所以他的事业不能长久。当初秦国灭掉六国，楚国最无辜。自从楚怀王访问秦国被扣留客死他乡后，楚国人至今仍深深地思念他，时刻都想为他报仇雪恨。所以阴阳家楚南公说：'楚虽三户，亡秦必楚！'这句话的意思是说，楚国人即使只剩下三户人家，也还是要报仇雪恨的，将来推翻秦朝的一定是楚国人。如今你在江东举起反秦义旗，楚国人蜂拥而来归附你，就是因为你们项氏世世代代都是楚国的将领，能够再立楚王的后代为王，重建楚国。"

项梁觉得范增言之有理，听从了范增的计策，在民间找到了楚怀王的孙子昭心。当时，昭心正在为人放牛，项梁便拥立他为楚王，仍然称他为"楚怀王"，以顺应老百姓的愿望，借以获得其他起义军和广大民众的拥护。

项梁死后，项羽成为这支起义军的首领，自称西楚霸王，范增成为项羽的谋士，项羽称范增为"亚父"。范增为项羽出谋划策，击败了秦军主力，为灭亡秦朝出了大力。"楚虽三户，亡秦必楚"的预言得到了应验。

后来，"三户亡秦"这一典故，用来形容报仇雪恨、抗暴复国的坚强决心和意志。

◎ 经典范例

有真的，楚虽三户亡秦必楚，后来楚霸王果亡了秦是了；有假的，高山不推自倒，明月不扶自上，祖（王廷）伪造害了斛律光，遂至亡国是了。

——清·褚人获 《隋唐演义》

唐朝时，我国北方的少数民族突厥十分强大。唐高宗龙朔年间，突厥部落的酋长比粟毒诱惑同罗、仆固等九姓部落，率领十万大军侵犯唐朝边境地区。

唐高宗得到边报，立即调兵遣将，派左护卫将军薛仁贵等将领率兵北上迎击。薛仁贵是唐代初年第二代将领中的出类拔萃者。他本是农民出身，擅长骑马射箭，武艺高强。他在唐太宗贞观年间应征入伍，由于作战勇敢，屡立战功，很快脱颖而出，逐步升迁，成为一位著名的大将。

薛仁贵接到命令后，立即率军去抗击敌军。经过几个月的艰苦行军，终于在天山脚下和九姓突厥的部队遭遇，两军对阵。这时，比粟毒的九姓突厥部队有十多万人，而薛仁贵所率领的先头部队只有三万多人。比粟毒令几十名骁勇的突厥将领上前挑战。他们自以为胜券在握，便肆无忌惮地向唐军冲杀过来。薛仁贵单骑而出，大喝道："敌将不得猖狂，看本将军神箭！"他勒住马，弯弓搭箭，"飕"的一声射去，那冲杀在最前面的一员敌将被射中咽喉，滚下马鞍，呜呼毙命。

那些突厥将领见了，都十分吃惊。他们还没来得及勒住马，薛仁贵又射出第二支箭，那冲在第二位的突厥将领又被薛仁贵射中心窝，倒地而死。其余的突厥将领从来没有看到过箭术如此高明的人，吓得心惊胆战，一个个想勒转马头逃命。薛仁贵又一箭射出，射中一名敌将的头颅，那敌将也倒地身亡。薛仁贵纵马上前，大喝道："敌将听着，你们若要活命，快快下马归降，不然，那三个已死的，便是你们的下场！"前面的那些突厥将领都被薛仁贵的神箭吓住了，纷纷下马投降。突厥的大队人马也吓得全无斗志，转身向沙漠逃命。比粟毒弹压不住，也只得随军逃命。薛仁贵率领大军乘胜追击，斩获不少，还俘获了好几名九姓突厥的酋长。

薛仁贵率军凯旋的路上，军士高唱凯歌："将军三箭定天山，战士长歌入汉关。"这一战后，九姓突厥便开始衰落，不敢再侵扰大唐的边境了。

后来，"三箭定天山"这一典故，用来称赞武将高强的武艺和卓越的功勋。

◎ **经典范例**

何人笞中行，何人缚可汗。何人丸泥封函谷，何人三箭定天山。

——宋·乐雷发 《乌乌歌》

三箭定天山

三生石

唐代大历末年，洛阳惠林寺有个叫圆观的和尚，精通佛学，还懂得音律。他把寺中的田产管理得很好，财富很多，人们都称他为富僧。

当时，谏议大夫李源因为避乱，借住寺中。他把家财都捐给了寺庙，寺中的和尚每天供他吃饭。李源不问世事，只和圆观交谈，两人成了知心朋友，这样度过了三十年。

有一次，两人同游蜀州，来到了青城、峨眉两山，访道采药。这以后，圆观想出斜谷，上长安去，李源却想出三峡，上荆州去。两人商量了半天，也没能定下来。最后，李源说："我已和世事断绝往来，怎能上京城长安呢？"圆观说："既然这样，我就跟你出三峡吧。"

于是，两人就一道乘船到三峡去。他们走到一个叫南浦的地方，停船在山脚下，只见几个妇女正背着瓮罐来打水。圆观看到后，哭泣着说："我不想到这里来，就是怕见到那几个妇女呀！"

李源惊讶地问："自从到了三峡，一路上看到了不少妇女，为什么见到这几个人便哭泣呢？"

圆观告诉李源说："其中有个姓王的孕妇，就是我托身的人。她怀孕已三年，因为我一直没有来，所以还没分娩。如今我看到了她，就该转生了，这就是佛教徒所说的循环。"

圆观停了一下，又对李源说："船在这里停留一下，我死后，把我葬在山下。等孩子出生后三天，你去看望，如果那孩子对你一笑，就表示认识你了。再过十二年，到中秋那天夜里，到杭州天竺寺门口，我还会和你相见。"

李源听了，后悔这次到三峡来，也忍不住哭泣起来。他就去找那个孕妇，告诉她马上要生产了。就在这天晚上，圆

266

观死了，孕妇生了一个男孩。过了三天，李源去看望新生的婴儿，那个婴儿果然对着李源笑了一笑。

十二年后，李源特地赶到杭州赴约。中秋那天夜里，雨后初晴，月明如昼，李源走到天竺寺门口，东张西望，不知向何处寻访。这时，他忽然听到葛洪川畔，有个牧童在唱《竹枝词》。一会儿，那个牧童骑着牛，用手指敲着牛角，头上梳着双髻，身上披着短衣，来到寺庙门口，口中唱着自编的《竹枝词》：

三生石上旧精魂，赏月吟风不要论。惭愧情人远相访，此身虽异性长存。

李源知道这牧童就是圆观的后身，上前拜了拜，说："圆观公身体健康吗？"

那个牧童对李源说："你真是一个守信的人。我和你隔了一世，走的路不同，不能再相互亲近了。你尘世的缘分还没了结，要好好修炼，还可相见。"李源见无法交谈，看着牧童，不觉流下了眼泪。那个牧童又口唱《竹枝词》，赶着牛，慢慢地走远了。

后来，"三生石"这个典故，用来形容交情深厚，历时长久，有时候也用来指因缘前定。

◎ 经典范例

感通未合三生石，骚雅欢擎九转金。但似前朝萧与蒋，老僧风雪亦相寻。

——唐·贯休《酬张相公见寄》

○ 品画鉴宝

引路菩萨图（唐） 图中人物神光内敛，宝相外宣，深蕴禅意。

　　董遇是东汉末年的著名学者，他对《左传》《老子》等经典都很有研究，因此被当时的读书人奉为"一代儒宗"。

　　董遇年轻的时候，家庭境况并不好，他除了读书，还常常和家人一起去田里耕作，有时也出门做些小买卖。但无论是下田耕作，还是做小买卖，他总是随身带着一些书籍，一有空闲，就拿出来诵读。他的哥哥董季中常常笑他是个书呆子，街坊邻居也跟着笑话他。可他不管别人怎样讥笑，依旧我行我素。

　　汉献帝兴平年间，董卓擅权，挟持了汉献帝，威逼群臣，阴谋篡位，一时天下大乱。董遇为避战乱，与哥哥董季中弃家投靠了将军王煨。

　　建安初年，曹操将汉献帝接到了许昌，朝廷纲纪稍有恢复。董遇因学识渊博，被征召为黄门侍郎，不久又被选为汉献帝的侍讲官，专门负责向汉献帝传授各种经典。汉献帝很钦佩他的才识，对他十分信任。

　　当时，有不少儒生也想拜董遇为师，跟他研究学问，董遇都婉言拒绝，对他们说："你们若要拜我为师，就一定要把各种经典诵读百遍。"

　　"为什么要读一百遍呢？"有人问。

　　董遇莞尔一笑，说："读书百遍，其义自见。你读了一百遍书，书中的意思难道还会不明白吗？"

　　有人说："可是我们没有那么多时间，怎么办呢？"

　　董遇说："可利用'三余'来读呀！"

○ 品画鉴宝　鹊山高逸图（元）王蒙／绘　此图构图繁复周密，纵逸多姿，笔墨繁密松秀，自成一家。

"那什么是'三余'呢？"又有人问。

　　"冬天，是一年中最空余的时间；晚上，是一天中最空余的时间；阴雨天，是平时最空余的时间。你们只要好好利用这'三余'来读书，怎么会没有时间呢？"

　　那些想拜董遇为师的儒生听了，都感到获益匪浅，一个个都很满意，告辞离去。

　　由于董遇的治学态度非常严谨，收的学生也很少，他所注释的《老子》和评点的《左传》都没能流传下来。然而，他的"三余读书"的刻苦精神一直流传下来，受到历代学者的充分肯定和赞赏。

　　后来，"三余读书"这一典故，用来勉励读书人要珍惜光阴，抓紧时间学习。

◎ 经典范例

　　余尝以三余读书，讲习之暇，读其文。

　　　　　　　　——晋·陶渊明 《感士不遇赋序》

○ 品画鉴宝
骑马抱琴俑（东汉） 泥质灰陶，琴俑头着平帻帽，内穿圆领衫，双手横抱琴，骑于马上。

三字狱

岳飞是南宋时期的抗金名将。他在北宋末年参军，担任一名下级军官，后来随宗泽镇守开封，因军功被封统制之职。宋高宗南迁后，金国统帅金兀术率军渡江南侵，岳飞率军北上迎击，将金军打得大败，收复了建康。岳飞所部的军队也被称为岳家军。

公元1140年，金兀术又领兵南侵，大片南宋国土又沦入金兵之手。宋高宗眼见南宋王朝岌岌可危，于是又派岳飞统率大军前去抵御金兵。岳飞出兵后，经过几次与金兀术的交锋，把金兀术逼得步步后退，岳家军乘胜收复了郑州、洛阳等地。

岳飞又率军北进，准备一举直捣金国的首都黄龙府，以永绝后患。但是，在朝廷中掌握实权的奸相秦桧，却是一个和金国暗中勾结的卖国贼。金兀术在兵败之时，派密使给秦桧送了一封信，要他暗中害死岳飞，以实现暗地里为金国效忠的诺言。

秦桧接信后，便鼓动高宗，力主和金国议和。于是，高宗下旨，将岳飞召回临安，撤除了他的兵权，任命他为枢密副使。接着，南宋便和金国达成了和议。

但秦桧并不以此为满足，他想方设法伪造了岳飞的儿子岳云和部将张宪的谋反信，诬陷岳飞谋反，将岳飞、岳云、张宪一起关进狱中，并判处他们死罪。

这时，南宋朝廷中另一抗金名将韩世忠对此十分气愤，他责问秦桧："岳飞率军屡次击败金兵，战功卓著，你们有什么证据说他谋反？"

秦桧诡辩说："岳云给张宪的谋反信虽然没有找到，但谋反的事'莫须有'，就可以定罪。"

韩世忠听了，愤慨地说："以这种'莫须有'的罪名杀害忠良，你们一定会落得万世骂名。"

公元1142年1月，秦桧终于以"莫须有"的罪名，用毒酒将岳飞毒死在大理寺监狱中。岳云和张宪也在同一天被害。

后来，"三字狱"这一典故，用来形容无罪而被关进监狱。

◎ 经典范例

竟无三字狱，遂以诛董承。

——清·康有为 《故四品卿衔军机章京参预新政候补知府谭君嗣同》

岳飛征討湖寇

冯异是颖川父城人，自幼喜好读书，通晓《左氏春秋》《孙子兵法》。汉光武帝刘秀起兵时，冯异便追随刘秀，成为他手下的一员大将。冯异统领的军队纪律严整，作战勇敢，屡打胜仗。而他为人谦恭，从不居功自傲，人称"大树将军"。

当时，另一支义军赤眉军的势力很大，成为刘秀夺取天下的最大障碍。有一年，赤眉军夺取长安后因缺少军粮，放弃长安东进。刘秀任命冯异为征西将军，与邓禹、邓弘一起率军前往阻击。冯异与赤眉军在华阴相遇，双方抗衡了六十多天，激战数十次。后来由于邓弘私自草率出击，被赤眉军打得大败。

冯异和邓禹急忙合兵往救，赤眉军才稍稍退却。冯异见士兵都很饥饿疲倦，建议休整一下。但是邓禹没有采纳他的建议，又命军士与赤眉军作战，结果大败，死伤三千余人。

这次战斗失败后，冯异总结教训，重整旗鼓，招回散兵败将数万人，和赤眉军约好日期再次会战。

冯异命精壮的士兵穿上与赤眉军相同的衣服，事先埋伏在道路两旁。会战当日，赤眉军派出一万多人攻打冯异军队的前锋，冯异派兵支援。赤眉军见冯异本部兵马势力减弱，便率重兵攻打，冯异率军还击，双方展开激战。到了中午，赤眉军士气衰退，冯异设下的伏兵四起。衣服混乱，赤眉军不能辨别敌我，惊慌失措，军队立即溃散。冯异领兵追击，在崤底大败赤眉军，俘获八万余人。赤眉军余众十万多人向东逃去，到宜阳后投降汉军。

汉光武帝得知冯异军队获胜的消息后，派使臣慰劳众将士，并称赞冯异说："赤眉军被平定，众将士劳苦功高。你能够在先前失败、士气低下的情况下，总结经验教训，重振雄风，打此胜仗，可谓失之东隅，收之桑榆呀！"

古代以太阳西下、日光照在树端上，称为桑榆。汉光武帝的意思就是说冯异先败后胜，如同早晨失去的，到日暮时又收回来。

后来，"桑榆晚景"这一典故，用来指晚年、晚景。

◎ **经典范例**

弟方纂录易解，程朱各自为书，以正大全之谬。而桑榆之年，未卜能成与否。

——清·顾炎武 《答汪苕文书》

西汉时，汉高祖刘邦登基以后就立皇后吕雉所生之子刘盈为太子。但是过了不久，刘邦因宠爱戚夫人，便想废掉太子，改立戚夫人所生之子赵王如意。但在廷议时，众多大臣均反对废长立幼，所以刘邦一时无法将此事确定下来。

吕后知道后，心中非常忧虑，不知该怎么办才好，最后让吕泽找到留侯张良，请他想办法。

张良因太子刘盈忠厚仁孝，本也反对刘邦废长立幼，想了想说："这件事是很难用口舌去说服皇上的。当今天下有四个德高望重的老人，皇上一向非常敬重他们，想邀他们出来做官。但他们认为皇上待人傲慢，好侮辱人，因此一直拒绝，逃到商山隐居起来。因为他们四人都已高龄，

○ 品画鉴宝

商山四皓（东汉） 平列有序的构图中，可以清楚地看到每人的个性及彼此间的关系，人物刻画生动，情态各异。

满头白发，所以人们称之为商山四皓。如果太子能写封言辞恳切的信，多花些金玉财帛，诚心诚意地把他们请来，待为上宾，让他们始终随侍太子。皇上如果看到他们，知道太子竟能请到他所请不到的四位贤人辅助，一定会十分惊诧。这样，对于稳定太子的地位，会起到很大的作用。"

吕泽听了，问："这商山四皓可有姓名？"张良说："当然有。这四人的姓名是东园公庾宣明、夏黄公崔广、角里先生周术，另一个有号无名，叫绮里季。"吕泽很高兴，回去把张良的话转告吕后。吕后就让太子写了信，让吕泽带着信及丰厚的礼品，恭恭敬敬地把"商山四皓"请了来，让他们做了太子刘盈的门客。

有一天，宫中举行宴会，太子刘盈就带着他们一起前去。刘邦见他们年龄都在八十岁以上，头发、胡须、眉毛全部雪白，询问之下，十分惊讶地说："我多年来一直想请诸位入朝，你们却避入深山，不愿入仕。现在为什么竟跟随着我儿子呢？"

商山四皓回答说："太子为人仁慈，敬贤爱才，天下的贤士都愿为太子效劳，所以我们就来了。"

刘邦听了，既高兴又有些遗憾。高兴的是太子竟能请到自己请不到的人来辅佐；遗憾的是，自己本想废立太子，但太子羽翼已成，已经无法办到了。于是，刘邦带着一种无可奈何的口气说："诸位既然如此信赖太子，那就请你们好好地辅佐太子吧！"

从这以后，刘邦打消了废立太子的念头。刘邦死后，太子刘盈即位，史称汉惠帝。

后来，"商山四皓"这一典故，用来形容德高望重、才识过人的隐士。

◎ 经典范例

吕氏强梁嗣子柔，我于天性岂恩仇。南军不袒左边袖，四老安刘是灭刘。

——唐·杜牧《题商山四皓庙》

生子当如孙仲谋

孙权，字仲谋，是三国时吴国的建立者，被称为吴大帝。东汉末年，他随父亲孙坚、兄长孙策起兵，并继承父兄的事业，据有江东六郡。公元208年，他和刘备联合，大败曹操于赤壁，这一年，孙权才二十六岁。

五年后，曹操为报赤壁之仇，率领四十万大军讨伐东吴。曹军声势浩大，很快打到濡须口，攻破了东吴水军的一座大营，还俘虏了一个东吴大将。

孙权得到消息，亲自带领七万人马前往救援。孙权利用曹军的麻痹轻敌，派出一支水军，将驻扎在一个水洲上的曹军击溃，俘获三千余人，淹死数千人。

曹操吃了大亏，闭营坚守。孙权看到曹军坚守不出，便亲自乘船去观察曹军的动静。他率领一支水军，轻装而进，从濡须口驶入曹军水面。曹操手下的将领们以为孙权亲自前来挑战，准备上前迎击。曹操说："这一定是孙权亲自前来观察我军的情形，你们要严阵以待，不要胡乱放箭！"

孙权的船只前进了五六里，不再前行，只在水面上回还行驶。曹操带领众将登上江边的一座山坡，远远向孙权的战船望去，只见旗帜鲜明，队形整齐，刀剑锃亮，将士们士气高昂，战船在江中游弋，有条不紊。当中大船的青罗伞下，坐着年方三十一岁的孙权，一派王者之相，左右肃立着一批文武官员。曹操想起上次出征荆州，荆州牧刘表的儿子刘琮向自己束手投降的情景，不由感叹地说："生子当如孙仲谋，刘表的儿子不过像猪犬罢了！"

后来，"生子当如孙仲谋"这一典故，用来形容生养的后代要像孙权那样才能出众、英雄盖世。

◎ 经典范例

年少万兜鍪，坐断东南战未休。天下英雄谁敌手？曹刘！生子当如孙仲谋。

——宋·辛弃疾 《南乡子·登京口北固亭有怀》

孙权（公元182—252年）字仲谋，三国时吴国的建立者。吴郡富春县（今浙江富阳）人。父孙坚，自称为春秋时大军事家孙武之后。曾任长沙太守，封破虏将军。兄孙策，为讨逆将军，封吴侯。

276

徐稚是东汉末年的名士，他年轻时曾在经学家黄琼门下学习过《尚书》，两人往来很密切。不久以后，黄琼应汉桓帝之召进京做了官，徐稚就不再同他来往。过了几年，黄琼做了司空，派人南下征召徐稚进京，准备加以重用，但徐稚并不想做官，婉言谢绝了。

两年后，山东泰山一带发生强烈地震，黄琼因此被免了职。又过了两年多，黄琼因病去世，灵柩被运回故乡江夏安陆安葬，四方名士前来送殡的有六七千人。

徐稚得知噩耗，立刻背着干粮，赶了数百里路来到安陆，拿着祭品来到黄琼坟上祭奠。他哭了一会儿，跟谁也没说话，就独自走了。守墓家人问他，他连姓名也不肯留下。

当时，在黄琼家参加丧礼的有太原名士郭林宗等好几十人，郭林宗听到守墓家人的禀报后，说："这个怪人一定是南昌高士徐稚！"

郭林宗的学生茅容听了，也十分肯定地说："错不了！一定是他！我追上去请他回来见见面。"

于是，茅容骑着快马追了上去。追了几里路，茅容终于追上了徐稚。他在路边的酒店请徐稚喝酒，两人海阔天空地聊了一会儿，茅容说郭林宗等四方名士请他去见见面。徐稚虽然也久闻郭林宗的名声，也知道他是一位贤士，但仍不愿回来。分手时，徐稚对茅容说："请你替我问候郭林宗，并告诉他，大树倒下来，不是一条绳子拉得住的。何必忙忙碌碌各处奔走呢？劝他安静点吧！"

这样，徐稚和郭林宗虽然没见面，但已是神交的朋友了。过了一年多，郭林宗的母亲因病去世，徐稚听到这个消息后，赶到郭林宗母亲的墓前吊唁。他从田里采

○ 品画鉴宝

绿釉陶水亭（东汉）造型美观奇巧，物与亭协调生动，艺术性强。

了一束鲜嫩的青草放在郭母的坟墓前，恭恭敬敬地作揖致哀后，就匆匆地走了。

郭林宗和几个亲朋听到有人在坟上祭奠，急忙赶去，徐稚早已离去了。郭林宗的亲属和朋友看到坟上只有一束青草，都感到很奇怪，郭林宗说："我知道了！前来祭奠的一定是南昌高士徐稚。《诗经》上不是有'生刍一束，其人如玉'的句子吗，徐稚用这样美好的礼品来赞美我的母亲，凭我的德行实在担当不起啊！"

后来，"生刍致祭"这一典故，用来指对死者的祭奠，表示赞美死者的德行。

◎ 经典范例

于衢路，反星精于云雾。报主恩之无及，齐戒力而何误。生刍致祭，弊帷成礼。

——元·脱脱等 《宋史》

韩愈是唐代杰出的散文家、诗人和哲学家。他年少父母双亡，家境贫寒，由嫂子抚养长大。韩愈小时候就很有志向，刻苦攻读诗书，二十四岁时考中了进士。

韩愈的仕途并不春风得意。他品性耿直，体恤老百姓的疾苦，曾因上书而激怒皇帝，屡次被贬。在被贬期间，他写了许多针砭时弊的优秀作品。

韩愈曾作过一篇《石鼎联句诗》，他在诗序中这样讲：隐居在衡山的道士轩辕弥明，上通天文，下通地理，熟悉阴阳道术，与当朝进士刘师服互相认识。元和七年（公元813年）十二月四日，出去云游的轩辕弥明路过京城，就去拜访刘师服，故人相见，甚是亲切。轩辕弥明拗不过刘师服的执意挽留，晚上就在刘师服家里歇息。

事有凑巧，校书郎侯喜当天晚上也来拜访刘师服，与他谈诗论赋。侯喜是一位诗坛新秀，小有文采，但此人常恃才自傲，目空一切。侯喜见轩辕弥明在一旁坐着，面貌丑陋，说话尽是楚地方言，很是看不起他，言语中不免有冒犯之词。

殊不知轩辕弥明的学问非常高深，只是平时不表现在外而已。他见侯喜如此骄傲自大，以貌取人，就想教训他一下，于是他起身指着火炉中的石鼎谦恭地对侯喜说："听说先生擅长作诗，是否可以赏脸让我们二人与你一起以石鼎为题联句呢？"

侯喜心中暗想，一个穷乡僻壤来的道士，竟然也敢与我赋诗联句，看我怎么出句捉弄他一下。

于是三人开始联句赋诗，尽管侯喜出的上联都很刁钻古怪，但轩辕弥明都能马上接续，诗句多神奇巧思，并且暗含讥讽。

到了三更天的时候，侯喜与刘师服都已赋了十余韵，却都被轩辕弥明对上，二人文思枯竭不能再作，只好起身服输说："尊师简直是神人，我们服了，愿拜您为师，从今往后不敢再随便谈论诗了，刚才对老师多有不恭，请老师不要怪罪。"

后来，"石鼎联句"这一典故，用来指文人聚会吟诗联句。

◎ 经典范例

所云"争先石鼎搜联句，薄怒银灯算劫棋"，盖纪实也。

——清·钮琇 《觚剩·河东君》

○品画鉴宝　香山九老图（明）周臣／绘　此图描绘唐代大诗人白居易晚年退居河南洛阳龙门山东边的香山，常与胡杲、吉皎等九老宴游的情景。人物刻画栩栩如生。

白居易是中唐大诗人。他从小聪明过人，五六岁的时候，就在母亲的教导下开始学写诗。到了八九岁，他对诗歌的声韵格律已经初步掌握。随着阅历的日渐丰富，视野的逐渐开阔，他的创作兴趣也越来越浓厚。

唐德宗贞元十九年（公元803年），白居易在长安考中进士。唐宪宗元和元年（公元806年），白居易与朋友在终南山下的仙游寺聚会，谈到了唐明皇和杨贵妃的传说。回来以后，白居易就写了一篇叙事长诗《长恨歌》。这首诗人物形象鲜明，含义非常深刻，具有很高的艺术性，一直流传至今。

元和三年（公元808年），白居易调任为左拾遗。他看到朝中宦官横行，广大百姓陷于水深火热之中，就决心用诗歌来揭露时事的黑暗，反映百姓生活的疾苦，使统治者有所醒悟。

在大约三年的时间内，白居易写了大量揭露现实的诗歌，其中以《秦中吟》十首和《新乐府》五十首最为著名。这些诗以其深刻的讽刺意味和强烈的艺术效果，被后人称为唐代诗歌中"空前绝后"的杰作。

为了使这些诗歌贴近百姓，通俗易懂，白居易经常向普通老百姓学习民间的词汇，将这些词融入自己的诗中。相传白居易每写一首诗，都要读给不识字的老太太听，然后不断修改，直到老太太听懂为止。广大老百姓对这样的诗当然非常欢迎。

白居易的诗享有盛誉，当时他的诗句不仅在国中家喻户晓，而且传到了国外。当时，鸡林国的商人专门到中国来买白居易的诗作，他们宣称："我们宰相非常喜欢白居易的诗，常常出重金求购，而且他能辨别出混在白诗中的普通水平的假诗。自有文章以来，还从没有出现像白氏诗这么广泛流传的现象。"

后来，"诗入鸡林"这一典故，用来称赞作品的价值很高，或称赞优秀作品得到广泛流传。

◎ 经典范例

诗入鸡林市，书邀道士鹅。云间晏公子，风月兴如何。

——宋·黄庭坚 《自咸平至太康鞍马间得十小诗寄怀晏叔原并问王稚川行李鹅儿黄似酒对酒爱新鹅此他日醉时与叔原所咏因以为韵》

始皇射鱼

秦始皇统一中国后，为进一步控制地方势力，壮大皇帝的声威，多次到全国各地巡游。每到一处，大多立下石刻碑文，歌颂秦国的大功大德。

在第二次巡游的时候，齐人徐福等向秦始皇上书，称东海中有三座神山，名叫蓬莱、方丈、瀛洲，是仙人们居住的地方。徐福请求做过斋戒以后率领童男童女去寻访。于是秦始皇派徐福带领几千名童男童女出发到东海去访求仙人，寻找不死之药。

几年后，方士徐福等人入海求神药一无所得，而且花费了很多钱财，他害怕秦始皇怪罪，于是就欺骗秦始皇说："蓬莱仙岛上的仙药是可以得到的，但我们所乘的船常常被大鲛鱼阻拦，所以不能到达蓬莱岛。臣子大胆请求派一些擅长射箭的人和我们同去，见到大鱼就用连弩射它。"

事情凑巧，秦始皇有一天夜里做梦和海神恶战，那海神的样子很像人。秦始皇就请博士来占梦，博士说："水神是看不见的，但只要见到大鱼、蛟龙出现就知道水神来了。现在皇上祭祀祈祷的时候是那样的小心谨慎，竟然还会有这种恶神出来作祟，我们应该把它除掉，那么善神就可以保佑我们。"

于是，秦始皇命令入海求仙药的人带上捕大鱼的工具，他自己则准备好连弩等待大鱼出现。从琅琊往北走到了荣成山，还未见到大鱼的影子。一直到芝罘这个地方，才发现大鱼，秦始皇沉着冷静，使足勇劲，射死了大鱼。方士徐福等再无借口，只好再次出海，但再也没有回来。

后来，"始皇射鱼"这一典故，用来咏秦始皇事或表现渡海远行等壮举。

◎ 经典范例

　　钲铙一震山灵动，精骑四绕列熊罴，强弩况响苍岩里，劈破黄卫羽箭驰，却制长鲸如白小，威行水国倍神怡。

　　　　　　　　　——清·谢景谟《吊始皇芝罘射鱼》

叔敖埋蛇

孙叔敖是春秋时楚国人。他六七岁的时候，楚国发生动乱，他母亲带着他住到名叫梦泽的地方避难。

一天，孙叔敖出外玩耍。突然，他看到一条蛇在路上爬行，不由吓了一跳，再仔细一看，只见这条蛇有两个头，是条两头蛇。

孙叔敖想："前些日子我听大人说过，谁遇见了两头蛇，谁就活不了。现在我看到了两头蛇，看来我要死了。"想到这里，他心里一酸，不禁簌簌地落下泪来。然而他又想道："我看到两头蛇要死，那要是别人看到它不也要死吗？我不能让它再害人！"于是，他寻来一把铁锹，用尽全身力气，猛砸几下，才将两头蛇砸死。接着，他又在地上挖了个坑，把两头蛇埋在地下。

他埋好蛇后，急急忙忙地跑回家中，"哇"的一声，扑在他母亲的怀里大哭起来。母亲问他出了什么事，他擦了擦眼泪，说："我刚才看到了一条两头蛇。听大人说，看到两头蛇的人会死掉的。我马上会死的！娘！我舍不得离开你呀！"母亲听了，吓得脸色都变了，忙问："那两头蛇在哪里？""我怕别人看见了它也会死，就把它打死了！"孙叔敖一面哭，一面回答。

母亲听了，赞扬地说："好孩子，你别怕！蛇没咬着你，你怎么会死呢？再说，像你这样一个心肠好，替别人着想的孩子，上天一定会保佑你的，你不会死的！"孙叔敖听了母亲的话，擦干眼泪笑了。后来，孙叔敖不但活得很好，而且成了楚国的国相。

后来，"叔敖埋蛇"这一典故，用来形容人德行高尚，能够除害利人。

◎ 经典范例

巴蛇千种毒，其最鼻褰蛇。掉舌翻红焰，盘身蹙白花。喷人竖毛发，饮浪沸泥沙。欲学叔敖瘗，其如多似麻。

——唐·元稹　《虫豸诗·巴蛇》

苏秦六印

苏秦是战国时期著名的策士。战国之时，诸侯国间征战不休，一批读书人凭着自己的如簧之舌，游说诸侯，指点当时的政治局势，同时借此获得高官厚禄，这批人被称为"策士"。

当时的天下形势，决定了策士分为两派，即"合纵"派与"连横"派。秦国地处函谷关以西，原本落后，但秦国善用关东六国的人才，尤其经商鞅变法以后，秦国的势力迅速膨胀起来，怀有统一天下之心。这样，天下局势发生了变化，即秦国与关东六国间的对抗。针对这种情况，一部分策士为秦国出谋划策，认为秦国联合东面的任意一国就可对付其余国家，称为"连横"；而另一部分策士为关东六国考虑，认为东面六国只要联合起来，集中力量，就可对付秦国，称为"合纵"。张仪是连横派的代表人物，而苏秦则是合纵派的代表人物。

说服东面六国合纵对秦绝非易事。为此，苏秦广观博览，读书非常刻苦，"头悬梁，锥刺股"即是说他刻苦读书的故事。他在六国间穿梭游说，终于说动了六国国君，使六国联合起来。苏秦为"纵约长"，即合纵的总负责人，同时兼六国的国相，佩六国的相印，成为一时风云人物。他一路上车马声喧，旌旗飞扬，所经之国的诸侯都以王侯之礼接送，连周显王也吩咐清扫道路，不敢怠慢。但数年后，"合纵"失败，苏秦死于齐国。

后来，"苏秦六印"这一典故，用来形容荣任要职。

◎ 经典范例

五湖范蠡才堪重，六印苏秦道不同。再取素琴聊假寐，南柯灵梦莫相通。

——唐·刘兼 《春宵》

孙康映雪

晋代时，有个名叫孙康的少年酷爱读书。他家里很穷，每天要上山砍柴、下地种田，白天很少有时间读书，只好利用早晚多读些书。夏天日照长，可以读书的时间也长；冬天日照短，可以读书的时间短。

晚上读书最安静，但孙康买不起灯油，只好把书放下，但心里总思考着书中的内容。过了好长时间，他才昏昏睡去。

不知过了多少时间，他又醒了过来。当他把头侧向窗户一边时，突然发现窗缝里透进一丝光亮。他认为天亮了，准备利用早起时间读一会儿书。

他翻身下床，推开窗户，只感到一阵寒气迎面扑来。向外一看，一片茫茫白雪，把附近的山川原野、林木房舍装点成银白色的世界，四周一切都发出光亮。

"原来如此！"孙康心想，"这雪光不就是一种不用点灯就有的光线吗？它不是也可以用来读书吗？"虽然还是半夜，但孙康毫无倦意。他马上取出书来，同时取了一只小凳子，走到屋外。宽阔的大地上映着的雪光，正好被孙康用来看书。

半夜时分，刺骨的寒风吹着白雪，冻得衣衫单薄的孙康直打哆嗦。当实在忍受不下去时，他就起身跑一跑，跳一跳。手指冻僵了，就不住地搓，不住地把它放在嘴前哈热气。

后来每逢雪夜，孙康就利用雪映出的光亮起来读书。这样的苦学精神，使他的学识突飞猛进，成了一个饱学之士。后来，他终于当上了御史大夫。

后来，"孙康映雪"这个典故，用来形容勤学苦读。

◎ 经典范例

　　枉了你穷九经三史诸子百家，不学上古贤人囊萤积雪，凿壁偷光，则学乱作胡为。

——元·乔孟符 《金钱记》

西汉时，汉武帝即位不久，便下令征召天下有才能的人。这时，有个名叫东方朔的人应召前往，对汉武帝自荐，说他自己才能出众，可以做大臣。汉武帝非常惊奇，便派他待诏公车。

公车是个掌管殿廷司马门的官署。待诏公车就是上书给皇帝时必须经过公车官署，不能直接去朝见。当时，待诏公车的俸禄非常微薄，东方朔怀才不遇，心中很不满，便想了个办法，设法来改变自己的处境。

一天，他看到宫中几个矮人嘻嘻哈哈地走了过来，便向他们招招手，故作神秘地说："喂！你们这些人大难临头，还这么高兴呀！"

这些矮人本是陪皇帝消愁解闷的玩物，尽管内心很悲苦，但表面不得不装出很高兴的样子。他们听了东方朔的话，不由大吃一惊，七嘴八舌地问："东方朔先生，究竟发生了什么事呀！"

东方朔一本正经地说："你们难道真的不知道吗？皇上认为你们这些人既不会种田，又不会做官，打仗更是不行，对国家没有半点用处，只是白白地浪费钱粮，因此准备把你们统统杀掉！"

矮人们听了，信以为真，吓得号陶大哭。他们拉住东方朔，哀求说："先生，你能有什么办法救救我们吗？"

东方朔心中暗暗高兴，假装想了一会儿，说："办法倒有一个。不一会儿，皇上就要从这里经过。你们见了皇上，就拦住他叩头谢罪，皇上说不定会饶恕你们的。"

矮人们转悲为喜，站在那里等待皇上经过。不一会儿，汉武帝果真来了。矮人们见了汉武帝，一起放声大哭，并叩头如捣蒜，嘴里纷纷乱嚷："皇上饶命！饶命！"

汉武帝见状，被弄得莫名其妙，大声问："你们这是干什么！"

一个胆子大的矮子抽泣着把东方朔的话重复了一遍。汉武帝听了，不由得又好笑，又好气，立即让人把东方朔找来问："东方朔，你为什么要恐吓这些矮人？"

"皇上，我身高九尺，而他们不足三尺，但我们的俸钱和禄米却都是一袋粟和二百四十钱，他们饱得要死，我却饿得发昏，这难道公平吗？皇上如果认为我说得对，就应该区别对待；如果嫌我不中用，就赶我走，不要让我在长安城做个讨米的乞丐！"

汉武帝听了，哈哈大笑，认为东方朔很有才气，立即下令提高了他的待遇。

不久，汉武帝又任命东方朔为太中大夫，大大提高了他的待遇。

后来，"索米长安"这一典故，用来指薪俸微薄。

◎ 经典范例

未暇买田清颍尾，尚须索米长安陌。

——宋·史达祖 《满江红·书怀》

东晋王朝迁都金陵以后，经济重心也随之转移到南方。广州开始成为南方的一个重要城市，它靠近大海，交通方便，出产各种奇珍异物，是当时著名的商业中心之一。正因为如此，那些贪官污吏便看中了广州这块风水宝地，想方设法去广州做官。当时在广州衙门里，官吏们公开行贿受贿，每一任官吏，无不盘剥百姓，搜刮财物，闹得民愤极大。东晋朝廷害怕这样下去会闹出大乱子，就决定让吴隐之出任广州刺史，挽回朝廷的声誉。

吴隐之是一个著名的廉洁奉公的好官，对于官场上下贪污的恶习非常不满。他决定去广州整顿纲纪，杀一杀贪污受贿的歪风。

吴隐之接到任命，立即走马上任。一天，吴隐之来到石门这个地方，天热口渴，他看到路旁有一泓清泉，就下马到泉边舀起一瓢泉水。刚要喝，就听有人说："大人，这水喝不得啊！"

吴隐之回头一看，原来是一个白发老者拄着拐杖正向他走来。吴隐之觉得很奇怪，那老人已经走近，吴隐之忙问道："老先生，不知这泉水为什么不能喝？"

老者指着泉旁一块石碑说道："大人，你看！"

吴隐之一看，石碑上赫然刻着两个大字"贪泉"，十分醒目。但他还是不明白，就问老者："老先生，不知此泉为何叫作'贪泉'？"

老者见吴隐之还不明白，就直截了当地说："喝了这泉水的官吏，都要贪赃枉法，鱼肉百姓。"

老者一说，吴隐之更加感到奇怪，就向老者仔细地打听其中的来龙去脉。

原来，石门是进入广州的交通要塞，历代官吏经过石门时，见到泉水甘冽甜美，个个都忍不住要品尝一下，来显示自己的风雅，而进入广州后，个个都露出了贪赃枉法、盘剥百姓的本性。当地百姓见得多了，都气愤地说："这真是贪泉啊！"

就这样，"贪泉"的恶名便传开了。从那以后，去广州的官吏为了标榜自己的清廉，都装腔作势不喝"贪泉"的水，想给老百姓们留下一些好印象。

听到这里，吴隐之突然问道："那么，不喝泉水的官吏是不是比那些喝泉水的官吏清廉些呢？"老者气愤地说："还不是一样，一丘之貉。"吴隐之笑着追问了一句："那么，这同泉水是没有关系的喽？"

这时，泉边陆续来了不少围观者，听了这番对话，都不禁哄堂大笑，老者也情不自禁地笑了起来。

吴隐之环顾四周，严肃地说："当官的贪不贪财，在于这个人的心灵，和泉水是毫不相干的！"说着，他吩咐随从递过笔墨，在石碑上题了一首诗：古人云此水，一酨怀千金。试使夷齐饮，终当不易心。

这首诗的意思是：古人说这水，喝了一勺就会使人产生贪财的念头。假如伯夷叔齐这样的人饮了这水，一定不会见财动心。

写完诗，吴隐之举瓢入泉，连饮三口，笑着对父老们说："我今天喝了这贪泉的水，就任后是否贪赃枉法，请父老乡亲拭目以待！"说罢，吴隐之告别了石门父老，跃马扬鞭而去。

吴隐之到达广州上任后，大刀阔斧地整顿风纪，惩办了一批贪官污吏，使广州风气为之一变。同时，他严于律己，以身作则，不义之财一分不取，平常生活也十分俭朴，一日三餐只不过吃些蔬菜和干豆，博得了广州人民的敬佩和爱戴。吴隐之饮"贪泉"而不贪的事迹，成为一时美谈。

后来，"贪泉励心"这一典故，用来形容官员行为的正大、节操的高尚。

◎ 经典范例

酌贪泉而觉爽，处涸辙以犹欢。

——唐·王勃 《滕王阁序》

桃花源

东晋大诗人陶渊明曾经写过一篇名作《桃花源记》，给我们叙述了一个世外桃源的故事：

晋朝太元年间，武陵地方有个以打鱼为生的人。一次，他沿着一条小溪划舟向前，划呀划呀，早忘记路有多远了。忽然，他看到前面有一片密密的桃花林，夹着溪水向两岸伸展。桃花林中没有其他树夹杂，绿茵茵的嫩草发出一阵阵清香，地上飘落的花瓣到处都是。他举目望去，桃花林纵深有几百步，心中不由十分奇怪：他过去怎么从来没有看到过这地方呢？

他一面想，一面继续划船向前，打算找到这桃花林的尽头。

不久，他划到了小溪的源头。只见源头有一座山，山脚下有一个山洞。山洞中似乎有光亮透出来。渔人把自己的小船拴在一棵树上，钻进洞去。洞中的通道起先很狭小，仅能容纳一个人。可是往里走了几十步，不由豁然开朗，洞口一下子宽敞起来。

他揉了揉被光线刺痛的眼睛，只见洞内别有天地：一片片田地平坦宽旷，一排排房屋排列整齐，肥沃的良田，美丽的池塘，翠绿的桑树和竹子，一切是那样的真切。

再放眼望去，田间小路交错纵横，连鸡和狗的叫声也能听得清清楚楚。田野中有一些干活的人，路上也有一些行人，但他们的衣着打扮，不管是男是女，是老是小，全跟他们晋朝的人不一样。无论是白发苍苍的老人，还是乳臭未干的孩童，神态都十分快乐。

洞中人瞧见了陌生的渔人，都十分吃惊，大家一起围过来问他从哪里来。渔人如实地跟他们说了，他们听完，都热情地邀请渔人到自己家里做客。渔人跟一个人回到家里，那家人就忙着杀鸡、摆酒、做饭。不一会儿，许多村里的人来了，向他问这问那的。渔人问他们是怎样到这个地方来的，他们就一五一十地告诉了他。

原来，很早很早以前，他们的祖先遇上秦朝的内乱，便合村一起来到这个地方，以后再也没有出去过，于是便和外面的世界隔绝了。

渔人听了他们的叙述，十分惊奇，问："你们知道现在是什么朝代吗？"

他们只知道祖先逃难出来的时候是秦朝，往下连汉朝都不知道，更不知道曹魏和晋朝了。渔人把外面发生的事情，朝代的更迭讲给他们听，他们都十分新奇。

渔人在这家吃过饭，别人家也争着请他去。每户人家都拿出好的酒菜招待他。过了好多日子，渔人要回去了，桃花源里的人嘱咐他说："这里的情况，您千万别跟外面的人说啊！"

　　渔人告辞以后，从那地方出来，仍顺着他来时的路往回走。他留个心眼，沿河做了好几个记号。

○ 品画鉴宝
桃源图 （清）石涛／绘　画史上描绘陶渊明桃花源诗意的作品很多，石涛此画中则融现实性和表现性两方面因素，落脱恣意，汪洋纵横。

　　渔人回到武陵，马上跑到郡衙，向太守详细地报告了他的见闻。太守派人跟着他来到桃花林，沿小溪源头往里走，一路走一路找他原来做的记号。结果迷失了道路，再也没有找到原来的记号，找不到那个美好的世外桃源了。

　　后来，"桃花源"这一典故，用来比喻世外仙境，也指避世隐居的地方。

◎ 经典范例
　　杜陵犹识汉，桃源不辨秦。暂若升云雾，还似出嚣尘。
　　　　　　　　　　　　　　　　　　　　——唐·乔侃 《人日登高》

桃李成阴

战国魏文侯时，子质做官获罪，不得不离开国都大梁往北方去。临行前，他对好友简主说："从今以后，我再也不做培植人才之事了。"

简主说："你这是为什么呢？"

子质说："我培植、举荐的人才可谓不少，在士阶层中占了一半，朝廷的大夫中占了一半，边境的武将中也占了一半。但现在却落得这样的结果：士在君主面前诋毁我，大夫用法律恐吓我，边境的人手持兵器威胁我，像这样，我还能荐举人吗？"

简主听了他的话，劝慰说："你言过了。春天种桃树、李树，夏天可在树下纳凉，秋天可以采摘果食；春天种蒺藜，夏天不可摘叶子，秋天只有刺而已。由此看来，关键在于你种什么树。聪明的人先看准对象再予荐举，看来是你看人不准，举错人了。"

子质听了简主的一番话，若有所悟，但为时已晚。

后来，"桃李成阴"这一典故，用来形容栽培的门生多，或形容老师所教的学生多。

◎ **经典范例**

　　中吴茂苑繁华地。冠盖如林。桃李成阴。若个芳心、真个会琴心。

　　　　　　——宋·贺铸 《伴登临》（中吕宫丑奴儿）

○ 品画鉴宝　溪亭观泉图（明）王同／绘　表现出了山中岁月的清闲静谧。

陶侃运甓

陶侃是东晋时著名的政治家、军事家。他早年父亲去世，家境贫寒，在县里当一名小吏。后在友人范逵的推荐下，被庐江太守张夔任命为枞阳县令。由于他才能出众，政绩卓著，不久便升迁为江夏太守，并加给鹰扬将军的头衔。

几年之后，他随征南将军王敦讨伐在荆湘反叛的杜弢。陶侃英勇善战，经过几十次战斗，终于取得了平叛的胜利。东晋朝廷论功行赏，陶侃升任荆州刺史、南蛮校尉。

当时，中国的北方被外族所侵占，陶侃时刻想为收复中原出力，结果受到大将军王敦的猜忌和排挤，被调到偏僻的广州担任刺史。

陶侃在广州刺史任上，政通人和，闲暇较多。于是，他每天早晨将一百块砖从室内搬到室外，傍晚时又将砖搬回室内。

人们对他这样做很不理解，对他说："你干吗这样把砖搬来搬去？"

陶侃回答说："我立志要收复江北的中原失地，像现在这样过分悠闲安逸，一旦朝廷有重要任务交下来，恐怕难当重任，所以我每天以此来锻炼自己的体力。"

周围的人听了，都为之而感动。

后来，陶侃收复中原的大志虽然没有实现，但他在平定苏峻叛乱、保卫东晋王朝中还是功不可没的。他一生为官谨慎，四十年如一日，在当时还是十分难能可贵的。

后来，"陶侃运甓"这一典故，用来形容不安于悠闲的生活，刻苦自励，磨炼自己。

◎经典范例

运甓调辛苦，闻鸡屡寝兴。

——唐·元稹 《纪怀赠李六户曹崔二十功曹五十韵》

天女散花

　　古代印度是佛教的发源地。传说在古代印度的毗耶离城中，有位佛教大乘教义的传播者名叫维摩诘，又叫维摩居士，他的《维摩诘所说经》是著名的佛教经典。

　　维摩诘和佛祖释迦牟尼一样，能够随众生现出种种身形现身说法，他常常以自己患病为由，向人们宣扬佛法，劝人向善。

　　有一次，维摩诘又以患病为由，进行现身说法。释迦牟尼知道了，便派自己的左侍者文殊菩萨、右侍者普贤菩萨前去向维摩诘问候。当时，维摩诘室内有一位天上的神女，她看到听维摩诘说法的人很多，便想用撒天花的办法来验证各位菩萨和正在听讲的那些大弟子的向道之心。如果天花附身，说明修炼不到家，佛心不坚；如果天花不附身，便说明他们悉心向道，已经到了六根清净的境地。

　　于是天女立即现身，将无数的天花撒落。只见天花落到文殊、普贤等菩萨身上，便纷纷坠地；而天花落到那些大弟子身上，像粘住一般，着身不落。

　　天女对大弟子们说："看来，你们俗缘未尽，所以天花着身。"

　　大弟子们十分羞惭。维摩诘说："普贤、文殊跟着释迦修行了许多年，才能花不着身，你们只要努力修行，一定也会达到这种境界的！"

　　后来，"天女散花"这一典故，用来形容花朵、花片纷纷坠落，用"散花天女"指佛家仙女。

◎ 经典范例

天女散花，缀山林之草树。

——唐·宋之问 《设斋叹佛文》

田横五百士

　　田横是战国时齐国王族的后代。陈胜起兵反秦后，他和兄长田荣一起投入到反秦大军中。在楚汉相争时，田荣自立为齐王，后被项羽消灭了。田横率兵收复齐地，又立田荣之子田广为齐王，自任国相，国中事无巨细，都由田横决断。

　　田横在齐地招纳贤士，贤士都乐于为他所用。汉王刘邦为联合齐王抗击项羽，派郦生去游说田横。不料汉军大将韩信同时又出兵讨伐齐国，田横以为刘邦在耍弄阴谋，便下令将郦生杀了。不久，韩信攻破齐地，田横逃到梁地，依附梁王彭越。

　　汉高祖刘邦建立西汉王朝以后，田横怕刘邦对他进行报复，便带领忠于自己的部属五百余人一起东渡入海，在一所小岛上避难。

　　汉高祖得知田横的消息之后，认为田横当国相时，招纳了很多贤士。如让他们留在海岛上，恐怕将来会对朝廷不利。于是，汉高祖便派使者来到海岛上，赦免了他的罪，并召他入朝做官。田横辞谢说：“我曾经烹杀了皇上的使者郦生，现在听说他的弟弟郦商在朝廷中做将军，而且很有才能。因此我很害怕，怕郦商会对我有所不利。所以请你回禀皇上，说我不敢奉诏入朝，希望能得到皇上的恩典，让我留在海岛上做一个普通的老百姓吧！”

　　使者回朝向汉高祖作了禀报，汉高祖马上下了一道诏令给都尉郦商：“我即将召田横入朝，谁敢动他和他的人马，我就灭他的全族。”

　　接着，汉高祖又派使者来见田横，使者把汉高祖已下诏给郦商的事说了，又说：“皇上要我告诉你，你如奉诏而入朝，大者封王，小者封侯。如果不应召，将立即出兵征讨！”

　　田横知道无法再推辞，便带了两个门客随同使者一起前往洛阳。

　　到了离洛阳三十里的偃师的驿馆，田横对使者说：“我当年和汉王一起南面称王。如今汉王做了皇帝，我却成了亡国的俘虏，北面称臣，这已是一种极大的耻辱。再说我杀了郦商的兄长，如今却要和他同殿为臣，我怎会不感到羞愧呢？再说，陛下所以要见我，是要看看我的相貌。现在他在洛阳，离此地只三十里，如果斩下我的头，快马送去，形貌还不会腐坏，同样还可一看。”

　　说完，田横拔剑自刎。两个门客拿着他的头随使者飞驰去见汉高祖。汉高祖叹着气说：“唉！田横曾平定齐国，手下贤人云集，他自己也是个了不起的人物呀！”

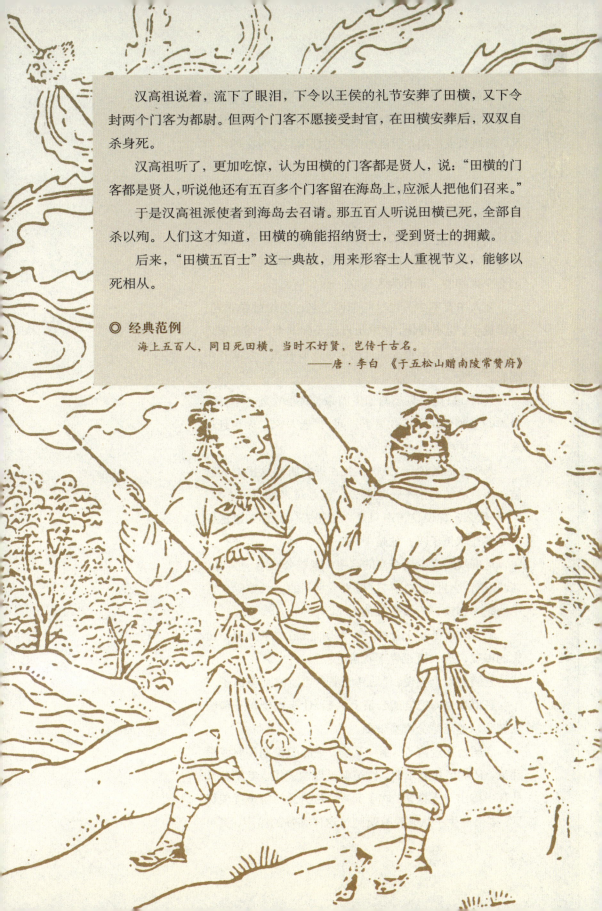

　　汉高祖说着，流下了眼泪，下令以王侯的礼节安葬了田横，又下令封两个门客为都尉。但两个门客不愿接受封官，在田横安葬后，双双自杀身死。

　　汉高祖听了，更加吃惊，认为田横的门客都是贤人，说："田横的门客都是贤人，听说他还有五百多个门客留在海岛上，应派人把他们召来。"

　　于是汉高祖派使者到海岛去召请。那五百人听说田横已死，全部自杀以殉。人们这才知道，田横的确能招纳贤士，受到贤士的拥戴。

　　后来，"田横五百士"这一典故，用来形容士人重视节义，能够以死相从。

◎ 经典范例

　　海上五百人，同日死田横。当时不好贤，岂传千古名。

　　　　　　　　　　　　　　——唐·李白 《于五松山赠南陵常赞府》

唐朝开元年间，有个叫李谟的著名笛子演奏家。他本来在宫廷的教坊中担任教习。后来，安禄山发动叛乱，京城长安沦陷，于是他流落到江南，寄居在越州刺史皇甫政家中。

在一个秋夜，皇甫政陪同一批客人乘着一只大船游览镜湖，便邀李谟一同游览。明月高挂，景色如画，皇甫政和客人们兴致勃勃。皇甫政对李谟说："夜色是如此美丽，四周是如此静谧，如果配上悠扬的笛声，那一定会令人陶醉。请你为大家吹一曲如何？"

客人中有不少人也早闻李谟之名，纷纷鼓掌欢迎。李谟见了，也不推让，便取出自己一向吹奏的那支紫竹笛吹了起来。笛声嘹亮而又动听。一曲吹罢，大家齐声喝彩。

这时，只见一只小船如飞而来，驾船的是一个身骨清秀的老艄公。皇甫政见了，问："老人家，你是赶过来听吹笛的吗？"

老艄公回答说："是呀！我在远处听到这里有人吹笛，而且吹笛的水平还过得去，就赶过来细听。"

"什么？你说这笛声只是'过得去'？你知道这船上是谁在吹笛子吗？他是……"

皇甫政刚要说出李谟的名字，老艄公哈哈一笑说："我知道，当世能吹出'过得去'水平的，大概除了宫中的教习李谟，再没有其他人了。"

皇甫政听了，十分惊异，恭敬地说："老人家，听您的口气，您大概也善于吹笛吧！"

老艄公点点头说："马马虎虎，也能吹几首曲子。"

皇甫政当即把老艄公请上大船，让李谟把笛子借给老艄公，邀老艄公吹奏一曲。

老艄公接过笛子，刚一吹奏，平静的镜湖顿时波浪翻滚，又吹了几节乐曲，竹笛就被他吹裂了。老艄公又从怀中掏出一支铁笛，吹了起来。老艄公的笛声优美极了，李谟一生中从来没有听到过这样美妙的笛声，真可谓"此曲只应天上有，人间能得几回闻"。

老艄公的笛声时而高昂，时而低沉，时而欢快，时而悲悼，令人听得如醉似痴。正在这时，皇甫政和李谟突然发现大船两旁的水中游来两条蛟龙，它们缓缓游动，也在静听老艄公的笛声。

老艄公奏毕，将自己的铁笛交给李谟，说："刚才我吹坏了你的笛子，这支铁笛就赔给你吧！相信你用这支铁笛，经过苦练，笛艺一定会更上一层楼。"说完，老艄公回到小船上，驾着小船离去。湖中的两条蛟龙亦随之离去。

李谟想用铁笛再吹一曲，可是竟然吹都吹不响。他这才知道，自己的笛艺和老艄公相比，还差得很远。

后来，"铁笛惊龙"这一典故，用来形容吹笛的技艺十分高超。

◎ 经典范例

　　渔唱一声哀铁笛，夕阳如梦下蓬窗。更无泽畔行吟客，烟水微茫冷绿莐。

——洪铁涛 《晚渡》

○ 品画鉴宝
西溪图（清）吕焕成／绘　描绘了明末清初杭州郊外的园林建筑，景与物互相辉映，别具胜概。

铁锁沉江

晋武帝泰始八年（公元272年），武帝平定蜀国后，命令龙骧将军王濬在益州督造战船，训练水军，准备出兵灭吴，统一全国。

王濬接到命令，便开始大规模地建造战船。他们造的最大的战船长二百四十米，可容纳二千多名士兵，甚至可以骑着马在船上驰骋。

他们在开始造船的时候很秘密，但随着时间的推移，造船的工匠和士兵却放松了警惕，随意地让削下的木片顺流而下，漂浮到长江下游东吴管辖的江面上。

东吴建平太守吾彦首先发现了这种情况，马上向吴王孙皓作了报告，希望再派些部队给他，加强防守。孙皓说："怕什么？我不去攻打他们，已是大大的恩典了，他们还敢来侵犯我东吴吗？"

吾彦没有办法，回到秭归后，别出心裁地在江面的险要处打了不少木桩，钉上几道铁链，随时可把铁链锁上，断绝江面交通。同时，他又下令在江底安置无数一丈高的铁锥作暗礁，用来阻止晋兵的战船沿江东下。

王濬得知这一情况后，胸有成竹，很快做好了相应准备。

公元279年11月，晋武帝终于下定讨伐吴国的决心，他派镇南大将军杜预攻打东路，向江陵进兵；安东将军王浑攻打中路，向安徽进兵；龙骧将军王濬从成都出发，率水军攻打西路，向秭归进兵。

这时，王濬已经七十一岁了。他接到命令，立即领兵乘船东下。大军来到秭归江上，果然遇到了吴军安置的铁链和铁锥。

王濬不慌不忙，一声令下，战船向两边分开，只见几十只巨大的木筏，在数百名潜水高手的驾驭下驶出。那些水手潜入水中，牵筏而行。水底下的铁锥遇到木筏，一只只都扎在木筏上，全被木筏拖走了。

接着，又有几十只木筏驶出。这些木筏上架着十多丈长、数十围大、吃足了油的火把，等这些木筏被铁链挡住，木筏上的水手便都跳水游走。王濬一声令下，无数支火箭飞向木筏，顿时火光熊熊，烈焰冲天，不过一两个小时，铁链全被烧断。

　　王濬清除了障碍，驱兵前进，很快和其他几路兵马配合，攻陷了吴都建业，灭掉了吴国。

　　后来，"铁锁沉江"这一典故，用来指某种完善的防御手段，也不能挽救防守一方覆灭的命运。

◎ **经典范例**

　　西晋楼船下益州，金陵王气黯然收。千寻铁锁沉江底，一片降幡出石头。

——唐·刘禹锡　《西塞山怀古》

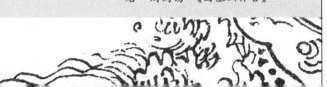

通家孔李

东汉末期的孔融是孔子的后裔，天赋极高，能言善辩。他十岁时到京师洛阳，去见当时名满天下的李膺。

李膺为人刚直，有胆略、有气魄。在宦官、外戚横行的时代，他无所畏惧，与腐朽势力作坚决的斗争，因此在士人中获得很高的名声，士人都以与他结交为荣。李膺不轻易见人，能被他接见者称为"跳龙门"，荣耀无比。

孔融还只是一个十岁的孩童，却想见李膺。他来到李膺的家门口，对其门人说："我是你家主人的亲戚，快去禀报。"李膺听说是亲戚来访，就让孔融进去了。

见面后，李膺见是一个孩童，很是诧异，问道："你和我是什么样的亲戚呢？"

孔融回答说："你的祖先老子与我的祖先孔子是师生关系，所以我们早就是通家了。"李膺一听，不由得非常佩服这位少年的才华。

过了一会儿，当时另一个有名人物陈韪来见李膺，有人将刚刚发生的事告诉他。陈韪颇为不屑地说："小时聪明，长大了未必就好。"孔融一听，马上回敬道："想必你小时候一定是很聪明了。"陈韪满脸尴尬。

后来，"通家孔李"这一典故，用来称赞青少年才华出众，反应敏捷，或指两家世为亲戚，关系密切。

◎ **经典范例**

独弃伦人国，难窥夫子墙。通家殊孔李，旧好即潘杨。

——唐·柳宗元 《酬韶州裴曹长使君寄
道州吕八大使因以见示二十韵一首》

西周时，周武王夺取天下后不久就去世了。他的儿子姬诵即位，史称周成王。当时，周成王还是个小孩子，朝政大事暂由叔叔周公旦掌管。

一天，成王和他的弟弟叔虞在一起玩耍。周成王在梧桐树上摘了一片叶子，削成一个上尖下方的玉珪之状，把它授给叔虞说："我拿这玉珪授你。"

玉珪是古代帝王、诸侯举行隆重仪式时所用的一种礼器。周成王将玉珪授给叔虞，就意味着封叔虞为侯。但他们兄弟俩都还小，并不懂得这一点，以为不过是闹着玩玩而已。

玩耍结束后，叔虞拿着桐叶剪的玉珪蹦蹦跳跳地走了。路上，叔虞正巧碰到辅政的周公旦，就将桐叶珪给周公旦看，高兴地说："刚才我和天子哥哥一起玩耍，他将这桐叶做的玉珪授给了我。"

周公旦除了辅政外，还负责管教成王，教授他各种帝王应有的礼仪。于是，他就去见成王，说："天子把桐叶玉珪授给叔虞，是封叔虞为侯，不知您准备把什么地方封给他？"

周成王惊奇地说："这是我和弟弟叔虞玩耍时，一时好玩，摘下桐叶做成玉珪的样子授给他的，怎么能当真呢？"

周公旦听了，严肃地说："您虽是个孩子，却是一国之君。要知道君无戏言，国君一旦说出话来，就有史官记录下来，是不能不算数的。"

于是，周成王就按周公旦的教导，正式把方圆百里的唐地封给了叔虞。

人们知道这件事后，称赞周公旦说："周公如此谆谆善诱、教导成王，使成王知道君无戏言。他真是个忠心耿耿的辅政大臣呀！"

后来，"桐叶封弟"这一典故，用来形容说话算数，言出必践。

◎ 经典范例

成王以桐叶与小弱弟戏，曰："以封汝。"周公入贺。王曰："戏也。"周公曰："天子不可戏。"乃封小弱弟于唐。

——唐·柳宗元 《桐叶封弟辩》

周公旦

姓姬，名旦，亦称叔旦，周代第一位周公。西周时期的政治家、军事家、思想家、教育家，被尊为『元圣』，儒学先驱。周文王的第四子，周武王的同母弟。因采邑在周，故称为周公。

桐叶封弟

303

土偶桃梗

战国时，七国争雄，以秦国最为强大。秦昭襄王听说齐国的孟尝君门下有食客三千，名闻天下，便让自己的兄弟泾阳王到齐国去做人质，请孟尝君到秦国去，以便借孟尝君的声望扩大秦国的影响。孟尝君答应了。

孟尝君的不少门客认为秦昭襄王不怀好意，劝他别去秦国，但孟尝君不肯听从。在他即将出发时，主张六国联合抗秦的游说家苏秦前来见孟尝君，说："这次我在来齐国的路上，遇见一个用泥土捏成的泥偶正跟一个用桃木雕成的木偶争吵。那木偶讥笑泥偶说：'你呀，不过是西岸的一块泥土罢了，经匠人加工捏制，才变成现在这个模样。只要一到八月份，大雨倾盆而至，淄水暴涨，那时你就会残破，甚至变成一堆烂泥了！'泥偶听了，笑了笑，说：'我本来就是西岸的一堆泥土，如果雨淋坏了我，我仍变成泥土，回到西岸去，这又有什么呢？可是你呢？你本来是东方的一段桃木，经过匠人雕刻，才成了木偶。大雨一下，洪水一冲，你就会被流水冲走，漂呀漂，真不知道什么地方才是你的归宿！'"

苏秦说到这儿，把话锋一转，说："秦国是虎狼之国，当年楚怀王受骗入秦，客死异国。现在你如果到秦国去，我怕你会步楚怀王的后尘，所以还望三思而后行！"

孟尝君听了苏秦的话，幡然醒悟，取消了自己的秦国之行。

后来，"土偶桃梗"这一典故，用来比喻飘荡无定的人或物。

◎ 范例运用

虽然他居无定所，漂泊不定，过着土偶桃梗一般的生活，却倒是落了一个潇洒的名声。

——编者

○品画鉴宝
矮足鼎（战国）盖顶有五柱环形捉手，下有四个环钮，盖沿三衔扣，器形设计独特，纹饰简练。

贾岛（公元779 — 843年）
唐代诗人。字浪仙。范阳（今北京附近）人。早年出家为僧，号无本。著有《长江集》十卷，通行有《四部丛刊》影印明翻宋本。李嘉言《长江集新校》，用《全唐诗》所收贾诗为底本，参校别本及有关总集、选集，附录所撰《贾岛年谱》《贾岛交友考》以及所辑贾岛诗评等，较为完备。

　　唐朝诗人贾岛，早年因家境贫寒，出家做了和尚。他有个叫李凝的朋友，是个隐士，住在长安城外的一个偏僻幽静的乡村里。

　　一天，贾岛去拜访李凝，因路上有事耽搁了一会儿，到达李凝家中的时候已经是夜深人静了。就在这天晚上，贾岛写了《题李凝幽居》的诗送给李凝。

　　第二天，贾岛辞别了李凝，骑着毛驴回到长安城里。突然，他想起昨晚诗中"鸟宿池边树，僧推月下门"这一联似乎不很确切，因为昨夜他到李凝家中时，李凝早已歇息，大门也紧关着，于是，他想把"推"字改成"敲"字："鸟宿池边树，僧敲月下门。"

　　贾岛骑着毛驴，一边吟诗，一边伸出手做推门和敲门两种姿势。他似乎觉得"敲"字比"推"字更为确切。大街上熙熙攘攘的人群，看到一个和尚骑着毛驴那副自言自语、手舞足蹈的样子，都感到十分惊讶。

　　正在这时，代理京兆尹的韩愈在浩浩荡荡的仪仗队簇拥下经过大街。行人和车辆都纷纷回避。贾岛在驴上出神地推敲，一会儿推门，一会儿敲门，不知不觉闯进仪仗队中。突然，贾岛觉得他被人拉下了毛驴。他定神一看，才知道自己闯了大祸，冲撞了京兆尹的仪仗。

　　贾岛被两个差役带到韩愈的轿子前。韩愈见是一个和尚，便问："和尚，你为什么冲撞我的仪仗？"

　　贾岛回答说："我写了两句诗，'推'字和'敲'字还没有定下来，不知用哪一个好，结果走了神，冒犯了大驾，请大人原谅。"

　　接着，贾岛就把自己作的诗告诉了韩愈。韩愈看到贾岛是因作诗而冲撞了他的仪仗队，不但没有处罚他，而且很有兴致地和贾岛一起商讨起来。韩愈说："我看，'敲'字佳。月夜访友，即使友人家门未闩，也应先敲门以示礼貌。再说，用敲字有益于诗音节的抑扬顿挫。"接着，韩愈就让贾岛和他并马而行，边走边谈。

　　从此，贾岛和韩愈成了好朋友，贾岛在韩愈的鼓励下还了俗，还曾去考过进士，由于出身卑微，未被录取。但"推敲"两字，却成了中国文学史上反复修改、字斟句酌的一则佳话。

　　后来，"推敲"这一典故，用来形容反复研究措词、斟酌字句，又引申为对某一情状、思想意图或问题的分析和研究。

◎ 范例运用
　　王先生的小说构思精巧，但是在一些行文的细节上却还需要再推敲一番。

——编者

秦朝末年，陈胜、吴广同九百多个戍卒一起被朝廷征发到渔阳去戍守边疆，陈胜、吴广被两个押送的军官指定为队长。他们走到大泽乡，遇上了连绵阴雨，水漫道路，无奈只得停了下来。眼见队伍已无法按期到达渔阳，大家既焦急又害怕，因为按照秦朝的法律，误了期限是要杀头的。

陈胜和吴广一起商量说："如今误期是死，逃跑是死，起来造反也是死。既然同样是死，为什么不起来造反，为夺取天下干一番轰轰烈烈的事业呢？"

吴广很赞同陈胜的意见。于是，两人决定一起干。陈胜又说："天下老百姓都痛恨暴秦的统治。我听说照理皇位不该由胡亥继任，而应该由公子扶苏继任。可是扶苏被二世皇帝杀了。另外，楚将项燕很得民心，有人说他死了，也有人说他逃亡在外。如果我们用扶苏和项燕的名义起兵号召天下，天下人一定响应。"

两人商量了一会儿，便先去找算卦的人问："我们想办件事，不知能不能成功？"

算卦的看出他们的意图，说："你们办的事一定能成功。不过，可先向鬼神问一下吉凶。"

陈胜和吴广懂得这是让他们先假借鬼神树立威信，于是将一块写有"陈胜王"的绸布塞在鱼腹中，让杀鱼的人发现，引起大家的惊奇。吴广又在深夜里在驻地附近的古庙中装狐狸叫："大楚兴，陈胜王！"

第二天，大家议论纷纷。吴广见时机已成熟，乘两个军官喝醉了酒，故意说要逃亡，激怒他俩。两个军官果然被激怒，拿起鞭子要抽打吴广，吴广趁机夺了一个军官的剑，将他杀了。陈胜也一跃上前，杀了另一个军官。

陈胜、吴广又把大家召集起来。陈胜鼓动大家说："我们被大雨耽搁了日期，不能按期到达是要被杀头的。与其被杀头，还不如轰轰烈烈地干一番事业。那些王侯将相，难道是天生的贵种吗？我们大家齐心协力，推翻暴秦的统治，将来我们便也能做王侯将相！"

王侯宁有种

　　大家都热烈响应，表示愿意听从陈胜、吴广的命令。于是，陈胜、吴广就用扶苏、项燕的名义在大泽乡揭竿而起，举行起义。很快，起义的烽火燃遍全国，秦朝不久就灭亡了。

　　后来，"王侯宁有种"这个典故，用来形容人只要有雄心壮志，便能干一番事业。

◎ 经典范例

　　假号偷名只可怜，枉抛钱镈弄戈铤。陇头燕雀应相笑，鸿鹄元来是项燕。

　　　　　　　　　　　　　　——宋·乐雷发 《咏史六首·陈胜吴广》

王徽之是东晋大书法家王羲之的儿子。他博闻强记，见识高远，性格豪放不羁，年轻时曾做过大司马桓温的参军，后来官至黄门侍郎。

王徽之平生有一种特别的嗜好，那就是爱好竹子。他家的庭院中，屋前屋后的空地上，到处都种满了各式各样的竹子。有粗犷而伟岸的毛竹，纤细而秀丽的篾竹；也有挺拔而刚劲的刚竹，斑点绚丽的紫竹；还有慈竹、淡竹等。每当他空闲的时候，就在竹林中悠闲地散步，品赏竹子的美姿，沉醉在竹叶的清香之中。

有一次，他暂时寄住在一位朋友家中。他见朋友家的宅院没有一根竹子，便派人买来很多竹子，种在宅园中。那朋友很奇怪地问："你不过在这儿暂住几个月，何必这样找麻烦？"

王徽之粲然一笑，说："难道你不知道，我就像一个爱喝酒的酒徒，酒徒一天也离不开酒，我是一天也离不开竹子的呀！你想，我要在这儿住几个月，没有竹子，这日子怎么过得下去呢？"

又有一次，王徽之有事路过苏州，听说有一位官员家的庭园中种了一园好竹，便慕名前去观赏。当时王徽之在社会上很有名望，那官员听说王徽之要前来拜访赏竹，十分高兴，立刻吩咐仆役们把宅园打扫得干干净净，自己则在客厅中恭候。

可王徽之到达后，却不派人去向主人通报，而让轿夫把轿子直接抬到宅后的竹林中。他下了轿，在竹林中徘徊，被这竹林中的美竹迷住了。王徽之赏完竹，却忘了拜访主人这一礼节，准备起轿离去。主人闻报，说："王徽之是个名人，不会如此不懂礼节，一定是他对竹子痴迷太深，才忘记了应有的礼节。"

于是，他吩咐仆人将宅园的园门关上，借以提醒王徽之。果然，王徽之出不了园门，才想起还没拜访主人，连忙来到客厅中和主人相见。主人以茶、酒相待，两人以竹结缘，竟成好友。

后来，"王徽之爱竹"这一典故，用来形容对竹子的酷爱，或表示文人的某种喜好和雅兴。

◎ 经典范例

宁可食无肉，不可居无竹。无肉令人瘦，无竹令人俗。人瘦尚可肥，士俗不可医。

——宋·苏轼 《于潜僧绿筠轩》

王徽之爱竹

瓮间毕卓

毕卓是西晋末年时人，他从少年时就为人豪放，旷达不羁。太兴年间，毕卓被晋元帝司马睿任命为吏部侍郎。他生性爱好喝酒，常常因喝醉酒而耽误公事，受到上司的批评。但他依然故我，不改旧习。

有一次，他的邻居酿了一批好酒，酒熟之时，阵阵香味逸出，使毕卓垂涎三尺，一心想去尝尝这新酒的好味道。但隔壁的主人没有请他去饮酒，他也无可奈何。

一天晚上，阵阵酒香随风飘到毕卓的房中，他再也熬不住了，便趁着夜色，来到邻居盛放新酒瓮的屋中，掰开酒瓮，大口大口地饮起来。不一会儿，他就把一瓮酒喝得精光，醉醺醺地躺在地上。

邻居听到盛放酒瓮的屋中有异常的响声，估计有人前来偷酒，立即带人前往捉贼，他们看到一个偷酒贼醉卧在地上，便把他抓住，并用绳索捆绑起来。

第二天天亮后，邻居准备把偷酒贼送往官府究办。询问之后，才知是住在隔壁的吏部侍郎毕卓，马上下令将毕卓松了绑。毕卓这时酒已醒了，满脸歉然地说："贵邻所酿新酒，味道实在太香。敝人实在忍不住，才夜入瓮间盗饮，致歉，致歉！"

邻居也是好酒之人，况且久闻毕卓之名，便把毕卓引为酒中知己，说："鄙人也酷爱杯中之物。毕吏部如此好酒，真我辈中人。如蒙不弃，我俩设宴共饮如何？"

毕卓哪有不应之理，当即同意。于是邻居在瓮间之侧设下酒席，和毕卓你一杯我一杯地大饮起来。毕卓一直喝到酩酊大醉，才告辞离去。

毕卓到邻居家偷酒喝的事传开后，当时的人便把毕卓谑称为"瓮间吏部"。

后来，"瓮间毕卓"这一典故，用来形容嗜酒成癖、醉酒如泥的人，或借指嗜酒。

◎ 经典范例

篱下先生时得醉，瓮间吏部暂偷闲。何如家酝双鱼榼，雪夜花时长在前。

——唐·白居易 《家园三绝》

卧榻之侧

北宋初年，早已黄袍加身的宋太祖赵匡胤急欲完成统一全国的大业。

当时，南唐还占着长江以南地区，都城设在金陵。宋太祖派重兵渡过长江，包围了金陵。南唐后主李煜，实际上是个擅长写诗填词，喜欢风花雪月的皇帝。长期以来，李煜过着纸醉金迷的生活，不理朝政，导致南唐经济衰败，国力空虚。面对大兵压境的紧急形势，李煜才如梦初醒，慌忙召集文武大臣商量对策。

大家一致认为，凭南唐军队的数量和质量，实在无法抵挡住气势汹汹的宋朝大军。唯一的办法就是派人去向赵匡胤说好话，求他手下留情。派谁去好呢？文武大臣们推三阻四，最后重任落到了徐铉的身上。

徐铉奉命来见赵匡胤。赵匡胤当然明白南唐的意思，就在便殿接见了徐铉。

"你来所为何事？"见了面，待徐铉行过大礼后，赵匡胤傲慢、冷淡地问。

徐铉毕恭毕敬地说："听说宋朝大军开到了金陵，不知是为了什么？"

赵匡胤说："我乃大宋王朝的皇帝，李煜竟然久久不来晋见，违抗圣命，因此才发天兵征讨。"

"我主历来对朝廷非常恭顺"，徐铉连忙诚惶诚恐地解释，"我主因长期身体欠安，所以不能长途跋涉前来拜谒，决不是有意抗拒皇上的诏命。现在能否请圣上退兵，我主自然也会奉诏来朝晋谒"。

宋太祖（公元927—976年）即赵匡胤，宋朝建立者。公元960—976年在位。涿州（今属河北）人。公元960年发动陈桥兵变，即帝位，国号宋。

311

赵匡胤听了徐铉的话，觉得没有必要再拐弯抹角了，便淡然一笑，对徐铉说："你不需要再多说了！其实，你们并没有什么错。只是，大宋的天下，如何容得你们的小朝廷存在？正如自己的卧榻旁边，怎能容许别人酣睡呢？"

　　听了赵匡胤的话，徐铉已经明白了对方一统天下的心思，求和自然毫无指望了。

　　后来，"卧榻之侧"这一典故，用来比喻自己的势力范围之内不允许别人染指。

◎ 经典范例

　　酣睡他人同卧榻，婆娑老子自登楼。

——清·黄遵宪 《上黄鹤楼》

○ 品画鉴宝

雪夜访普图（明）刘俊／绘　该画描绘了宋太祖赵匡胤雪夜访问功臣赵普的故事。其功能在于赞美明主之间融洽的关系。图画布局平稳而概括，线条秀劲有力，设色精丽典雅。

乌鹊填桥

传说中，织女是玉皇大帝的女儿，住在天河的东岸。她不但长得花容月貌，美丽非凡，而且心灵手巧，能够织出各式各样、色彩绚丽的锦缎。

玉皇大帝把这些锦缎赐给天上的各路神仙，神仙们都十分喜欢。玉皇大帝把其中质地最好的云锦在黄昏时挂在西天，云锦在人间看上去就是美丽的晚霞。

织女天天从早织到晚，生活单调而乏味，随着年龄的增长，她因辛劳寂寞而憔悴起来。有一天，玉皇大帝来到织机房中，见到女儿十分辛苦，心中很是不忍。于是，他与王母娘娘商量说："织女这孩子太辛劳了。咱们给她找一个如意郎君，让她过几天神仙伴侣的日子才好。"

王母娘娘便提议把织女许配给天河西岸的牛郎。玉皇大帝同意了。于是，玉皇大帝颁下旨意，让织女和牛郎即日成婚。

婚后，小两口甜甜蜜蜜，如胶似漆，整天卿卿我我，形影不离。两人有时候在岸边饮牛，有时候在河中泛舟，有时候去瑶池揽胜，有时候去蓬莱访友。这样过了半年，织女竟忘记了自己的职责，再也没织出过一匹锦缎。

天上没了云锦，天空变得灰暗起来。玉皇大帝不时派人催讨，但织女沉溺于爱情之中，不想再织锦缎了。

玉皇大帝不由大怒，他下令将织女抓回河东，关在机房织锦。没有他的同意，不准她再和丈夫牛郎见面。

织女含着眼泪，上机织锦。泪珠滴在云锦上，化成颗颗珍珠，闪闪发光。玉皇大帝看到带珠的云锦，知道这是女儿泪珠所化，也有所感动。于是，他下令每年七月七日让织女和牛郎在天河上

相会一次，其余的时间仍分居河东河西，各司其职。

天河波涛滚滚，在河上怎么相会呢？牛朗和织女知道后十分忧愁。这事让百鸟仙子知道了，于是在七月七日那天，召来成千上万只喜鹊，搭成一座鹊桥，让牛郎和织女在桥上相会。

从这以后，每年七月七日晚上，喜鹊都会飞来，搭起鹊桥。而在这一天，凡间的人们仰望夜空，就能看到牛郎星和织女星靠得很近很近。

后来，"乌鹊填桥"这一典故，用来形容帮助男女结合、夫妻团聚的善行。

◎ 经典范例

乌鹊填应满，黄公去不归。势疑虹始见，形似雁初飞。

——五代·李峤 《桥》

○品画鉴宝　松鹊双兔图 (明)陈嘉言/绘

管仲（？－公元前645年）
名夷吾，又名敬仲，字仲，春秋时期齐国著名的政治家、军事家，颍上（今安徽颍上）人。为齐国上卿，被称为"春秋第一相"，辅佐齐桓公成为春秋时期的第一霸主。

春秋时期，公元前686年，齐国发生内乱。齐襄公荒淫无道，滥杀无辜。齐襄公有两个弟弟：公子纠和公子小白。二人都明白，他们的地位使自己处于危险的境地。为了逃避随时可能加身的祸害，二人分别逃离齐国，到别国避难。

公子小白逃到莒国，在莒国受尽了千辛万苦。但他在鲍叔牙等人的帮助下忍辱负重，等待时机。

后来，齐襄公被杀，齐国暂时无君。公子小白和逃到鲁国的公子纠闻讯后，一齐赶回齐国，争夺王位。在由莒国回齐国的路上，小白差点被公子纠手下的人用箭射死。小白灵机一动，将计就计装死，从而麻痹了公子纠，使他放慢了行程。公子小白终于抢在公子纠之前赶回了齐国，做了齐国国君，即齐桓公。

齐桓公听从了鲍叔牙的劝告，任命管仲为相。管仲施展杰出的治国之才，很快使齐国强盛起来，齐桓公也成为各诸侯国的霸主。

齐桓公因此骄傲起来。一次，他与鲍叔牙、管仲等人在一起喝酒。兴奋之时，齐桓公得意地对曾与他共患难并在紧要关头给他以决定性帮助的鲍叔牙说："你能为我祝酒吗？"

鲍叔牙听了齐桓公的话，看着齐桓公那副得意忘形的样子，觉得应该提醒他。于是，鲍叔牙马上端着酒杯，站起来说："主公今日志满意得，我希望您不要忘记当年逃亡在莒国的日子。"

后来，"毋忘在莒"这一典故，用来指成功后或顺利时应不忘以往的困厄。

◎ 经典范例

使公毋忘出奔于莒也。

——秦·吕不韦 《吕氏春秋·直谏》

惠施是战国时诸子百家中名家的代表人物，像孔子、庄子一样，被称为惠子。

有一天，惠子得到魏国相国死去的消息，便匆匆前往魏国，准备毛遂自荐。半路上，他遇到了一条大河，便乘上了一艘渡船。他因为焦急不安，一不小心，跌入河中。艄公忙把他救上船来，并问："你看上去十分焦急，大概有什么十分重要的事情要办吧！""魏国的相国死了，我准备到魏国去向魏王自荐，由我来当魏相。"惠子说。艄公听了，笑了起来，说："瞧你这副模样，连船也坐不稳，怎么能有资格去当什么相国呢？""坐船，我当然不如你！但我腹中有五车藏书，怎么治理国家，怎么安定社会，我可比你懂得多了！坐不稳船又有什么关系呢！"惠子回答说。

几天后，惠子到了魏国。他的能言善辩、远见卓识，得到了惠王的赏识，惠王果真任命他当了魏国的相国。

惠子当了魏相后，提出了联合齐国、楚国发展生产、安定国家的主张，也被惠王所采纳。但是不久之后，秦国的相国张仪前来游说惠王联合秦国和韩国，讨伐齐国和楚国。惠王被张仪的花言巧语所打动，答应了。惠子十分着急，反复规劝惠王，但魏国的另外一些大臣看惠王的脸色行事，纷纷赞同张仪的意见。于是惠王说："攻打齐国、楚国，对我国有利，所以大家都赞成呀！"

惠子据理力争，说："大王，凡事要商量，是因为存在疑难。有疑难，就会产生有些人认为可以，有些人认为不可以的情况。那么，现在为什么那些原来认为不可以的人都认为可以了呢？那是因为他们顺着大王的意向，并不是真正认为可以呀！望大王再仔细地考虑一下。"

惠王听了，终于醒悟过来，于是不再联合秦、韩去攻打齐、楚，而由惠子陪同他出访了齐国，和齐国订立了友好盟约。

惠子的老朋友庄子很佩服惠子的才华，他曾经写文章称誉惠子，说"惠施多方，其书五车"。

后来，"五车书"这一典故，用来形容读书多、学问深。

◎ 经典范例

男儿一片气，何必五车书。好勇方过我，多才便起予。

——唐·孟浩然 《送告八从军》

五大夫松

公元前221年，秦王嬴政灭掉了韩、赵、魏、燕、齐、楚六国，建立了中国历史上第一个中央集权制的封建帝国，历史上称他为秦始皇。

秦始皇执政期间，曾多次大规模出巡，到处刻石立碑，颂扬自己统一华夏、开拓疆域的丰功伟绩。

公元前219年，秦始皇带着大批随侍人员来到山东巡视。一天，他登临层峦叠嶂的峄山览胜，望见北方有一座更为雄伟高峻的大山，心中怀疑那就是著名的泰山，便问："那北方的高山，就是东岳泰山吗？""是的。"丞相李斯回答说。秦始皇踌躇满志地说："我听说古代的三皇五帝，都曾登临泰山举行过祭祀天地的封禅大典。我现在是始皇帝，理所当然也应该去泰山封禅！"李斯立即遵照秦始皇的旨意，征召上万民工，很快修筑了一条从山麓直达山巅的山路。李斯向秦始皇禀报路已经修好，秦始皇便兴致勃勃地登上泰山之巅，举行了规模盛大的封禅大典，并刻石作为纪念。

封禅仪式结束后，秦始皇的銮驾下山。他们刚行到半山腰，突然，天色暗了下来，不一会儿，便狂风大作，大雨倾盆。恰巧，半山腰有棵巨大的松树，枝叶繁茂，亭亭如盖。侍从们急忙把秦始皇的銮驾抬到那棵松树下面避雨。

不一会儿，风停雨息，天又放晴。秦始皇看到下了这么大的雨，自己身上的衣服只是微有沾湿，心中不由十分高兴。他觉得这棵大松树护驾有功，于是当即封这棵大松树为"五大夫"。

后来，"五大夫松"这一典故，用来表达受了知遇之恩，或借此指代古松、松树。

◎ 经典范例

　　"松树老爷子，亏得你今日大显神通，救了我段誉一命。当年你的祖先秦始皇遮雨，秦始皇封他为'五大夫'。救人性命，又怎是遮蔽风雨之可比？我要封你为'六大夫'，不，'七大夫''八大夫'。"

——金庸 《天龙八部》

○ 品画鉴宝 墨松图 （清）汪士慎/绘 此图写松桷于云烟深处，虬曲劲姿，笔势雄浑，松叶随意点笔，极见功力。

伍员鞭尸

伍员，字子胥，春秋时楚国人，是个文武双全的勇将。当时，楚国的国君楚平王是个残暴无道的昏君，他听信小人的谗言，杀了伍子胥的父亲和哥哥。伍子胥历经艰辛，逃脱了平王的追捕，最后逃到了吴国。

伍子胥立誓要为父兄报仇。在吴国，他先取得了吴王僚的信任，被封为大夫。但吴王僚不肯为伍子胥报仇而发兵伐楚，伍子胥就帮助吴王僚的侄子阖闾夺取了王位。

吴王阖闾十分信任伍子胥，封他做了相国。公元前506年，吴王阖闾拜孙武为大将，伍子胥为副将，率军六万伐楚。强大的吴军一路势如破竹，把楚军打得一败涂地。这时，楚平王已死，在位的楚昭王眼见情况不妙，逃离郢都，到随国避难去了。

孙武、伍子胥等簇拥着阖闾进入郢都，庆贺胜利。吴王阖闾下令拆除了楚国的庙堂。在庆功宴上，众人都十分高兴，只有伍子胥闷闷不乐。阖闾感到很奇怪，便问："寡人不是为你报仇了吗？你为什么还那么不高兴呢？"伍子胥回答说："平王已死，昭王出逃。臣的父兄之仇还没有真正得报。臣请求准许掘平王之墓，鞭平王之尸，以泄臣心头之恨。"阖闾认为这是小事一桩，当即准其所请。

伍子胥很快打听到楚平王葬在郢都东门外的寥台湖，便领兵前去，只见湖水茫茫，不见墓之所在。派人四处寻找，也毫无结果。但伍子胥锲而不舍，终于在当年一个修墓的老石工的指点下，戽干了寥台湖的湖水，找到了位于湖底的楚平王之墓。

伍子胥立即让人掘开坟墓，打开石椁，不料是个衣棺，里面只有平王的衣帽而无尸体。伍子

胥在石工的指点下，继续深掘，终于找到了楚平王的真棺。

伍子胥将真棺中的楚平王尸体拖出棺外，抄起铜鞭，一连鞭尸三百下，把平王的尸体打得骨折肉烂，才出了心头的怨气。

伍子胥虽然依靠吴国为自己报了父兄之仇，但阖闾死后，夫差即吴王之位后，伍子胥死在了吴王夫差的手里。

后来，"伍员鞭尸"这一典故，用来形容报仇雪恨。

◎ 经典范例

　　徒令勾践霸，不信子胥贤。莫问长洲草，荒凉无限年。

　　　　　　　　　　　　　　——唐·殷尧藩《吴宫》

春秋时期，秦国发兵进攻韩国。韩国向赵国求救，赵王派大将赵奢去援救韩国。

赵奢率大军向韩国进发，刚刚走了三十里，赵奢就向全军下命令："我奉王命，统率军队援救韩国。军机之事，自有主张。如果有人因为军事而向我进谏，立即处死！"

当时，秦国的军队驻扎在武安以西。秦军人多势大，气势旺盛，官兵齐声呐喊，把武安屋上的瓦片都振动了。赵军中有人向赵奢建议：秦军要夺取武安，赵军应该火速前去援助武安。

赵奢一听，勃然大怒，说："我已经有言在先，有向我进谏者，立斩不赦，你如何还敢多言！"于是，赵奢立即把提建议的人按军法处置了。这样一来，赵军中谁也不敢再向赵奢进谏了。

赵奢命令军队增筑堡垒，坚守营地。一直过了二十八天，也不出击。秦军的间谍打听到了这个消息，报告给秦军的将领，说赵军按兵不动，是无意与秦军作对。秦将十分高兴，以为赵军不会真的救援韩国，韩国必败无疑了。然而，就在此时，赵奢命令全军将士快步前进，只用了两天一夜就赶到了主战场。没有防备的秦军被打得大败而逃。

后来，"武安振瓦"这一典故，用来形容声威盛大或气势恢弘。

◎ **经典范例**

武安有振瓦，易水无寒歌。铁骑若雪山，饮流涸滹沱。

——唐·李白 《发白马》

○ 品画鉴宝 兵马俑（秦） 俑站立状，似在警戒守备。

误笔成蝇

三国时，吴国有个著名的大画家名叫曹不兴。他的画色彩鲜艳，神韵兼备，在当时名气很大。东吴的士大夫家中，都以挂曹不兴的画为荣。曹不兴的大名甚至传入宫殿，连孙权也知道曹不兴是个非常出色的画家。

有一年，吴国的宫中新制了一架屏风。精美的红木架上配以雪白的素绢，显得十分高雅，看到的人都赞不绝口。

孙权对这屏风也十分满意，但总感到有些美中不足。这时，宫中的太监主管对孙权说："皇上，如果能请人在素绢上配上画，那就更好了。"

孙权听了，十分高兴，说："这主意不错。曹不兴的画很有名气，那就叫他来画吧！"

曹不兴被传到了宫中。太监总管对他说："皇上仰慕你的画名，让你在这屏风的素绢上作一幅画，你好好画吧！"

曹不兴听了，立刻拿起画笔，蘸了墨，略作沉思，便准备动手。谁知墨蘸得太多，刚提起笔，一小点墨便落在洁白的素绢上。旁边看他作画的人都惋惜地说："素绢被墨点玷污了，叫工匠来换一块素绢再画吧！"

曹不兴对着小墨点端详了一会儿，说："不用换，就在这块素绢上画吧！"

于是，曹不兴又东加几笔，西添几笔，最后把那小墨点改画成一只栩栩如生、十分传神的苍蝇。而且苍蝇所处的位置，正是整幅画的画眼之处，对整幅画起了画龙点睛的作用。有了这只苍蝇，整幅画便活了起来。

屏风画好后，太监总管向孙权禀报。孙权兴冲冲地前来看画，一眼看到屏风的素绢上停着一只苍蝇，便挥手去赶。可是赶了几次，那只苍蝇却一动不动，不肯飞走。他心中十分疑惑，再仔细一看，才知道这是曹不兴画上去的，忍不住笑了起来，说："曹不兴不愧是位名画家，画得好极了！"

于是，孙权下令重赏曹不兴。曹不兴的名气从此也更大了。

后来，"误笔成蝇"这一典故，用来形容画技高超、非常逼真。

◎ 范例运用

　　能将这一片墨渍画成巫山飞云，确是大国手所为，与昔日的误笔成蝇相比也是不遑多让。

——编者

席门穷巷

汉代的陈平，小时候家里很穷，但在哥哥的帮助下，也读过不少书，而且长得一表人才。陈平长大了，到了该娶妻生子的年龄。但是，有钱人没有愿意把女儿嫁给他的，而娶贫苦人家的女子为妻，陈平自己又觉得耻辱，不同意。因为这两个原因，陈平的婚事拖了很长时间。

有个富人叫张负，他的孙女曾嫁过五个丈夫，但这五个丈夫都死了，因此没有人敢再娶她。陈平因为家穷，乡亲们中有办丧事的，他就早出晚归，去给人帮忙，以求得一些生活上的补助。张负在一次丧事中认识了魁梧俊美的陈平，了解到了陈平的情况，打算把孙女嫁给他。陈平当然愿意。张负跟着陈平到了陈家一看，原来陈家竟是在靠近城墙的偏僻小巷里，门是用烂席子做的，但门外却有很多贵人的车子停留时留下的痕迹。

张负回到家里，对其儿子张仲说："我想把孙女嫁给陈平。"张仲听了父亲的话，大惑不解地问："陈平家境贫寒，又不经营买卖，全县的人都笑他不务正业，我怎么会愿意把女儿嫁给他呢？"张负听了，反驳道："人世间如此俊美的陈平，会长久贫穷卑贱吗？"

张仲终于拗不过父亲，加上父亲的话也的确有理，只好同意把女儿嫁给陈平。但陈平贫苦，无钱行聘礼，张负便借钱给他行聘礼，买酒肉娶妻过门。临嫁时，张负告诫孙女："千万不要因为陈平贫寒就怠慢他。服侍兄长和嫂子，要像服侍自己的父母一样。"

陈平娶了张负的孙女以后，经济上一天比一天宽裕，交游的面也一天比一天广。在楚汉战争中，陈平投奔刘邦，南征北战，为平定天下出了大力，被封为曲逆侯。

后来，"席门穷巷"这一典故，用来指人虽出身贫寒，却有才而受人器重，或指贫寒贤士居住的地方。

◎ **经典范例**

东邻少年安所知，席门穷巷出无车。

——唐·高适 《行路难二首》

汉文帝后六年（公元前158年）冬天，北方的匈奴大举进犯上郡、云中等边关。守关的将领因为多年没打仗了，一下子措手不及，急忙燃起烽火，向附近的关口报告。汉文帝接到急报，连夜调集了三路人马，前往边关支援。

援军开赴前线后，文帝仍然觉得放心不下，又在京城前沿布置了第二道防线。他派将军刘礼驻军灞上，派将军徐厉屯兵棘门。

河内太守是绛侯周勃的儿子周亚夫，以性情耿直、善于用兵而闻名。汉文帝派他镇守细柳。有了这样内外两道防线，汉文帝才觉得高枕无忧。

为了鼓舞全军士气，汉文帝亲自去犒劳三军。他首先来到灞上，径直走入营中。刘礼忙率众将前来迎接，文帝抚慰了几句，就退出了。接着，文帝来到棘门，守营的卫士见皇上的马车驾临，连忙打开营门，让车队长驱直入。徐厉深居帐内，文帝的马车快到帐前他才知道，慌慌张张地出来迎接。文帝看在眼里，也没有责怪他，慰劳了将士后，便离营而去。

文帝一行最后来到细柳驻军的营前。只见营中的官兵都是盔甲不离身，兵刃都磨得雪亮，站岗的士兵也弯弓搭箭，一副随时准备投入战斗的样子。

文帝的先行队来到营前，要求守营士兵把营门打开，让皇上的车队进入。但守营的士兵不让进。先行队的卫兵说："皇上驾到了。"

守营的士兵却说："我们将军有命令，在军中只听将军的命令，不听皇上的圣旨！"

周亚夫（？—公元前143年）西汉时期的著名将军，沛（今属中国东南部的江苏省）人。他是名将周勃的次子，在历史上也非常有名。周亚夫一生战功卓越，深得赏识。后来因小人进谗，周亚夫乃绝食五日，最终吐血身亡。

过了一会儿，文帝也到了营前，守营的士兵依然不肯放行。文帝只得取出符节，命守门士兵进去通报："朕要进营劳军。"

这时，周亚夫才传令打开营门，迎接皇上的到来。皇上的卫队正要飞驰而入，守门的将士对皇上的侍从说："我们将军有规定，军营中严禁纵马飞驰。"

文帝听了，命令驾马车的武官让马匹徐徐而行。车到大营，周亚夫全副武装，朝皇上作揖说："臣甲胄在身，不能行君臣大礼，只能用军礼参见，请皇上恕罪。"

文帝受到了很大的震动，出了细柳营的门后，他感慨地对着同样惊讶的大臣们说："这才是真正的将军啊！相比之下，霸上和棘门的军营简直不堪一击，如果我们的军营都像周亚夫的细柳营那样戒备森严，那还有什么敌人敢来侵犯我们？"

匈奴探听到汉文帝在京城外布置了两道防线，又听说周亚夫的军营固若金汤，觉得无机可乘，只好退出塞外。

后来，"细柳营"这一典故，用来称誉军纪严明的军营。

◎ 经典范例

风劲角弓鸣，将军猎渭城。草枯鹰眼疾，雪尽马蹄轻。忽过新丰市，还归细柳营。回看射雕处，千里暮云平。

——唐·王维 《观猎》

战国时期，楚国著名的文学家宋玉，所写《风赋》《高唐赋》《登徒子好色赋》等都十分有名。楚襄王很欣赏宋玉的才能，经常和他一起谈论各种问题。有些人见楚襄王如此赏识宋玉，便常常在楚襄王面前说他的坏话。

有一次，楚襄王对宋玉说："现在有些人对你很不满意，他们在背后议论你，说你高傲，目中无人，不合群，等等。我想，你大概一定有什么不检点的地方，他们才会说你的坏话！"宋玉听了，不以为然地说："大王，像我这样的人，背后有人说坏话，那是不足为奇的事。"楚襄王听了，问："这是为什么呢？"宋玉回答说："大王，请允许我先说一个故事吧！前不久，有个著名的歌唱家来到我们郢都。他在郢都街头表演自己的歌技。刚开始时，他唱的是很通俗的《下里》和《巴人》，城里跟着他唱的有好几千人。接着，他又唱了还算通俗的《阳阿》和《薤露》，城里跟着他唱的人就少多了。后来他唱比较高雅的《阳春》和《白雪》，城里跟他唱的人只有几十个。最后，他唱格调更高雅的曲调，城里能跟他唱的人就少得可怜了！由此可见，曲高和寡，大王你说对吗？"

楚王听了，点点头说："对！"

宋玉接着说："这就说明，在我们楚国，高雅的人是很少的，而人又是善妒的，愈高雅的人，就愈不合群，也就愈容易被忌妒。而像我这样的人，自感可入高雅之列，那忌妒我的人就绝不会少，背后有人说我坏话，也就不足为奇了！"

后来，"下里巴人"这一典故，用来形容作品或言论的俚俗、才能的低下，或用作自谦之词。

◎ 经典范例

　　现在是"阳春白雪"和"下里巴人"统一的问题，是提高和普及统一的问题。
　　　　　　　　　　　——毛泽东《在延安文艺座谈会上的讲话》

相如求凰

汉景帝时，司马相如曾做过景帝的卫士，后又成为梁王刘武的门客。刘武死后，司马相如无可奈何地回到了成都。

司马相如在成都无事可做，就到临邛县去投靠好朋友王吉。王吉当时任临邛县令，为抬高司马相如的身价，王吉天天去驿馆拜访司马相如。

临邛有个大财主名叫卓王孙，他见县令大人那里来了贵客，便大摆宴席，宴请司马相如。司马相如早就听说卓王孙有个寡居在家的女儿名叫卓文君，她不但人长得美貌，而且棋琴书画无所不通，是当地出名的才女，便和王吉一起商议，准备用自己高超的琴艺向卓文君求爱。

于是，司马相如欣然赴宴。出席宴会的都是临邛的头面人物，司马相如被安排在客位首席，县令王吉坐在次席，卓王孙坐在主席相陪。

大家吃得正高兴的时候，王吉提议说："司马先生弹琴是出名的，我们请他弹一曲，以助酒兴，怎么样？"

县令的提议当然没人反对。于是，司马相如命人从车上取来了自己的琴，随意地弹了一曲，便博了个满堂彩。

但司马相如醉翁之意不在酒，他关心的是卓文君是否能被他的琴声吸引出来。在准备弹第二曲时，他偷偷朝屏风那边望了一眼，正好见到卓文君转出屏风，两人打了个照面。卓文君见司马相如也正望着自己，心头一阵剧跳，马上又转到屏风后，静静地站着，想再听听司马相如的琴艺。

司马相如见屏风后露出一片衣襟，知道卓文君还在那里，这正是他求之不得的，便调好琴弦，大胆地弹了一曲男子向女子求爱的情歌《凤求凰》。一个个音符飞向屏风后，都落在卓文君的心坎上。卓文君为司马相如的琴声所感动，两人就这么彼此相爱了。

卓文君

　　随即，司马相如得到县令王吉的帮助，买通了卓文君的丫头，转达了愿与卓文君结为夫妇的意愿。卓文君怕父亲不答应，就在半夜私奔到司马相如住的驿馆。两人又连夜逃回了成都。

　　后来，"相如求凰"这一典故，用来形容男子向心爱的姑娘大胆求爱。

◎ 经典范例

　　只听胡琴声缠绵宛转，却是一曲《凤求凰》，但凄清苍凉之意终究不改。

——金庸 《笑傲江湖》

湘妃斑竹

传说上古的时候，帝尧有两个女儿，一个叫娥皇，一个叫女英，她俩一起爱上了帝尧手下才华出众的大臣重华。两人把自己的心愿告诉了父亲，帝尧见两个女儿愿意共事一夫，而重华又是自己最欣赏、最得力的助手，自己正准备禅位给他，便答应了。

帝尧把两个女儿的心愿告诉了重华，而重华也早已暗恋娥皇、女英的端庄贤惠，当然一口答应。于是，帝尧便给他们举行了隆重的婚礼，娥皇、女英便成了重华的妻子。婚后，他们相亲相爱，过着十分幸福的生活。

不久之后，帝尧经过长期的考察，认为重华已完全能够胜任治理国家的重任，而自己年纪老了，就把帝位禅让给了他。重华当了君王，历史上把他称为帝舜。

帝舜继承了帝尧的传统，以国事为重，把百姓的疾苦放在心上。他早起晚睡，尽心尽力地治理国家。而娥皇、女英也悉心照顾丈夫，使他无后顾之忧。

过了几年，帝舜告别了娥皇、女英，前往南方巡视。然而，天有不测风云，人有旦夕祸福。帝舜一路巡行，风餐露宿，到了苍梧山下，突然得了重病。随行的太医急忙诊治，可已来不及了。帝舜由于操劳过度，在苍梧山下与世长辞。

噩耗传到都城，娥皇、女英不由悲恸欲绝，她们不相信丈夫这么快就离她们而去，马上赶到了苍梧山。然而，帝舜这时已长眠于地下，娥皇、女英看到的，只是一座帝舜的陵墓。陵墓四周生长着无数的青竹，蜿蜒的湘江就从陵墓的不远处流过。娥皇、女英扑倒在帝舜的陵墓上失声痛哭，大臣们也无不潸然泪下。

两位夫人的眼泪洒落在竹竿上，使得原本青青的竹竿都变得斑斑点点。从此以后，苍梧山上便出现了一种特别的竹子，有的人称这种竹子为斑竹。因为娥皇、女英又被称为湘夫人，因此有人把这种竹子称为湘妃竹。

后来，"湘妃斑竹"这一典故，用来形容忧愁悲伤的相思之情。

◎ 经典范例

彩线难收面上珠，湘江旧迹已模糊。窗前亦有千竿竹，不识香痕渍也无？

——清·曹雪芹《红楼梦》

韩信是西汉王朝的开国功臣。楚汉战争开始时，韩信只是项羽手下的一名低级军官。他曾多次向项羽献计献策，但项羽不肯采纳，对韩信不加重用。

于是，韩信离开楚营，投向汉王刘邦，希望自己能得到刘邦的赏识和重用。可惜刘邦也不识人才，只让韩信担任职务很低的军官。韩信怀才不遇，常喝酒发牢骚。

当时，主管军队后勤工作的是萧何。韩信虽然仍未被刘邦重用，却经常能见到萧何。萧何和韩信谈了几次，发现韩信是个文武双全的将才，对他十分赏识。萧何答应韩信，一定竭力向刘邦推荐重用他。韩信便满怀希望地等待着。

萧何好几次面见刘邦，都向刘邦提出要重用韩信。但刘邦却认为韩信曾受过胯下之辱，是个没出息的人，不堪重用，迟迟不肯采纳萧何的意见。

过了好几个月，韩信估计萧何已多次向刘邦推荐自己，但刘邦却没有重用自己之意，便萌生了去意，决计离开刘邦，另谋出路。

刘邦大军来到汉中南郑时，由于刘邦手下的将士大多是中原人，乡土观念极重，因此有数十名将领逃走回乡。韩信便也乘机在一个月色朦胧之夜逃走。

萧何得到韩信逃跑的消息，大吃一惊，来不及向刘邦禀报，便连夜骑马急急追赶。萧何手下的人见萧何没作任何吩咐便匆匆骑马离去，认为萧何也加入了逃跑的行列，急忙去向刘邦禀报。刘邦听说萧何也逃走了，大发雷霆，简直像失去了左右手一样。而萧何挥马急追，追了一天一夜，才追上了韩信。经过萧何的再三劝说，晓以天下大势，韩信才跟萧何回到汉营。

萧何回营谒见刘邦，刘邦见了，既怒且喜，骂萧何说："你为什么逃走？"萧何喘了口气，回答说："我怎么会逃走呢？如果逃走，我又回来干什么？我不是逃走，是去追逃走的人。"刘邦惊讶地问："你去追谁呀？"萧何说："追韩信。"刘邦满脸怀疑，又骂道："逃跑的将领有好几十个，你都没去追。却去追那个胯夫韩信，分明是在骗人！"萧何郑重地说："我确实是去追韩信，并已把他追了回来。那些逃跑的将领是很容易得到的，不必追。但韩信这样的大将之才，是天下少有的，甚至找不出第二个。大王如果只想做一个汉中王，那可以不用韩信。如果

想做天下之王，那非用韩信不可。望大王早日决断。不然，韩信再逃走，我也追不回来了。"

刘邦当然想和项羽争夺天下，听萧何如此推重韩信，便同意拜韩信为大将。后来的事实证明，萧何确实善于识拔人才。在楚汉战争中，韩信屡立奇功，辅佐刘邦打败了楚霸王项羽，建立了汉朝。

后来，"萧何追韩信"这一典故，用来形容将有才能而离去的人请回来加以重用。

◎ 经典范例

咸阳百二山河，两字功名，几阵干戈。项废东吴，刘兴西蜀，梦说南柯。韩信功兀的般证果，蒯通言那里杀风魔。成也萧何，败也萧何；醉了由他。

——元·马致远《折桂令·叹世》

　　唐朝太和年间，有两个人结伴到嵩山游玩。由于游兴浓厚，竟然忘了时间，直到太阳落山，暮色将至，两人才想起该回家了。但是，他们已找不到回去的路了。

　　两人惊慌起来，你看看我，我看看你，谁也想不出办法来，只能焦急地踱来踱去。正在两人非常着急、无所适从的时候，忽然，从附近的树丛中传来一阵打鼾声。

　　"肯定有人，可以问路啦！"两人一阵惊喜，顺着鼾声，找到一处树丛边。两人用手推开树丛，只见一个人，穿一身洁白的内衣，头下枕着一个包袱，正在酣然熟睡。

　　"醒醒，请醒醒！"两人齐声喊。那人醒了，问两人有什么事。

　　"您能告诉我们，大路在哪儿吗？"

　　那人听了问话，理也不理，又倒头睡去。两人很不满意那人如此轻慢无礼。但在如此困境之中，只有向这个不懂礼貌的人问路，除此之外别无它法。于是他们只好再三把他唤醒，毕恭毕敬地向他问路。

　　那人这才坐起身，说："过来！"两人走了过去。那人笑了起来，对他俩说："你们知道月亮原来是七宝合成的吗？月亮像个圆球，它的影子，就是太阳晒化的凸出的部分，有八万二千户经常来修理它，我就是其中之一。"见听的两人将信将疑，那人便打开刚才枕在头下的包袱，里面果然有斧头、凿子，还有两包玉屑饭。

　　"请吃吧！"那人捧起玉屑饭说："吃了这饭，虽然不能长生不死，但却可以保证你们一辈子都不生病。"然后，那人站起身来，指着一条路对二人说："从此走，自会找到大路！"

　　二人吃过玉屑饭，准备上路。他们想感谢那个人，但四处寻找，却发现那人早已踪迹全无。

　　后来，"修月斧"这一典故，引申为某人诗文技艺高超绝妙，有时也用以咏月。

◎ 经典范例

　　小园无事日徘徊，频报家人送酒来。惜树不磨修月斧，爱花须筑避风台。

　　　　　　　　　　　　　　　　　　　　——宋·戴敏　《小园》

徐福求药

秦王嬴政灭掉六国，统一了中国，做了中国的第一个皇帝，史称秦始皇。秦始皇随心所欲，享尽了富贵荣华，但却有一件心事未能遂愿：荣华富贵享之不尽，但人的寿命却有限，一旦死去，便万事皆空。他朝思暮想，希望自己能长生不死。

秦始皇听说，有一种仙药，吃了便能够长生不死。于是，秦始皇派了许多大臣奔赴各地，去寻找吃了可以长生不死的药。

世界上哪里能有这种药呢？大臣们都只能空手而回。秦始皇大怒，把他们都杀了。

这时，秦始皇身边，有一个原来齐国的人，名叫徐福。他见了秦始皇的所作所为，便对秦始皇说："陛下，大海之中有三座山，一座叫作蓬莱，一座叫作方丈，一座叫作瀛洲。那三座山是神仙居住的地方。陛下所要的长生不老之药，普通地方是找不到的，只有那三座山上才有。我愿意去那三座山上为陛下取药。"

秦始皇一听，很高兴，马上命徐福前去那三座山，不管如何艰难，务必取到长生不死之药。

徐福说："我一个人去不行。必须先沐浴、斋戒，然后带些童男童女一齐去，才能取得。"秦始皇立即同意，拨给徐福童男童女各半，共数千人，由徐福率领去找仙人求长生不老之药。徐福带领这些童男童女，到了海边，登船扬帆而去，从此再也没有回来。

据传说，徐福带着这些童男童女到了茫茫大海之中的一个岛上，将男女一一婚配，繁衍生息。这个岛在现在的日本国境内，故日本至今仍有徐福墓的古迹。

后来，"徐福求药"这一典故，用来比喻帝王、方士求仙的荒诞之事。

◎ 经典范例

石桥东望海连天，徐福空来不得仙。直遣麻姑与搔背，可能留命待桑田。

——唐·李商隐 《海上》

334

有人进献了一名魏国美女给楚怀王。那美女姿色绝世，楚怀王十分宠爱。楚怀王夫人郑袖十分忌妒那名美女，恨不得杀了她。但郑袖知道，如果自己把这种心情表现出来，不仅没有作用，反而会惹怒楚怀王，适得其反。工于心计的郑袖，一天到晚与魏国美女亲亲热热，使楚怀王相信她也喜欢魏国美女。

一天，郑袖乘楚怀王不在，悄悄对美女说："你长得这么美，大王多么喜欢您呀！可是唯一美中不足的是，他讨厌你的鼻子，嫌你的鼻子长得太难看。""那怎么办呢？"美女着急起来。郑袖说："这个不难。以后你每次见到大王，就用衣袖把鼻子遮掩一下，让大王看不到你的鼻子就行了。"美女觉得这个建议不错，便采纳了。每次见楚怀王时，她都用袖子将鼻子遮掩起来。

对于美女的这个动作，楚怀王大惑不解。"美人每次见到我，都用衣袖遮住自己的鼻子，这是为什么呢？"一天，楚怀王终于忍不住了，问郑袖。郑袖笑了笑，说："大王，美女说您什么都好，就是身上的气味实在难闻，所以她不得不把鼻子遮掩起来。"

楚怀王一听，立即勃然大怒，拍案而起，喝令卫士将美女的鼻子割掉。从此，美女没了鼻子，再也不美了。当然，更不可能得到楚怀王的宠爱了。

后来，"掩鼻工谗"这一典故，用来比喻忌妒他人、设计陷害。

◎ **经典范例**

忆昔妆成候仙仗，宫琐玲珑日新上。扪心却笑西子颦，掩鼻谁忱郑姬谤。

——唐·长孙左辅 《相和歌辞·宫怨》

○品画鉴宝 仕女图 （明）陈洪绶／绘

掩鼻工谗

杨修鸡肋

三国时期的杨修，在曹操帐下任主簿之职。有人送了一盒酥给曹操。曹操提笔在盒上写了"一合酥"三个字，然后问众人是什么意思。众人都不解其意，只有杨修懂了。杨修一言不发，拿来小勺，将酥一人一口分给众人吃了。

曹操问："为什么这样做？"杨修说："丞相不是写了，'一人一口酥'吗？"

又有一次，丞相府新建了一座花园。花园竣工后，请曹操去看。曹操一句话不说，只在大门上写了一个"活"字。众人不知曹操的意思，一筹莫展。而杨修一见便道："门上有活字，乃'阔'也。丞相是嫌花园的门太大了。"

杨修如此聪明过人，却让曹操心生忌妒，恨不得找个理由把杨修除掉。后来，曹操率军攻打刘备的汉中地。刘备兵强马壮，又凭险拒守，曹军久攻不下。曹操心中踌躇："退兵吧，无功而返，等于前功尽弃；继续攻打吧，一时又打不下，而且粮草也快用完了。"

曹操一边吃着鸡，一边发愁。正在这时，有人来请示，今晚军中的口令用什么。恰好曹操见盘里有一根鸡的肋骨，便随口道："鸡肋。"口令传下去了。

主簿杨修得知曹操以"鸡肋"作为口令，便开始打点行装。有人发现杨修在收拾行装，不解地问杨修："您这是什么意思？"

杨修回答说："丞相马上就要撤军回去了，所以我早做准备，以免到时慌乱。"

"为什么这样说呢？"

杨修说："丞相已使用'鸡肋'为口令。鸡肋，弃之可惜，食之无味，这鸡肋指的正是汉中。可见丞相现在心中正犹豫不决，但不久就会退兵。"大家听了杨修的解释，又联想近来的战况，觉得有理，便也都着手收拾行装。

此事被曹操发现了。曹操立刻大怒，以扰乱军心为名，将杨修斩首示众。

后来，"杨修鸡肋"这一典故，用来比喻没有什么价值的事物。

◎ 经典范例

鸡肋曹公忿，猪肝仲叔惭。会应谋避地，依约近禅庵。

——唐·罗隐 《寄洪正师》

唐代开元年间，有一位人称吕翁的道士，长期修炼神仙之术，已得道成仙。

一次，吕翁到邯郸去，途中在一家旅店休息时，遇见一个名叫卢生的年轻人。卢生穿着破旧衣衫，与吕翁坐在一条席上，二人攀谈起来。两人谈得很畅快。愁眉苦脸的卢生看着自己贫寒的装束，长叹一口气说："我生不逢时，所以如此穷困潦倒！"吕翁道："看你的样子，没有病痛，谈笑适意，怎么是穷困潦倒呢？"卢生说："我这只是凑合着活着，苟且偷生而已，哪里谈得上适意？"吕翁问："那你以为什么才是适意呢？"卢生答："有志者生在世上，应当建功立业，担任将相，美食酒色，享之不尽，且家族昌盛，这才算是适意。而我，虽然有了一肚子学问，曾经以为功名利禄定能得到，但现已近中年，却还只能在家中种田，这还不算是穷困潦倒吗？"

卢生说完，越发神情倦怠，昏昏欲睡。这时，旅店的主人正在煮黄粱饭。吕翁见状，便从自己的行囊中取出一只青瓷枕头，递给卢生，对他说："你枕我这瓷枕，就可以实现自己的愿望。"卢生接过枕头，枕着入睡了。

在梦中，卢生娶了崔姓大族的女儿。那崔氏女不仅美艳无比，而且资财巨厚。一年后，卢生又中了进士，在官场中一帆风顺，步步高升，一直做到卿相。家中良田美宅、好马佳人不计其数，子孙都与名门望族婚配。如此五十余年，卢生宿愿尽偿，享尽了荣华富贵。后来，终于渐渐年老力衰，生病而死。

这时，卢生懒懒地伸展了一下身子，醒来了。举目一看，发现自己仍然睡在小旅店里，吕翁仍坐在身边，店主人的黄粱饭还没有煮熟呢。

卢生恍然大悟，明白了人生荣华富贵如同一场梦。

后来，"一枕黄粱"这一典故，用来形容人生荣华富贵虚幻若梦，或用来借指梦想破灭。

◎ 经典范例

子系中山狼，得志便猖狂。金闺花柳质，一载赴黄粱。

——清·曹雪芹《红楼梦》

廉颇是战国时赵国的名将。赵惠文王时，他屡次战胜齐、魏等国，被拜为上卿。赵孝成王时，他因战胜燕国，被任命为相国，封为信平君。赵孝成王死后，赵悼襄王听信大夫郭开的谗言，派乐乘取代廉颇为将，廉颇一时愤愤不平，把乐乘赶了回去。事后，他怕赵王治罪，出逃到魏国。

过了八九年，秦国派兵进攻赵国，赵军连连败北。赵王和群臣商议对策，群臣说："当年只有廉颇能抵挡秦兵，现在他住在魏国，大王如能召他回国领兵，一定能打败秦兵。"

郭开怕廉颇回朝后受到重用，便建议赵王先派人去探视一下，如果廉颇还没有老朽，再召他回来也不迟。赵王听了，便派内侍唐玖带了一副上等盔甲和四匹好马作礼物，到魏国去探视廉颇。

唐玖临行前，郭开把他请到自己家中，设宴为他饯行，并送给他四百两黄金，说："廉颇和我有仇。你到魏国见到他，如他确已老朽，那就不必说什么；如果他仍很健壮，望你回朝禀报时说他已老而无用，那大王就不会召他回来了！"

唐玖接受了郭开的贿赂，不久便到魏国来见廉颇，送上赵王给廉颇的礼物。廉颇收下礼物，说："我在魏国住了这么多年，赵王从未派人来问候过我，现在赵王突然派你送来礼物，想来一定是赵国遇到了危难，赵王想召我回国效力！"

唐玖听了，说："将军猜得不错。秦军进犯，国内无人能敌，赵王有意召将军回国，派我来看看将军的身体情况如何？"

廉颇听了很高兴，便请唐玖吃饭。他为了显示自己年纪虽老，但精力未衰，一顿饭吃掉了一斗米，十斤肉。饭后，他又穿上盔甲，骑上战马，演示自己的武艺，以此说明他勇武不减当年。操演结束后，廉颇说："你看我与年轻时相比怎么样？我认为自己老当益壮，赵王如召我回国，一定为他效命疆场！"

唐玖当面对廉颇恭维了一番，但他回到邯郸却向赵王禀报说："廉将军年纪虽然老了，但饭量仍很好，体魄也很健壮，武艺也不比从前差。只是他跟我坐了没多少时间，竟上

了三次厕所。"赵王听了,摇头叹息说:"看来,廉颇确实老了,召他回来也没用了。"从此,赵王再也不提这事了。

后来,"一饭三遗矢"这个典故,被用来形容年老体弱或年老无用。

◎ 经典范例

可堪回首,佛狸祠下,一片神鸦社鼓。凭谁问:廉颇老矣,尚能饭否?

——宋·辛弃疾 《永遇乐·京口北固亭怀古》

李商隐是唐朝晚期的著名诗人。唐文宗太和年间，李商隐参加了岭南节度使王茂元举行的一次宴会。在宴会上，他认识了王茂元的小女儿朝云。朝云长得端庄秀丽，李商隐对她一见倾心，产生了强烈的爱慕之情。

席终人散，李商隐回到自己的寓所。这短暂的相遇，使他难以忘怀。于是，在此后的一段日子里，他多次情不自禁地托人传递诗笺，向朝云倾吐自己的爱意。但使他遗憾的是，朝云始终没有给他任何回音。

不久以后，朝云随家从洛阳迁居长安。李商隐得知这一消息，也将寓所搬到了长安，希望能再次见到朝云。

第二年春天，李商隐独自去郊外曲江池风景区踏青游玩，碰巧，朝云带着侍女秋玉也来到曲江池畔春游。两人邂逅重逢，李商隐不由喜出望外，而朝云在上次的宴会上，也对李商隐留下了深刻的印象。李商隐的才华和品貌，早已使朝云心有所属。李商隐给她的几封传情的诗笺，她也一直珍藏着。虽然她也能写诗，却不敢用同样的方法来表达自己的情意。

这次重逢，终于使两人有机会相互表白自己的爱意。朝云含情脉脉地对李商隐说："我是父亲最疼爱的小女儿，我的终身大事必须得到父亲的同意，希望你能及早托人前来说亲……"

李商隐回到寓所，兴奋的心情难以平静。他想马上托人前去提亲，但考虑到自己至今还只是个白衣秀才，怕遭到王茂元的拒绝，不由十分踌躇。他思虑再三，想到大比之年即在眼前，便决定等自己功成名就，再托人前去求婚。

第二年，李商隐凭着自己的学识才华，果然应试及第，考中了进士。这时，王茂元已调任渭原节度使，驻扎在离长安不远的泾州。王茂元的大女婿韩畏之是李商隐的同榜进士。李商隐得到韩畏之的推荐，被王茂元请到渭原幕府担任书记之职。

朝云得知李商隐中了进士，并来到渭原任职，便在一天晚上约他到内宅相会。约会的地点是在她闺房附近的一处水轩，东面是一座画楼，西面是一幢桂堂。

李商隐依约而来，两人坐在水榭中，相拥相依，畅叙相思之情。

两人依依惜别后，李商隐回到自己的住所。天亮后，昨夜幽会的情景仍历历在目，不由诗兴勃发，写下了一首七言律诗，其中的四句

为:"昨夜星辰昨夜风,画楼西畔桂堂东。身无彩凤双飞翼,心有灵犀一点通。"

第二天,他便请韩畏之出面向王茂元提亲。王茂元早就知道朝云和李商隐的感情,当然一口答应。于是,这对"心有灵犀一点通"的有情人终成眷属。

后来,"一点灵犀"这一典故,用来比喻心意相通、心心相印。

◎ 经典范例

　　威凤鬼应遮矢射,灵犀天与隔埃尘。堤防瓜李能终始,免愧于心负此身。

　　　　　　　　　　　　　　　　——唐·韩偓《八月六日作四首》

汉武帝时，宫中有位宫廷乐师名叫李延年。他不但精通各种乐器，能够奏出各种动听的乐曲，而且能够创作各种新曲，因此得到汉武帝的赏识，把他调到内殿侍候。

李延年的妹妹原是一位民间歌女，长得十分美貌。由于李延年的关系，她也被召进宫中做歌伎。她虽然有意要凭自己的美色去博取汉武帝的青睐，但宫中歌伎、乐伎人数众多，她想出人头地也并非一件易事。但她并不灰心，转而去博得汉武帝的姐姐平阳公主的欢心，希望平阳公主有朝一日能向汉武帝推荐自己。

平阳公主见李延年的妹妹长得貌若天仙，感到汉武帝所有的妃嫔都比不上她，说："你确是人间绝色，等有机会，我一定把你推荐给皇上。"李延年的妹妹听了，赶紧向平阳公主谢恩。

过了不久，机会来了。一天，汉武帝在内殿和平阳公主等几位兄弟姐妹欢宴，命李延年即席献上一支新曲。李延年已知道平阳公主答应把妹妹推荐给汉武帝的事，便轻吐乐音，唱起一支特地准备的新曲："北方有佳人，绝世而独立。一顾倾人城，再顾倾人国。宁不知倾城与倾国，佳人再难得。"

歌声刚落，余音还在缭绕。汉武帝痴迷地放下酒杯，感叹地说："你唱得太好了！难道世上真有这样倾城倾国的佳人吗？"

李延年刚想答话，平阳公主笑着站起来对汉武帝说："陛下有所不知，延年的妹妹就是这样一位难得的佳人呀！"

汉武帝听了，立即传令内侍宣延年的妹妹进殿。汉武帝举目一看，只见她果然长得沉鱼落雁、美貌无双，心中不由大喜。

于是，汉武帝命李延年用洞箫伴奏，要美人歌舞一曲。延年的妹妹随着乐声，边歌边舞，她那轻盈的身姿，勾魂的眼波，使汉武帝心醉神迷。

当天，汉武帝就把李延年的妹妹留在宫中侍寝，封她为妃子，史称李夫人。从此，李夫人便成为汉武帝最宠幸的妃子。而李延年也因此加官晋爵，被封为协律都尉。

可惜好景不长，李夫人在生下一个儿子后患了绝症，容颜日益憔悴。每当汉武帝来探望她时，她都要用丝巾蒙住脸，不管汉武帝怎样恳求，她都不肯让汉武帝揭开丝巾再看看自己的脸。她身边的宫女对此感到不可理解，李夫人对她们说："我因年轻美貌，才得到皇上的宠爱。现在病得形销骨立，三分像人，七分像鬼，皇上见了，必定心生厌恶，今后便会忘记我原来的容颜而记住我现在的容颜，那我死后，皇上便再也不会想起我了。"

不久，李夫人便因病去世。由于她生前美丽的形象在汉武帝的心目中没有受到破坏，在此后很长的一段时间里，汉武帝仍深情地怀念着她，把她的画像挂在宫中，并亲自写了一篇《李夫人赋》，以寄托无尽的哀思。

后来，"一顾倾城"这一典故，用来形容女子的容貌十分美丽。

◎ 经典范例

步摇金翠玉搔头，倾国倾城胜莫愁。若逞仙姿游洛浦，定知神女谢风流。

——唐·武元衡 《赠佳人》

○ 品画鉴宝

元机诗意图（清）改琦／绘 设色古雅，衣纹秀劲。仕女姿容柔美，柔情含蓄，刻画非常传神。

一言九鼎

战国时，秦国出兵攻打赵国。赵王派相国平原君去楚国谋求联合抗秦。平原君在门客中选中了文武兼备的十九名随员，离预定的二十名还差一员。平日并不受重视的门客毛遂经过自荐，被平原君批准随行。

起先，随行的十九人都很瞧不起毛遂，暗中讥笑他。但到了楚国，经过相互交谈，他们对毛遂的了解加深，逐渐觉得毛遂很了不起，开始对他钦佩有加。平原君去和楚王商谈联合抗秦之事，毛遂等随行人员便都在台下等候。可是，平原君和楚王从早上谈到中午，还是没有结果。随行的另外十九人便怂恿毛遂上台去说服楚王。

毛遂凭着自己大无畏的英勇气概，按住剑，顺着台阶走上台去，对平原君说："赵国和楚国联合起来抵御秦国，两句话就能说明其利害关系，为什么从早上到中午，还没谈出个结果来？"楚王对平原君说："他是什么人？"平原君回答说："他是我的门客毛遂。"楚王听说毛遂只是个门客，怒气冲冲地喊道："你这是干什么？我在和你的主人说话，你快退下去！"

毛遂按着剑走上前去，对楚王说："大王之所以敢当众斥责我，是因为楚国人多势众。但现在大王离开我不过十步，楚国再强大，大王也倚仗不着，因为我手中有剑，你的性命掌握在我的手里。而且我的主人就在这里，我和主人说话，你凭什么斥责我呢？"

楚王见毛遂大义凛然，一时惊呆了，不知怎么办。毛遂又继续说："楚国是个大国，方圆五千里，雄师百万，按理说应该称霸天下。可是令人失望的是，强大的楚国

在秦国面前，竟然胆小如鼠，以前秦将白起只带几万军队攻打楚国，一举就攻下了你们的国都郢城，再战烧毁了你们的祖坟。这种奇耻大辱，连我们赵国都为你们感到羞耻，可是大王竟然对此无动于衷！所以，楚、赵联合抗秦，不仅仅是为了赵国，也是为了楚国！道理是如此简单，大王竟然在我主人面前斥责我，不是太没道理了吗？"

毛遂一席话，使楚王茅塞顿开，连连点头说："先生的话说得很有道理，我一定倾全国之力与赵国联合，共同抗秦！"

于是，赵、楚两国歃血为盟。楚、赵结盟后，平原君带着毛遂等回到赵都邯郸。平原君感慨地说："我手下的门客多时逾千，少时也有数百，我自以为识尽赵国的贤士。这次毛遂的事给了我很大的震动。毛先生在府中三年，我竟没有发现他是个难得的人才。他的三寸之舌，胜过百万强兵，他一到楚国，只用了一席话，便使赵国的威望重于九鼎。他真是一个了不起的人！"

后来，"一言九鼎"这一典故，用来形容言辞有分量，或用来表示说到做到，信守承诺。

◎ 经典范例

你若是专家或者要人，一言九鼎，那自当别论。

——朱自清 《很好》

○ 品画鉴宝　人物立像（战国）人像昂首，脸庞丰腴，双目凝视左手所持铜棍上之玉鸟，头发向两边分梳成辫垂于胸前。

殷浩书空

殷浩是东晋陈郡长平人。他出身名门贵族，擅长论谈，名气很大，但起先一直不肯在朝廷担任官职。公元 340 年，殷浩被任命为建武将军、扬州刺史，他推辞不掉，只得赴任就职。

当时，东晋的朝政大权掌握在大将军桓温手里。殷浩和桓温不和，两人经常闹矛盾。曾任右参军的王羲之劝他大敌当前，应以国事为重，最好主动与桓温讲和，但他不肯听从。

不久，殷浩被任命为中军将军，都督扬、豫、许、兖、青五州军事，率军进取中原，结果在许昌一带被前秦军队打败。第二年，他又在安徽蒙城一带吃了败仗。

桓温乘机上书朝廷对他进行攻击。结果，他被削职为民，流放到信安。

殷浩被废后，心中虽然不高兴，但表面上没说过一句抱怨的话。他整天在家读书吟诗，似乎并不把被贬的事放在心上。

但他经常用手指在空中作写字状，并慢慢变成了一种习惯性动作。有人在暗中观察，终于发现了他在空中写的是"咄咄怪事"四字，并且永远不变。人们这才知道，他是用"咄咄怪事"这四个字，来发泄心中的不平。

过了一段时间，桓温出于政治上的考虑，打算重新起用殷浩，就写了一封信给他，请他出任尚书令。殷浩接信后，决定接受，便提笔给桓温写了封回信。但由于他过于慎重，信笺在信封中装进取出、取出装进达数十次，最后竟把一只空信封发了出去。桓温收到信，发现里面没有信笺，认为殷浩是在捉弄自己，不由十分恼火，便决定不再启用他。

后来，"殷浩书空"这一典故，用来形容事出意外、令人惊异忧虑，或比喻徒劳无益。

◎ **经典范例**

噫！一小说之微，而竟有如斯之法律，以桎梏于著述界之前途，亦咄咄怪事，咄咄怪事。

——清·陶曾佑 《论小说之势力及其影响》

战国时期，魏国的信陵君公子无忌礼贤下士，才华出众，威望很高。他作为上将军，统率五国军队，大败入侵的秦国军队，并乘胜追击，使秦军一时不敢出函谷关。

公子无忌的威名震动天下，各国来的门客纷纷向他呈献自己所著的兵法。公子一一给它们题了名，人们便把这些兵法合称为《魏公子兵法》。

秦王对公子无忌十分惧怕，便使用反间计。他派人运送黄金一万斤到魏国，以此贿赂一些人，在魏王的面前专说公子的坏话。他们告诉魏王："公子曾在国外十多年，现在担任魏国的主将，各国的将领都归他管。现在，各国的国王只知道有魏公子，而不知道有魏王。公子也想趁现在的机会自立为王，而各国国王都畏惧公子的声威，打算共同拥戴他。"

在魏王面前说公子无忌坏话的同时，秦国又多次佯装祝贺公子无忌被立为魏王，并故意让魏王知道。

魏王天天听到这些话，慢慢地就不能不信了。于是，他派人取代了公子无忌的主将职位。

公子无忌明白了一切，知道自己从此将再难被重用了。于是他就推说生病，不去上朝，而天天在家通宵达旦地喝酒，时刻与妇女混在一起。他这样内心痛苦、表面寻欢作乐地过了四年，终于因为酒色过度而去世。

秦王听说魏公子死了，很快出兵攻魏，一下子攻陷了魏国的二十座城池。十八年后，秦国灭掉了魏国。

后来，"饮醇近妇"这一典故，用来比喻有抱负、有才干的人志气消沉，沉溺于酒色。

◎ 经典范例

汤都督是饮醇近妇，晦迹杭州，大众都说他怕世凯的疑忌。

——费只园 《清朝三百年演义》

右军书扇

王羲之是东晋时人，因为他曾担任过右参军，人们又称他为"王右军"。他擅长书法，是我国历史上最著名的书法家，被尊称为书圣。

现在，王羲之的真迹是无价之宝。即使在当时，人们要得到王羲之的字也很不容易。因为他名气极大，不肯轻易为人书写。

有一天，王羲之上街闲逛，看到一个老婆婆正在市场上叫卖折扇，那折扇竹骨锃亮，绢面雪白，看上去十分精致。王羲之上前问："老婆婆，你这折扇卖多少钱一把？"

"十文钱。"老婆婆回答说。

王羲之取出十文钱买了一把。老婆婆感激地说："老爷，我叫卖了半天，就只卖掉你这一把折扇，真谢谢你了。没这十文钱，我的小孙子今天就要饿肚子了。"

王羲之听了，便向老婆婆了解她的家境。得知老婆婆祖孙俩相依为命，家境十分窘迫，同情之心油然而生，说："老婆婆，我有办法让你卖掉扇子，并使你发一点小财，把日子过得好一些。"

于是，王羲之把她带到自己的住处，在每把折扇的扇面上题了一首诗。

老婆婆不解地说："你在这扇面上写了字，就会有人买吗？"

王羲之点点头说："肯定有人买，而且不是卖十文钱一把，而是十两银子一把。客人不给十两银子，你千万别卖！"

老婆婆听了，不由将信将疑，说："十两银子，够我和孙子过一年了。这十几把扇子，便能卖到一百几十两银子，你不是骗我吧！"

王羲之笑笑说："我不会骗你。你拿了扇子，上街高喊，说这是王右军题字的扇子，十两银子一把，肯定有人买！"

老婆婆等王羲之全部写好，拿着扇子上街喊卖："王右军题字的扇子，每把白银十两……"

有几个秀才模样的人走过听了，说："这老婆婆说是王右军题字的扇子，我们过去看看。"

王羲之

　　他们上前一看，果真扇面上有王羲之的题诗，墨迹淋漓，字体遒劲，落款印章，一样不缺。他们认得是王羲之的真迹，便争相购买。不一会儿，老婆婆就把扇子全部卖光了。

　　从此，老婆婆家的生活好了起来，她为了感激王羲之的恩德，做了几把极为精致的折扇送给王羲之。而中国的扇面画、扇面书法也从此盛行起来。

　　后来，"右军书扇"这一典故，用来比喻乐于扶贫，也用来形容高超的书法价值是无价之宝。

◎ 经典范例

　　右军本清真，潇洒出风尘。山阴过羽客，爱此好鹅宾。扫素写道经，笔精妙入神。书罢笼鹅去，何曾别主人。

——唐·李白 《王右军》

战国时期，陈仲子的哥哥做了齐国的卿相，家中十分富有。但陈仲子认为哥哥当官不义，因此与妻子一起到於陵这个地方隐居起来，称自己是"於陵仲子"。

楚王早就听说过陈仲子的贤名。打听到陈仲子隐居在於陵，便派使者持黄金二千两，到於陵来拜见陈仲子。使者告诉陈仲子，楚王打算聘他为相。

面对金灿灿的黄金和高官的诱惑，陈仲子拿不定主意，于是找妻子一起商量。陈仲子对妻子说："楚王想聘我为楚国的宰相。如果我答应了，今天为相，明天就会有享不尽的富贵荣华。但我又下不了这个决心，所以特地与你商量。你看怎么样？"

陈仲子的妻子听了，说："你现在读书弹琴，乐在其中。如果当了楚国的国相，最多不过是吃得好穿得好罢了。但是，为了这穿好吃好，你就得时时关心着楚国的事情。现在处于乱世，灾祸很多，当了楚国的国相，说不定连性命都难保呢！"

陈仲子听了，觉得妻子说得非常有理，便打消了做官的念头。"请您先回，代我重谢楚王的好意。为相的事，容我再考虑一下，然后再回禀大王。"陈仲子对楚王的使者说。

等楚国的使者离去后，陈仲子与妻子赶快收拾了行装，逃离了他们原来隐居的地方。后来，他们找到了一位种菜人，帮他浇水种菜，继续隐居下来。

后来，"於陵灌园"这一典故，用来形容隐士逃名避世、坚守节操。

◎ 经典范例

桓温读《高士传》，至於陵仲子，便掷去曰："谁能作此溪刻自处！"

——南北朝·刘义庆 《世说新语》

○品画鉴宝 深山幽居图（清）王铎／绘

○ 品画鉴宝
仙人骑马神兽镜（东汉）圆纽，主题纹饰为仙人骑马及龙、虎、神兽，边饰云纹。

晋人温峤的妻子去世后，为了生活上的方便，温峤便搬过去与姑母一家住在一起。此时，温峤姑母家中也已经离散，姑母只有一个女儿，不仅贤惠，而且美貌。

一天，姑母对温峤说："你表妹如今已经长大成人了，如遇到合适的人家，你就给做个媒吧！"

温峤自己很想娶这位贤良淑德的表妹，但又不便直接表白，便委婉地对姑母说："现在好的女婿是很难找到的。如果有与我差不多的，您看行不行？"

姑母回答道："像现在这样兵荒马乱的年月，我们的家境又差，能找个吃饱饭的人家就心满意足了，哪里还敢想找到与你差不多的？"

温峤听了姑母的话，心中有了底。几天之后，温峤非常高兴地告诉姑母："我已经为表妹找到合适的婆家了，出身门第还不错，女婿的官职也不低于我。"

温峤说完，又取出一个玉镜台，告诉姑母，说这是男方送给表妹的聘礼。姑母十分高兴，答应了婚事。

结婚时，新郎新娘交拜成礼后，新娘用手分开纱巾一看，新郎是温峤！新娘拍手大笑，说："我早就怀疑新郎是你，果然不出我所料！"

后来，"玉镜台"这一典故，用来暗喻求婚，或用以咏镜。

◎ 经典范例

泣对铜钩障，愁看玉镜台。行人断消息，春恨几裴回。

——唐·杨炯 《梅花落》

玉女投壶

相传上古时代，在东极的大荒山中，有一座巨大的石室。石室中，住着一位神仙名叫东王公。东王公的身形像人，但他的脸像鸟，屁股上又长着一根老虎尾巴。他经常骑着一只黑熊在大荒山中奔驰，十分威风。

在神话传说中，天帝是主宰一切的神灵。而东王公接受天帝的分派，主管人间万物的生长。当他心情好的时候，天下便风调雨顺，世间的万物都茁壮成长，五谷丰登，百姓都能安居乐业；而一旦他发起怒来，人世间不是干旱，便是洪水泛滥，灾祸不断，百姓流离失所，困苦不堪。

东王公除定期到天宫去朝拜天帝以外，平日在大荒山的石室中十分寂寞。他有一位侍妾名叫玉女，长得十分漂亮。东王公为了消遣，经常同玉女一起做投壶的游戏。

这种投壶的游戏，当时在人间十分流行。在一般贵族宴请宾客的时候，设一把特别的壶，主人和客人轮流拿着箭投向壶中。谁投中得多，就获胜；谁投中得少，就被罚酒认输。

但是，东王公的投壶游戏，要比人间壮丽得多。石室中安放着一把巨大的酒壶，他和玉女手中各拿着一千二百支箭，每掷一次，一千二百支箭同时向壶口飞去。如果这些箭全部投中，天就保持沉默；如果有一支箭没投中，天就会发出嗤笑。这时，人们在下边看到的，便是闪电。

后来，"玉女投壶"这一典故，用来借指闪电，或指称雨雷。

◎ 经典范例

姮娥捣药无时已，玉女投壶未肯休。何日桑田俱变了，不教伊水向东流。

——唐·李商隐 《寄远》

354

張麗華

　　歌妓出身的张丽华是南朝陈后主的贵妃，她长相上最大的特点是发长七尺，光可鉴人，眉目如画。她在做龚贵嫔的侍儿时，陈后主一见钟情，封为贵妃，视为至宝，以至于陈后主临朝之际，百官启奏国事，都常常将张丽华放在膝上，共决天下大事。特别是张丽华为他生下一个儿子之后，立即立为太子，张丽华在他心目中的地位更加巩固。

　　陈后主姓陈名叔宝，在他即帝位的时候，北方的隋文帝杨坚正大举任贤纳谏，减轻赋税，整饬军备，消除奢靡之风，随时准备攻占江南富饶之地。而陈后主竟然奢侈荒淫无度，臣民也流于逸乐，给隋朝以可乘之机。

　　陈后主除宠爱张丽华之外，还有龚贵嫔、孔贵嫔，王、李二美人，张、薛二淑媛，袁昭仪、何婕好、江修容等。当时陈后主在光照殿前，又建"临春""结绮""望仙"三阁，高耸入云，其窗牖栏槛，都以沉香檀木制成，至于其他方面当然是极尽奢华，宛如人间仙境。

　　陈后主自居临春阁，张丽华住结绮阁，龚、孔二贵嫔同住望仙阁。三阁都有凌空衔接的复道，陈后主往来于三阁之中，左右逢源，真是不胜快哉！妃嫔们或临窗靓装，或倚栏小立，风吹袂起，飘飘焉简直若仙女下凡。

　　此外，陈后主更把中书令江总，以及陈暄、孔范、王瑗等一般文学大臣召进宫来，饮酒赋

诗，征歌逐色。陈后主还写了一首著名的《玉树后庭花》，其词云：

丽宇芳林对高阁，新装艳质本倾城。

映户凝娇乍不进，出帷含态笑相迎。

妖姬脸似花含露，玉树流光照后庭。

花开花落不长久，落红满地归寂中！

当时陈后主还特地选宫女千人习而歌之。这明明形容的是嫔妃们娇娆媚丽，堪与鲜花比美竞妍，但却笔锋一转，蓦然点出"玉树后庭花，花开不复久"的哀愁意味，时人都认为是不祥之兆。

果然，陈朝很快便灭亡了。陈后主和其妃嫔都做了俘虏，受尽了屈辱。

后来，"玉树后庭花"这一典故，用来比喻亡国之音，或代指亡国之恨。

◎ 经典范例

烟笼寒水月笼沙，夜泊秦淮近酒家。商女不知亡国恨，隔江犹唱后庭花。

——唐·杜牧 《泊秦淮》

原宪贫

原宪，姓原，名子思，是孔子的学生。原宪住在鲁国，家境十分贫寒。他住的是用茅草搭成的简陋棚屋，门是用蓬草编织成的，门的转轴是用劣质的桑木做的，窗是用破瓮替代的。室内，原宪把一间居室一隔为二，他和妻子各住一间。外面风实在太大的时候，就用破旧的衣衫塞住破瓮挡风。遇到下雨天，更是外面下大雨，里面下小雨。但原宪不以为然，正襟危坐，一面弹琴，一面唱歌，一点愁苦的样子也没有。

一天，做了大官的同学子贡过来看他。子贡穿着华丽的衣服，乘着一辆由高头大马拉着的轩车。由于车子太大，驶不进巷子，子贡只得下了车，步行来到原宪的家中。

子贡看到原宪戴着樗木皮做的帽子，穿着粗布衣服和没有后跟的鞋子，挂着一根藜木手杖，便问："老朋友，你的面色很不好，生的是什么病呀？"

原宪笑了笑，回答说："我听说没有财富称为贫，学到了知识却不能派上用场称为病。我现在是贫，而不是病呀！"子贡一听，脸上不由露出一丝羞愧的神色。

原宪见了，又笑着说："现在有些人迎合世俗做事。他们和自己亲近、合得来、可以利用的人，结为朋友；他们为了使别人看得起自己而去求学，为提高自己的声誉而去教诲别人。嘴上满口讲的是仁义道德，实际干的却是一些龌龊之事。我之所以安贫乐道，就是因为不愿去做那种事呀！"子贡听他说完，知道他指的是自己，感到羞愧难当，马上告辞走了。

后来，"原宪贫"这个典故，用来指人虽然生活困苦，却能安贫乐道。

◎ **经典范例**

山林吾丧我，冠带尔成人。莫学嵇康懒，且安原宪贫。

——唐·王维 《山中示弟》

袁安卧雪

袁安是东汉时的著名大臣。汉明帝时，他历任楚郡太守、河南尹，后又历任太仆、司空、司徒等职，以严明正直著称。但是，他年轻时家境却十分贫寒，生活十分清苦。

有一年冬天，天气特别寒冷，呼啸的北风凛冽刺骨，中原大地一片肃杀。腊月中旬的一天，朔云密布，下了一场铺天盖地的大雪。

这场大雪，接连下了三天三夜。袁安居住的汝阳城中，大街小巷都被积雪填满，最厚的地方竟有一丈多，不少人家的门都被积雪封住。整个城中，除了偶尔从哪家院落传出几声狗叫以外，路上看不到一个人影。

雪停以后，官府派出差役，把几条主要街道上的积雪扫开。不久，一位朝廷派来的洛阳令骑马来到街头视察灾情。他一面察看两边的民房，一面不断地向随的官吏询问情况。他看到沿街的不少人家纷纷拿着铁铲、扫帚等工具出来清除自家门前的积雪，有些家中断粮的穷人不得不出门乞讨，心中十分忧虑。

洛阳令又往前走了一段路，来到一处简陋的平房前，只见大门和两边的窗户紧关着，门前的积雪很深，却没有人出来打扫，便奇怪地问："这屋子有人住吗？雪停了怎么没人出门呢？"

邻近的一位老人正在扫雪，听到了洛阳令的问话，走过来说："这屋子里住着一位袁公子，名叫袁安，是个穷书生。三天来，他家屋上没冒过炊烟，恐怕已经饿得不行了。"

洛阳令听了，马上叫差役拿着铁铲铲掉了袁安门前的雪，破门而入。他看到袁安平躺在床上，脸上没有一点血色，床头放着几卷儒家的经书和一把小壶，壶里的水早已喝得精光。洛阳令问："听说你已经三天没吃饭了？"

袁安微微睁开两眼，无力地点了点头。洛阳令又问："现在雪已经停了，你为什么不出去向邻家要点吃的？"

袁安有气无力地回答说："这样的大雪，挨饿的人肯定不少，我不愿意再去打扰别人。"

洛阳令很受感动，认为袁安这样清贫自守，不乞求于人的品德十分可贵。回京以后，他向明帝荐举袁安为孝廉，袁安从此踏上了仕途，成为东汉前期德高望重的名臣。

后来，"袁安卧雪"这一典故，用来形容人自甘贫困，而不乞求于人的气节和操守。

◎ 经典范例

两个沙弥，都跑向御船上去报信了，无人来扶，倒像袁安卧雪，僵仆在地。

——清·吕熊《女仙外史》

○ 品画鉴宝
晴雪长松图 （明）张瑞图／绘 图中自题"冻泉依细石，晴雪茂长松"。

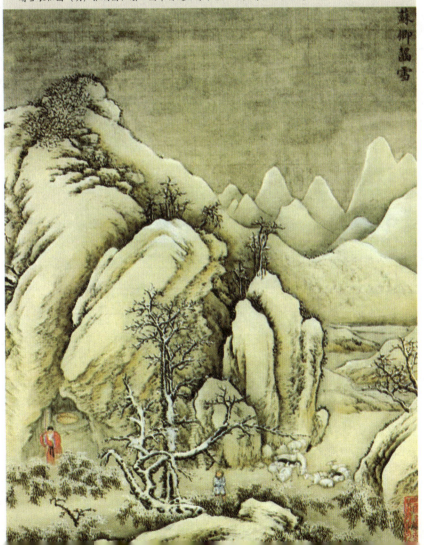

月老

　　唐朝时，有个年轻书生名叫韦固。他出身官宦之家，长得十分英俊潇洒。他一心想找一个才貌双全的女子为妻，但很长时间没有找到。

　　有一年春天，韦固来到宋城相亲。女方是当地一个潘姓大户的女儿，据介绍长得很漂亮，韦固十分心仪。相亲前夜，天气很好，月白风清。韦固到旅店外的一个广场上散步，看到一位老人倚坐在一棵大树下，身旁放着一个青布囊，正借着月光翻阅一本书。

　　韦固十分好奇，走上前去凑着书看，不料书上的字他一个也不认识，便问道："老丈，你看的是什么书，书上的字我怎么一个也不认得呢？"老人笑笑说："我是天上的神仙月老，看的是天书，你怎么会认得呢？"

　　"那这本天书上写的是什么呢？"韦固又问。

　　"我专管人间婚姻大事。这书中所记，便是谁家公子该配谁家小姐，老朽只是照章行事而已。"

　　说着，月老从青布囊中取出一根红绳，说："这是红绳，是专为天下夫妇做媒人的。老朽将这赤绳的一头系在男的脚上，一头系在女的脚上，任他们相隔千山万水，一系红绳，他们便最终要结成夫妻。"

　　韦固听了，便问月老自己这次来相亲能否成功。月老翻了翻姻缘簿，说："不可能成功，你的妻子今年才三岁。"

　　"她住在哪里，家里有什么人？"韦固又问。

　　"你的妻子就住在这城里。这城北有个卖菜的陈婆，她每天背着一个小女孩上街卖菜，那小女孩就是你未来的妻子。"

　　韦固将信未信，正要再问，月老突然失去了踪影。韦固只好悻悻地回到旅店，第二天前往潘家相亲，果然没有成功。

　　韦固来到菜市场，果然看到一个名叫陈婆的中年女子背着一个小女孩在卖菜。韦固心中很生气，想自己怎么会娶这样一个卖菜婆的女儿为妻，便拿起一把小刀，趁陈婆不备，一刀向小女孩刺去。刀中眉间，血流如注，女孩哇哇大哭，菜市场一片混乱。韦固心慌，趁乱逃之夭夭了。

　　这以后，韦固曾多次向人求婚，却一直没有成功。十四年后，韦固中了进士，做了官。有个同僚见韦固尚未成亲，就把自己十七岁的侄女嫁给了他。韦固这才成了家。

　　新娘子长得非常美丽，琴棋书画也样样在行，韦固十分满意。一天，韦固看着妻子梳妆，发现她眉间有一条淡淡的疤痕，心中一动，想起十四年前的往事，便问她原因。妻子说：“我本是官家小姐，后来父母病故，叔叔在远方做官，便寄养在奶妈陈婆家中。三岁那年，陈婆带我上街卖菜，不料莫名其妙地被人刺了一刀。幸好刺得不深，医治及时，才只留下淡淡的疤痕。后来叔叔回京，把我接了回来，嫁给了你。”

韦固听后，歉疚地说：“刺你一刀的人就是我呀！”于是，韦固把当年自己那样做的经过告诉了妻子。两人更相信他们的姻缘前定，也更相亲相爱了。

后来，“月老”这一典故，用来代指媒人。

◎ 经典范例

若是月下老人不用红线拴的，再不能到一处。

——清·曹雪芹《红楼梦》

曾母投杼

曾参是孔子的学生，他提倡仁德，注重修身，并以孝顺父母著称，很受孔子的器重。

有一次，孔子派曾参到费邑去办事。曾参回到家中告别了母亲，便前往费邑。恰在这时，费邑出了一件凶杀案，凶手正好与曾参同名同姓。费邑的县令得到报告，连忙发出通缉令，通缉杀人犯曾参。

第二天，有人从费邑回来，告诉曾参的母亲说："曾大妈，你家的曾参在费邑杀人啦！"曾参的母亲正在家中织布，她相信儿子不会干这种事，毫不犹豫地说："我的儿子不会杀人。"说罢，她照常织布，根本不当一回事。过了一会儿，又有一个乡邻跑来说："曾大妈，你儿子在费邑打死人了，官府正在捉他呢！您老还是赶快躲一躲吧！"曾母照常织布，连头也不抬，说："我儿子不会打死人的，你不要听人胡说！"

傍晚，曾母点上油灯继续织布，与曾参同族的一个青年急匆匆地赶来，说："大妈，曾参哥在费邑打死人了，城门口贴着缉拿他的布告呢！你快逃走吧！"曾母听了，不由得害怕起来。她扔下织布用的梭子，翻过墙头，逃到娘家去了。

过了几天，曾参在费邑办完事，回到家里。乡邻们才知道闹了一场大误会。曾参赶忙把母亲从娘家接了回来。

曾参的德行很好，曾母对儿子也非常信任，可是，有三个人来传播流言，就连慈母也不敢相信儿子的为人了。

后来，"曾母投杼"这一典故，用来形容流言蜚语的可畏。

◎ 经典范例

朕以不明，虽有曾母投杼之疑，犹冀言者不信，以为国福。

——西晋·陈寿《三国志·吴书·孙权传》

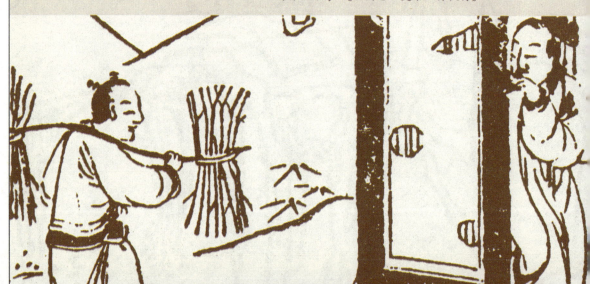

张良是汉高祖刘邦的主要谋臣。在刘邦平定天下、建立西汉王朝的过程中，他为刘邦出谋划策，立下了不少功劳。

汉高祖六年，刘邦大封功臣。萧何、曹参、樊哙、周勃等文臣武将都封了侯。刘邦认为萧何功劳最大，封为酂侯，食邑八千户。而对张良，一些武将议论纷纷，认为张良从未上阵杀敌，因此无军功可言。但刘邦却说："子房的功劳是你们任何人都没法比的。不要说萧何，就是有些被封了王的人也比不上他。他是我的军师，运筹于帷幄之中，决胜于千里之外，功莫大焉。我决定给他三万户封地，让他在齐地自行挑选。"

张良听了，叩头说："臣承蒙皇上如此褒奖，惭愧不已。臣当初在留城见到皇上，就一直受到皇上的信任。这是上天把我交给了皇上，如果皇上一定要封我，我就选择留城吧！封给我三万户，我是决不敢受的。"汉高祖听了，便将张良封为留侯。

接着，刘邦又封了二十多名功臣。那些没有受封的武将恃功不满，暗地里议论纷纷。刘邦怕他们对自己不利，就请张良给他出个主意。张良便问："大家都知道的，皇上一向最恨的，是哪一个人？"

刘邦回答说："我最恨的是雍齿。当初我起兵，刚打下丰乡，叫他守在那儿，他无缘无故地投降了魏国，跑到项羽那边去。他曾逼迫过我好几次，后来又归服了我，那时我正需要人，就收下了他。我早就有杀他之心，但他到我这儿后也立过不少功劳，我也不便再跟他算旧账。只是我见了他，心里总不舒服。大家都知道我最讨厌他。"

张良说："那赶快封他为侯吧。别的将领见了，就会安心了。"

于是，刘邦召集了一个宴会，当众封雍齿为什方侯。那些有功劳的将领们见了，都十分高兴，说："连雍齿都封了侯，我们还怕什么呢？"

张良受封留侯后，见天下已定，便借口身体不好，一直闭门不出，平平稳稳地度过了十几年，死后被谥为文成侯。

后来，"张良择留"这一典故，用来赞扬人不居功自傲，功成身退。

◎ 经典范例

　　脱吾帽，向君笑。饮君酒，为君吟。张良未逐赤松去，桥边黄石知我心。

　　　　　　　　　　　　　　——唐·李白 《扶风豪士歌》

赵氏孤儿

春秋时候，晋国大夫屠岸贾想诛灭大臣赵朔一族，就胡乱编造了一个罪名，假托国君晋景公的命令，并联合一些将领，准备动手。

这事被晋国的另一个大臣韩厥知道了。他悄悄地跑到赵朔那儿，叫赵朔赶快逃跑。赵朔不肯，说："我的妻子快要生产了。请你帮助我，不要让我子孙断绝，我就死而无憾了。"

赵朔的妻子是晋成公的妹妹，因此，韩厥就帮赵朔出主意说："你为什么不让妻子到宫中躲起来呢？将来儿子长大了，也好报仇。"

韩厥走后，赵朔就把妻子送到王宫里。不久，屠岸贾就率领一些将领，把赵朔一族全部杀害了。

当时，赵朔有两个心腹门客，一个叫公孙杵臼，另一个叫程婴，两人都忠于赵家。当赵朔遇害时，公孙杵臼对程婴说："主人遇害，我们为什么不一起去殉难呢？"

程婴说："赵朔的妻子很快就要生育，如果有幸生个男孩，我们再设法扶立侍奉他；如果是个女孩，到那时我们再去死，也还来得及。"

不久，赵朔的妻子生了一个男孩。屠岸贾听到了，派人去宫中搜索。赵朔的妻子把男孩藏起来，推说死了，屠岸贾没有找到。

有人说："这孤儿已经被人抱到宫外去了。"还有人说："这孤儿可能还在宫中。"屠岸贾疑惑不决，就命人看管宫门，对出入的人严加盘查，同时下令："如有人告发赵氏孤儿收藏的地方，给予重赏。"

程婴见风声很紧，对公孙杵臼说："现在搜索一次没有搜到，将来一定还要搜索。必须想个计策，把婴儿偷偷运出宫门，藏到远处，方保他平安无事。"

公孙杵臼想了好久，对程婴说："抚养扶立孤儿和跟从赵氏殉难，这两件事相比，哪一件难办？"程婴说："殉难容易，抚养扶立孤儿要难得多了。"公孙杵臼说："赵家对你的恩德很大，你应当挑重担，让我来做容易的事，先去死吧。"程婴说："你有什么计策呢？"公孙杵臼说："只要得到他人的婴儿，诈称赵氏孤儿，让我抱着这个假孤儿，躲藏山中，然后由你出面告发。屠岸贾得到这假孤儿，就不会再入宫搜查，真孤儿便可免死了。"程婴说："婴儿倒容易得到。我新生了一个男孩，就让他来代替好了。但一定要把真孤儿偷出宫中，方可保全。"公孙杵臼说："满朝大臣中，只有韩厥受过赵家大恩，把真孤儿偷出宫中的事情，让他办好了。"

　　两人商量了一番，又去找韩厥，要他把真孤儿偷出宫中，韩厥毫不犹豫地答应了。

　　事情就这样定了下来。公孙杵白带着程婴的"孤儿"，躲到山中。程婴则到屠岸贾那儿告发说："我是赵朔的门客，没有什么才能，不能扶立赵氏孤儿，但我知道赵氏孤儿躲藏的地方，只要给我千金，我就说出躲藏的地方。"屠岸贾大喜，马上答应了。程婴领着屠岸贾和他的军队，赶到山中，逮捕了公孙杵白，在公孙杵白的住处搜出了一个婴儿。这个婴儿躺在绣花绸缎的小被窝里，真像贵族人家的孩子。

　　这时，公孙杵白故意朝着程婴，大声痛骂道："程婴，你这个小人！你跟我一道商量隐藏赵氏孤儿，如今竟贪图几个赏钱，出卖主人和朋友！你连畜生都不如！"

　　公孙杵白又回过头来，假意喊道："老天呀！老天呀！赵氏孤儿有什么罪呢？请你们放掉孤儿，杀我一个人好了。"屠岸贾不答应，把公孙杵白和假赵氏孤儿都杀了。他以为杀的是真的赵氏孤儿，不再担心赵家后人报仇，也不再去宫中搜索了。韩厥把真的赵氏孤儿偷出宫中，交给了程婴。程婴带着赵氏孤儿，在深山中隐藏了十五年。最后，赵氏孤儿赵武得到韩厥的帮助，见到了晋景公，终于被立为赵氏的后嗣，将屠岸贾全族灭掉。

　　后来，"赵氏孤儿"这个典故，用来形容家国灭亡的悲痛。

◎ 经典范例

　　提携袴中儿，杵白及程婴。立孤就白刃，必死耀丹诚。

　　　　　　　　——唐·李白《自广平乘醉走马六十里至邯郸，登城楼览古书怀》

折五鹿角

　　汉代自武帝后，罢黜百家，独尊儒术，儒学的地位至高无上，儒家文献被称为经书，为不刊之论。为了研读儒家经典，朝廷设立五经博士，即由专人讲解，传授《诗》《书》《礼》《易》《春秋》五经，又招收博士弟子跟从博士读经。由于不同人对经书的理解不同，甚至经书的版本都不一样，就形成了众多的派别，各派之间论辩不休，以争正统。当然，皇帝喜欢哪一派，哪一派就占上风。

　　元帝时，五鹿充宗传梁丘氏《易》。早在宣帝时，宣帝就喜欢梁丘氏《易》，元帝则尤有过之，因此，对五鹿充宗宠幸有加。元帝喜梁丘氏《易》的同时，也想了解其他各家《易》的状况，比较各家《易》的异同。他号召天下儒士与五鹿充宗论辩，以此达到增进了解的目的。可是，五鹿充宗受皇帝的宠信，其人又能言善辩，无人能驳倒他。

　　当时有一个县令名叫朱云，性格耿直，体形魁梧。他原本是一介武夫，曾因杀人获罪，但后来潜心经学，对《易》尤下功夫，学识渊博。

　　他见无人能驳倒五鹿充宗，便自告奋勇前来论战。朱云器宇轩昂，撩衣登堂入室，向五鹿充宗昂首发问，声若洪钟，旁征博引，步步进逼，直至五鹿充宗无言以对。

　　朱云驳倒了五鹿充宗，在儒士中震动很大，互相传诵说："五鹿岳岳，朱云折其角。"朱云由此被任为博士。

　　后来，"折五鹿角"这一典故，用来形容人很有辩才，能够驳倒对手。

◎ 范例运用

　　自从他在课堂上将老教授一通辩驳之后，我们私下都称他为"折鹿角"。

——编者

367

终军请缨

汉武帝时，十八岁的终军便因才学出众入选为博士，并得到了汉武帝的赏识，被任命为谒者给事中。当时，朝廷正要派使者出使匈奴。终军便向汉武帝上表，毛遂自荐说："臣愿竭尽所能，担任此次出行的使者，向匈奴王单于阐明利害。"

汉武帝见终军主动要求出使，便下诏问他有什么打算。终军就把如何对单于晓之以理动之以情，说明利害关系，劝他归顺的设想，向武帝禀明。武帝对他的设想非常欣赏，提升他为谏议大夫，专门执掌议论对外政策的职务，但未派他出使匈奴。

过了不久，南越请求与汉朝联姻。汉武帝想说服越王归顺汉朝，但不知道该派哪位使者才能圆满地完成使命。终军又向武帝自荐说："臣愿意拿一根长缨，把南越王收缚在汉宫门下。"

武帝见终军愿意出使，就派他南下。终军历经千辛万苦，跋山涉水来到南越，凭借自己的三寸不烂之舌，终于说服了越王，愿意举国归顺，在汉朝封侯。

武帝见终军说服了越王，不由龙颜大悦，赐给南越王大臣印绶，并在南越境内用汉朝的礼法代替旧俗，还命终军作为特使留在当地安抚民众。

没想到，南越的相国吕嘉居心叵测，拒绝归顺汉朝，发兵杀了越王，并且包围了汉使馆舍。汉朝的使者们寡不敌众，全部死在越兵的刀下。终军死的时候，才二十几岁，时人称他为"终童"。

后来，"终军请缨"这一典故，用来形容人具有降服强敌、建功报国的大志，多用于从军或出使。

◎ 经典范例

叹江山如故，千村寥落。何日请缨提锐旅，一鞭直渡清河洛。却归来、再续汉阳游，骑黄鹤。

——宋·岳飞 《满江红·登黄鹤楼有感》

唐代，有个名叫卢藏用的读书人，他因为没有考中进士，就和兄长卢征明一起隐居在终南山，学习气功，练习辟谷。

古人的隐居情形颇为复杂，有不愿在官场同流合污者，有在官场失意者，还有一种较为突出的情形是借隐居之名获取名声，抬高身价，谋取官职。因为归隐容易引起官府的注意，在士人中造成影响。朝廷为了表示重用人才，往往任用表面归隐的人。

卢藏用就属于这后一类人。他由于隐居，获取了贤名，在唐中宗时被征入朝，曾担任过左拾遗、修文馆学士、工部侍郎等职，因为他曾隐居多年，时人称他为"随驾隐士"。

当时，有个著名的道士司马承祯与卢藏用交往多年，但在志趣上相差很大。有一次，唐睿宗召司马承祯到长安进宫说法。返回时，卢藏用以故人的身份为他送行。因他是世俗中人，于是对司马承祯进行暗示，他指着远处隐约可见的终南山说："此山之中有很多绝佳之处，你何必远行归去呢？"

司马承祯自然领会卢藏用话的意思，从容不迫地回答说："依我看来，终南山只不过是入仕做官的捷径而已。"听了司马承祯的话，卢藏用面露愧色，甚是尴尬，一时无语。

后来，"终南捷径"这一典故，用来指谋取官职、名利的途径。

◎ 经典范例

借此认识了几位当道，又结交了几家富贾豪商，自以为终南捷径，即在此小小酒馆之中，因此十分高兴。

——清·李宝嘉 《文明小史》

周处斩蛟

周处是西晋时义兴阳羡人，他从小身强体壮，喜欢舞刀弄枪，家里人见他这样喜爱学武，就特地为他请了武师。有了武师的指导，周处的武艺长进很快，跟他一般大的孩子都不是他的对手，周处不免洋洋得意。到了二十多岁的时候，周处的武艺越来越好，便把任何人都不放在眼里。他在乡里横行霸道，无恶不作，以为靠自己的双拳就能打遍天下。结果搞得乡里人看到他都头疼，谁也不愿意理他。

当时，宜兴一带，水里出了一条蛟龙，山里又有一只凶恶的猛虎，给当地百姓的生活造成了极大的危害。当地人便把周处、蛟龙、猛虎并称为"三害"，其中以周处的危害最大。

一天，有个人对周处说："你这么好的武艺，为什么不去把蛟龙和猛虎杀了，也好显出你的本事呀！"说这话的人是想让周处把蛟龙和猛虎都杀了，那么三害就只剩一害了。

周处听了，觉得有道理，便没费多大力就把猛虎杀死了。然后他又下水去斩蛟龙。蛟龙在水中忽上忽下，游出去几十里路，周处紧紧追赶，与它搏斗。

三天三夜过去了，水面上没有任何动静。大家都以为周处和蛟龙同归于尽了，不禁高声欢呼："这下太好了！三害一起除掉了！"

就在此时，周处杀死蛟龙从水中钻了出来。他看见乡亲们都以为他死了而高兴，这才明白原来自己这么遭人讨厌，心里又是难过，又是后悔。

当晚，周处躺在床上，辗转反侧，一夜未眠。第二天，他来到吴郡华亭去找当时著名的文学家陆机、陆云。不巧陆机外出，只有陆云在家。周处把自己的处境原原本本地告诉了陆云。说完后，他又心痛地说："我现在只想改过自新，取得乡亲们的谅解，但我的年纪已经不小了，恐怕不会有什么结果了。"

陆云开导他说："做学问、走正道是没有年龄限制的。古人说得好，早上明白了道理，晚上死了也不会觉得可惜。何况你年纪还轻，前面的路还很长。只要自己努力，还怕没出息吗？"周处听了，受到很大鼓舞。他闭门读书，再也不游手好闲，惹事生非了。

数年后，周处当上了东关左丞的官，后来又升为御史中丞。周处为官十分正直，刚正不阿，受到人们的景仰，后来不幸在平定叛乱中以身殉国。

○ 品画鉴宝
起蛟图 (明) 汪肇／绘　图中画石壁老树下一叟一童急急顺风左行，叟俯身回望高空中腾飞的蛟龙，惊惶之态溢于言表。树石用笔简率，豪放不羁，墨气古朴浑润。

后来，人们就用"周处斩蛟"这一典故，来表示某人勇于除害、改过自新的行为。

◎ 经典范例

善计在弘羊，清严归仲举。侍郎跨方朔，中丞蔑周处。

——唐·储光羲 《晚次东亭献郑州宋使君文》

周公吐哺

周公，姓姬名旦，是周武王的弟弟。因为他的采邑在周，因此被称为周公。周文王在世时，他就以孝行著称，在兄弟中显得十分突出，卓越超群。文王死后，武王姬发即位，他又尽心竭力辅佐武王，完成了灭商兴周的大业。

周武王把鲁地封给周公，但他没有去鲁地就封，而是留在朝中继续辅佐武王。武王死后，武王的儿子成王继位。当时，成王的年龄很小，无法执掌国政，加上天下刚刚平定，周公怕有人发动叛乱，对周朝产生威胁，就和召公一起总摄国政，管理朝廷中的一切事务。

周公励精图治，兢兢业业，使国家一天天强盛起来。然而，劳苦功高的周公却受到其他兄弟的猜忌。受封于殷地的管叔和蔡叔散布流言，说周公将不利于成王。周公对召公和太公望姜子牙说："我之所以不避嫌疑，代成王管理国政，是因为成王年纪还小。我绝无异心。不然，我如何去向先王交代。再过几年，成王成年，我便会还政于成王。"

于是，周公不顾流言蜚语，继续摄政，而让自己的儿子伯禽代自己去鲁国就封。伯禽临行前，周公告诫他说："我是文王的儿子，武王的弟弟，成王的叔父，受命辅政，可以说是天下举足轻重的人物了，可是，我却常常在洗头时，三次握起头发，吃饭时，有时一顿饭要三次吐出吃在口中的食物，匆忙起身，去接待来访的人，生怕错过了天下的贤士。因为人才是治国的根本。你到了鲁国以后，一切都要谨慎，不要因为自己拥有封国，就傲慢而不尊重人才。"伯禽连连答应，动身而去。

不久，管叔、蔡叔勾结武庚，发动叛乱。周公兴兵伐罪，平定了叛乱。七年后，周公履行自己的诺言，还政于成王。

后来，"周公吐哺"这一典故，用来形容执政大臣求贤若渴，招揽人才。

◎ 范例运用

孟尝君求贤若渴，颇有当年周公吐哺的遗风。

——编者

　　魏晋之际，崇尚清谈，人们把清谈家称为名士。当时，最著名的人物有嵇康、阮籍、山涛、阮咸、向秀、王戎、刘伶七人。这七人结成好友，常在山阴的竹林里喝酒吟诗、高谈阔论，被时人称为"竹林七贤"。

　　在"竹林七贤"中，名气最大的是嵇康和阮籍。嵇康是曹操的曾孙女婿，曹魏时曾当过中散大夫，名望不低，长得也是一表人才，更擅长诗文。他隐居山阳二十多年，写了大量的诗文，光是诗，至今尚存的就有五十三首。

　　阮籍的诗文也写得很好。他博览群书，尤其好读《老子》《庄子》，但他最大的嗜好是毫无节制地饮酒。他虽是文人，但听说步兵营里有位厨师善于酿酒，就请求去当了步兵校尉，所以世人又称他"阮步兵"。

　　阮籍好酒，当然也经常醉酒，有时甚至一醉数天。其实，他往往是人醉心不醉，他把醉酒当作一种避世之法。他天天沉醉在酒中，对朝廷政事的得失从不过问，所以避免了陷害，得以活到五十四岁。

　　山涛是司马懿的亲戚，因不满司马懿与曹爽争权，与嵇康等结交为友隐居。司马昭以晋代魏后，山涛出任吏部尚书。后山涛又举荐嵇康来代替他的职位，但嵇康不齿他为官，写了一篇《与山巨源绝交书》，拒绝与司马昭合作。司马昭十分震怒，最终找借口杀了嵇康。死时，嵇康才三十九岁。

　　"竹林七贤"中的向秀平日落拓不羁，但没有骨气。嵇康被害后，他很快应召入朝，担任了黄门侍郎、散骑常侍等闲官。

　　而阮籍的侄子阮咸，当时与阮籍并称大小阮。他豪放不拘礼法，后来也入朝为官，做了散骑侍郎，后来还担任始平太守。

　　刘伶是个酒徒，嗜酒成癖。他曾担任过建威参军，后因无能被晋武帝罢免。

　　至于王戎，更是个投机家。他与嵇康等为友隐居，不过是沽名钓誉，他在晋惠帝时一直做到尚书令、司徒这样的高官。他贪财吝啬，掠夺了无数庄田，积聚了无数财富，而且经常昼夜计算钱财，受到时人的讥笑。

　　总之，所谓"竹林七贤"是一时之称，特指他们隐居在山阴，煮酒论诗的那段时光。至于后来，除了嵇康坚持不与朝廷合作被杀，其余六人都入朝为官，失去了隐贤的资格。

后来，"竹林七贤"这一典故，用来比喻志同道合、放任不羁的文人。

◎ 经典范例

刘伶恒纵酒放达。或脱衣裸形在屋中，人见讥之。伶曰："我以天地为栋宇，屋室为裤衣。诸君何为入我裈中？"

——明·冯梦龙《古今笑》

东汉建安二十一年（公元216年），曹操进爵为魏王。恰巧在这一年，南匈奴派使臣前来朝见。曹操决定接见南匈奴使臣，但他觉得自己虽然很威武，相貌却比较一般，无法显出中原人物的风采，而南匈奴的使臣从未见过自己，何不找一个人来顶替自己呢？

于是，他想到了自己的部属崔琰。崔琰是个文官，长得身材魁梧，眉清目秀，说起话来声音洪亮，而且一把长须一直拖到腹部，很有气派。用崔琰来做自己的替身，是再合适不过了。曹操立即命人将崔琰找来，要他在接见南匈奴使臣时扮作魏王。崔琰见是魏王所命，当然一口答应。

第二天，南匈奴使臣前来拜见，崔琰这个假魏王接见了他，曹操则扮作魏王的侍从，手持一把大刀，站在崔琰的身侧。曹操虽然扮作了持刀的侍从，但他的威势还在。他两眼一直紧盯住南匈奴使臣，南匈奴使者一接触曹操的眼神，总有一种震撼的威势，让他心中觉得忐忑不安。

会见结束后，曹操想了解一下今天让崔琰假扮自己的效果，便派人去问南匈奴使臣："你看魏王这个人怎么样？"

南匈奴使臣想了想，回答说："魏王气度恢弘，风采绝世，确是大国人物。可不知为什么，在我的感觉中，魏王身边的捉刀人身上有一股慑人的气势，他才是一个真英雄。"

曹操听了禀报，心中非常后悔。他觉得这个南匈奴使臣很有眼光，似乎已看穿了自己找替身接见的事。曹操怕授人以柄，就在使臣回去的路上，派人将他杀了。

后来，"捉刀人"这一典故，用来指有威慑力的英雄人物，现在一般用于指代替别人写作文章的人。

◎ 范例运用

在这次儿童书法大赛中，有不少参赛作品都是成年人的捉刀代笔之作。

——编者

图书在版编目（CIP）数据

中华典故故事 / 金敬梅主编. -- 北京：世界图书
出版公司, 2016.5（2021.4 重印）
　　ISBN 978-7-5192-0898-1

　　Ⅰ.①中… Ⅱ.①金… Ⅲ.①汉语—典故—青少年读
物 Ⅳ.①H136.3-49

　　中国版本图书馆CIP数据核字(2016)第049142号

书　　　名	中华典故故事	
（汉语拼音）	ZHONGHUA DIANGU GUSHI	
编　　　者	金敬梅	
总 策 划	吴 迪	
责 任 编 辑	韩 捷	
装 帧 设 计	刘 陶	
出 版 发 行	世界图书出版公司长春有限公司	
地　　　址	吉林省长春市春城大街 789 号	
邮　　　编	130062	
电　　　话	0431-86805551（发行）　0431-86805562（编辑）	
网　　　址	http://www.wpcdb.com.cn	
邮　　　箱	DBSJ@163.com	
经　　　销	各地新华书店	
印　　　刷	唐山富达印务有限公司	
开　　　本	720 mm × 1000 mm　1/16	
印　　　张	23.5	
字　　　数	400 千字	
印　　　数	1—5 000	
版　　　次	2019 年 6 月第 1 版　　2021 年 4 月第 3 次印刷	
国 际 书 号	ISBN 978-7-5192-0898-1	
定　　　价	46.00 元	